LAW OF CRIMINAL PROCEDURE

警察官の ための
刑事訴訟法講義

【第四版】

TAKAYOSHI TSUDA
津田 隆好 著

東京法令出版

推薦のことば

　本書は、警察大学校特別捜査幹部研修所（特捜研）の主任教授であった津田警視正が、刑事訴訟法について、警察官の立場から、警察官にとって意味のある内容を、警察官に分かりやすく、解説したものである。同氏の研究の蓄積に加えて、「はじめに」にも記載されているとおり、特捜研の研修生たちとの議論を通じて現場の知恵とニーズを反映させたことで、一層価値を増している。

　本書の優れた点は、警察実務家にとって必要なことが、漏らさずに記述されていることである。これまでの重要事項に加えて、近年の制度改正や判例を踏まえ、取調べの新たな準則をはじめ、防犯ビデオ画像の利用、捜索時における携帯電話使用制限処分、実況見分調書の証拠能力確保上の留意事項など、今日の現場の実務に必要なものが十分に盛り込まれている。

　本書のもう一つの優れた点は、分かりやすさである。学習の指針を掲げ、図を用いるという構成上の配意だけでなく、津田警視正が、刑事訴訟法の全体構造を十分に理解して、一人ですべてを書き上げていることが、分かりやすさを生んでいる。刑事訴訟法の論点は極めて広範囲に及び、判例の蓄積も多く、一人で全体を解説することは容易でない。著者がその困難を克服したことが、読者にとっての理解の容易さにつながっている。

現行刑事訴訟法は、警察官に独立の捜査権限を与えた。その権限を適切に行使することは、国民に対する警察の責任である。そのためには、刑事訴訟法と犯罪捜査規範などの実務上の規則に関する正確な理解が不可欠である。他方、これまで存在した「警察官向け」の刑事訴訟法の解説書の多くは検察官の執筆によるものであった。警察と検察とでは、立場の違いがあり、それが記述にも反映する。

　本書は、長年待ち望まれてきた「警察官の、警察官による、警察官のための」刑事訴訟法解説である。本書の出版を喜ぶとともに、すべての警察官に心から推薦する次第である。

　　平成20年5月

　　　　　　　　　　　　　　　元警察大学校特別捜査幹部研修所長

　　　　　　　　　　　　　　　　　　田村　正博

第四版　はしがき

　拙著『警察官のための刑事訴訟法講義』の初版が刊行されてから、既に10年を経過しました。おかげ様で最近、「この本で勉強して警部試験に合格しました。」、「先輩から推薦されて購入しました。」、「分かりやすく、愛読書にしています。」等の反響を多くいただくようになり、大変ありがたく思っております。特に、一昨年の12月、警察大学校に異動し、警部任用科で講義を行うことなどにより、多くの学生と接するようになってから、拙著に対する意見だけでなく、捜査手続全般に関する様々な意見・質問等をいただくようになりました。これらは大変貴重なものばかりであり、拙著で十分言及していなかった内容も多くありました。

　今回2年ぶりに第四版として大幅に改訂いたしましたが、このような学生からの意見を反映するとともに、平成28年に成立した改正刑事訴訟法の内容を取り込みつつ、さらに分かりやすい教科書となるよう、改めて見直したものであります。これにより、読者の皆様の刑事訴訟法に対する理解がさらに深まることを期待しております。

　なお、今回の改訂に当たっては、警察庁や都道府県警察の刑事部

門の方々、警察大学校の同僚、東京法令出版株式会社の編集・校正スタッフをはじめ、多くの方々のお力添えをいただきました。この場を借りて御礼申し上げます。

平成31年4月

警察大学校刑事教養部長兼財務捜査研修センター所長
兼警察政策研究センター付

津田　隆好

　増刷に当たり、民法や犯罪捜査規範の一部改正を補正したほか、近時の判例を踏まえ、リモートアクセスについての解説を補正しました。

　令和4年2月

津田　隆好

　増刷に当たり、時効、被害者支援等に関する刑事訴訟法等の一部改正を補正しました。

　令和6年2月

津田　隆好

第三版　はしがき

　拙著『警察官のための刑事訴訟法講義』の初版が刊行されてから、8年余りが経過しました。この間、法改正、新たな判例等の動向を踏まえつつ、第一線警察官を指導される方々等の意見を取り入れながら加筆修正を行ってまいりました。おかげ様でたくさんの方々に愛読いただき、少なからぬ激励のお言葉をいただいてきたことに対し、この場を借りて改めて御礼申し上げます。

　このたび、「刑事訴訟法等の一部を改正する法律（平成28年法律54号）」が成立、公布されたことに伴い、取調べの録音・録画制度の導入、通信傍受の合理化・効率化等が図られることとなり、刑事手続が大きく変わることとなりました。よって本書についても、法改正の要点等を取り入れるとともに、もう一度、読者の皆さんが理解しやすいよう改めて内容を見直し、第三版を刊行することとなりました。

　第三版についても、初版、第二版同様、従来からの特徴を有しつつ、現在第一線の警察官の皆さんに必要なものをすべて盛り込んだと自負しております。引き続き、一人でも多くの皆さんにご活用いただければ幸いです。

なお、今回の改訂に当たり、東京法令出版株式会社の編集、校正スタッフの皆様には多大なご尽力をいただいたことを付記させていただきます。

平成29年2月

警察庁生活安全局生活経済対策管理官

津田　隆好

第二版補訂版　はしがき

　第二版が刊行されてから、2年余りが経過しました。この間、「警察等が取り扱う死体の死因又は身元の調査等に関する法律」が施行されるとともに、新たな判例等が出るなど、刑事司法、刑事訴訟法をめぐる情勢は、めまぐるしい変化を遂げております。

　今般の第二版補訂版においても、初版、第二版同様、これら最新の状況を可能な限り盛り込むとともに、警察の第一線で指導的立場にある方々、特に、私が在籍する京都府警察本部の刑事部の意見等を参考にし、読者の皆様に、より分かりやすくなるよう配慮しつつ、加筆修正を行いました。引き続き、現場警察官はもちろん、少しでも多くの皆様にご愛読いただければ幸いです。

　なお、今回の改訂に当たりましても、上記の方々と共に、東京法令出版株式会社の坂下英二、村越和彦両氏をはじめとする関係各位には、並々ならぬご尽力をいただきました。この場を借りてお礼申し上げます。

　　平成27年2月

　　　　　　　　　　　　　　　　　京都府警察本部警務部長

　　　　　　　　　　　　　　　　　　津田　隆好

第二版　はしがき

　平成20年6月、拙書『警察官のための刑事訴訟法講義』の初版が刊行されて以来、4年余りが経過しました。おかげさまで、主に第一線で活躍する警察官の方々に愛読していただけたことは、著者として望外の喜びです。

　この間、裁判員制度等、一連の刑事司法改革の施行等に伴い、増刷のたびに若干の加筆補正を行ってきましたが、平成23年6月、「情報処理の高度化等に対処するための刑法等の一部を改正する法律」が公布され、先日施行されたことから、改めて第一線警察官を指導される方々等の意見をいただいた上で、最新の判例を含めて大幅に加筆することとし、この度、第二版を刊行することとなりました。

　第二版は初版と比較してページ数が若干増えた等の変化はあるものの、初版同様、従来の刑事訴訟法にはない3つの特長を有し、多くの警察官の要望に十分に応え得るものであると自負しております。第二版においても引き続き、少しでも多くの警察官に読まれ、刑事訴訟法の理解の一助となれば幸いです。

なお、今回の改訂に当たり、東京法令出版株式会社の皆様、特に坂下英二氏には多大なご尽力をいただいたことを付記させていただきます。

　　平成24年11月

　　　　　　　　　　　元警察庁長官官房総務課取調べ監督指導室長

　　　　　　　　　　　　　　　　　　　津田　隆好

は じ め に

　本書は、警察大学校特別捜査幹部研修所での特別捜査幹部科第77
期生から79期生（平成17年９月～19年２月）に対する研究・講義、
第78期生と79期生の有志との課外時間における勉強会の成果、さら
に、都道府県警察の刑事企画課等、第一線警察官を指導される方々
の意見を踏まえ、かつ、最新の判例等を加味して加筆・修正して作
成したものです。

　このようなことから、本書は次の３点を特長とするものです。

①　あくまで第一線で活躍する警察官を対象に、内容を厳選して
　　記述されていること。それゆえ、通常の刑事訴訟法の教科書に
　　は詳述されている公判手続は必要最小限にとどめるとともに、
　　警察官に必要な実況見分や還付等の記載を厚くしていること。

②　刑事訴訟法改正に伴う犯罪捜査規範等下位法令の改廃にアッ
　　プデートに対応するとともに、最新の判例を可能な限り盛り込
　　み、現在の捜査手続の実務に十分耐えうるものとなっているこ
　　と。

③　初学者等でも十分理解できるように、必要に応じて図表等を
　　盛り込んでいること。また、実務に必要のない学説等の解説を
　　省略し、内容を平易にしていること。

本書は従来の刑事訴訟法の教科書にはない特長を持ったものであることから、読者の中には当初、違和感を感じる方がいるかもしれません。しかしながら、本書を自ら手にとって、下線等を引きながら読みこなしていくうちに、上記の特長を十分理解し、警察官に必要な刑事訴訟法の主な論点が自ずと身につくものと確信しております。

本書が少しでも多くの警察官に読まれ、刑事訴訟法の理解の一助となれば幸いです。

なお、東京法令出版株式会社の皆様、特に桜沢和也さんには、最後まで多大なご尽力をいただきました。ここに紙面をかりてお礼申し上げます。

平成20年5月

前警察庁刑事局犯罪鑑識官付理事官

（元警察大学校特別捜査幹部研修所主任教授）

津田　隆好

補訂版発行に当たって、①取調べ適正化施策、平成22年の刑事訴訟法の一部改正、犯罪捜査規範の一部改正、警察職員の証人出廷、犯罪被害者等と警察についての近時の動向、②証拠の開示など近時の重要判例を追加したほか、読者のご要望にお応えして、③逮捕後の手続等の項目に補足を加えました。

これまで以上に本書を広くご活用いただけましたら幸いです。

平成22年5月

津田　隆好

目　次

第1章　刑事訴訟法の基本原則

①　刑事訴訟法の目的…………………………………………………………………… 1

　⑴　実体的真実主義…………………………………………………………………… 1

　⑵　適正手続の保障…………………………………………………………………… 2

②　捜査の意義…………………………………………………………………………… 2

第2章　捜　査　機　関

①　司法警察職員………………………………………………………………………… 4

②　司法警察職員と検察官との関係…………………………………………………… 5

　⑴　両者の基本的関係………………………………………………………………… 5

　⑵　一般的指示………………………………………………………………………… 6

　⑶　一般的指揮………………………………………………………………………… 8

　⑷　具体的指揮（補助命令）………………………………………………………… 9

　⑸　司法警察職員に対する懲戒，罷免の訴追………………………………………10

　⑹　捜査関係者に対する訓示規定……………………………………………………10

③　特別司法警察職員……………………………………………………………………11

　⑴　特別司法警察職員の捜査権限……………………………………………………11

　⑵　特別司法警察職員の種類及び職務内容…………………………………………12

　⑶　特別司法警察職員に準ずる機関…………………………………………………13

第3章　捜　査　の　端　緒

①　端緒の種類……………………………………………………………………………14

2

2 各端緒の概要……………………………………………………16
　⑴　告　　　訴……………………………………………………16
　⑵　告　　　発……………………………………………………23
　⑶　請　　　求……………………………………………………24
　⑷　自　　　首……………………………………………………24
　⑸　検　視　等……………………………………………………25
　⑹　私人による現行犯人の引渡し………………………………38
　⑺　職務質問・自動車検問………………………………………39
　⑻　被害者等の届出………………………………………………44
　⑼　他事件の捜査過程での認知…………………………………44
　⑽　そ　の　他……………………………………………………44

第4章　任 意 捜 査

1 被疑者の取調べ…………………………………………………47
　⑴　被疑者取調べの意義…………………………………………47
　⑵　被疑者取調べの法的根拠……………………………………47
　⑶　逮捕と任意同行………………………………………………48
　⑷　取調べの心構え等……………………………………………50
　⑸　供述拒否権の告知……………………………………………52
　⑹　被疑者供述調書の作成………………………………………54
　⑺　被疑者供述調書への各葉指印………………………………56
　⑻　取調べ状況報告書等…………………………………………57
　⑼　警察捜査における取調べ適正化指針………………………57
　⑽　取調べの録音・録画制度……………………………………60
　⑾　外国人の取調べ………………………………………………64
2 参考人の取調べ…………………………………………………64
3 公務所等に対する照会…………………………………………68
4 実 況 見 分………………………………………………………68

|目　　次　**3**

(1) 実況見分の定義……………………………………………68

(2) 実況見分を行う上での留意事項…………………………69

⑤ 領　　　置……………………………………………………72

(1) 遺留物の領置………………………………………………72

(2) 任意提出物の領置…………………………………………73

⑥ 容貌等の写真撮影（ビデオ撮影も含む。）…………………74

(1) 犯罪捜査目的の写真撮影…………………………………74

(2) 車両に対する写真撮影……………………………………77

(3) 防犯カメラによる写真撮影………………………………79

(4) 写真の証拠能力……………………………………………80

(5) 写真の活用…………………………………………………80

⑦ 秘聴，秘密録音………………………………………………81

(1) 公開の場所における録音や，戸外から聴取できる大声の会話の

聴取及び録音………………………………………………81

(2) 脅迫電話や金品要求電話等があった場合における逆探知及び

録音…………………………………………………………81

(3) 一方が相手方の同意を得ないで行う相手方との会話の録音…………81

⑧ おとり捜査……………………………………………………81

(1) おとり捜査の意義…………………………………………81

(2) 法 的 根 拠…………………………………………………82

(3) 判　　　例…………………………………………………82

第5章　逮　　　捕

① 通 常 逮 捕……………………………………………………84

(1) 逮捕の意義…………………………………………………84

(2) 通常逮捕の要件……………………………………………85

(3) 通常逮捕状の請求…………………………………………87

(4) 逮捕状の発付………………………………………………90

(5) 通常逮捕の実行……………………………………………90

4

2 緊急逮捕 ･･････････････････････････････93
(1) 緊急逮捕の意義 ･･･････････････････････93
(2) 緊急逮捕の合憲性 ･･･････････････････94
(3) 緊急逮捕の要件 ･･･････････････････････94
(4) 緊急逮捕の実行 ･･･････････････････････97
(5) 緊急逮捕後の令状請求 ･･････････････97

3 現行犯逮捕 ･･･････････････････････････100
(1) 現行犯逮捕の意義 ･･･････････････････100
(2) 現行犯逮捕の要件 ･･･････････････････101
(3) 準現行犯逮捕の要件 ･･･････････････104
(4) 軽微事件の特則 ･･･････････････････････108
(5) 現行犯逮捕の実行 ･･･････････････････108

4 再 逮 捕 ･･･････････････････････････････110
(1) 問題の所在 ･･･････････････････････････110
(2) 逮捕・勾留中の被疑者が逃走した場合 ･････111
(3) 一旦釈放後，事情変更が生じた場合 ･････111
(4) 先行逮捕が違法である場合 ･････････111
(5) 被疑事実の同一性と再逮捕の要否 ･････112
(6) 常 習 一 罪 ･･･････････････････････････112

5 余 罪 捜 査 ･･･････････････････････････113

第 6 章　逮捕後の手続等

1 司法巡査が被疑者を逮捕した場合 ･･･････････116
2 司法警察員が自ら被疑者を逮捕した場合 ･･･116
3 逮捕被疑者の引致を受けた司法警察員の措置 ･･････118
(1) 犯罪事実の要旨の告知 ･･･････････････118
(2) 弁護人選任権の告知 ･･･････････････････118
(3) 被疑者に対する接見に関する告知 ･････125
(4) 弁解の録取 ･･･････････････････････････126
(5) 領 事 通 報 ･･･････････････････････････127

目　次　**5**

(6)　釈　　放 ……………………………………………127

(7)　留置後の手続 ………………………………………128

(8)　送　　致 ……………………………………………129

4　勾　　留 …………………………………………………135

(1)　勾留の意義 …………………………………………135

(2)　勾留の目的 …………………………………………135

(3)　勾留の手続 …………………………………………135

(4)　勾留の要件 …………………………………………137

(5)　被疑者の勾留期間 …………………………………139

(6)　勾留状の執行 ………………………………………140

(7)　勾留請求が却下された場合の被疑者の身柄措置 ………140

5　接見交通等を巡る諸問題 ………………………………141

(1)　弁護人及び弁護人となろうとする者との接見交通権 …………141

(2)　逮捕留置中の被疑者と弁護人等以外の者との接見及び物の授受……147

6　公 訴 時 効 ………………………………………………148

(1)　公訴時効期間 ………………………………………148

(2)　公訴時効の開始 ……………………………………150

(3)　公訴時効の停止 ……………………………………150

第7章　捜索・差押え

1　令 状 主 義 ………………………………………………152

2　令状の請求 ………………………………………………153

(1)　請 求 権 者 …………………………………………153

(2)　請 求 先 ……………………………………………153

(3)　請求の要件 …………………………………………153

(4)　請求書の記載要件 …………………………………155

3　令状による捜索・差押えの実施 ………………………159

(1)　令状の提示 …………………………………………159

(2)　立 会 い ……………………………………………161

6

　　(3)　必要な処分 ……………………………………………………165

　　(4)　捜索・差押え中の出入禁止 ……………………………………166

　　(5)　写 真 撮 影 ……………………………………………………168

　　(6)　その場に居合わせた者の身体・所持品に対する捜索 ………168

　　(7)　公務上の秘密又は業務上の秘密 ………………………………170

　　(8)　令状記載物以外の証拠物を発見した場合の措置 ……………170

　　(9)　捜索・差押えの中止と必要な処分 ……………………………171

　　(10)　捜索差押許可状の再請求 ………………………………………171

　　(11)　公訴提起後の捜索・差押え ……………………………………171

　4 　電磁的記録物 ………………………………………………………171

　　(1)　電気通信回線で接続している記録媒体からの複写の導入（218

　　　　条2項，219条2項）……………………………………………172

　　(2)　記録命令付差押えの新設（218条1項）………………………175

　　(3)　電磁的記録に係る記録媒体の差押えの執行方法の整備（110条

　　　　の2，222条1項）………………………………………………176

　　(4)　通信履歴の電磁的記録の保全要請の規定の整備（197条3項，

　　　　4項，5項）………………………………………………………177

　　(5)　電磁的記録に係る記録媒体についての差押状の執行を受ける者

　　　　等に対する協力要請（111条の2，142条，222条1項）………178

　5 　令状によらない捜索・差押え ……………………………………178

　　(1)　は じ め に ……………………………………………………178

　　(2)　処 分 権 者 ……………………………………………………179

　　(3)　被疑者を逮捕するための捜索 …………………………………179

　　(4)　逮捕の現場での捜索・差押え …………………………………181

　　(5)　承諾による捜索 …………………………………………………184

　6 　捜索・差押え終了後の措置 ………………………………………185

　7 　押収物の措置 ………………………………………………………185

　　(1)　押収物の保管 ……………………………………………………185

　　(2)　還付・仮還付 ……………………………………………………186

　　(3)　所有権放棄 ………………………………………………………190

目　次　**7**

第8章　検証・鑑定

[1] **検　　証** ……………………………………………191
　(1)　検証の要件 ……………………………………191
　(2)　検証における処分の内容 ……………………192

[2] **身 体 検 査** ………………………………………194
　(1)　令状による身体検査の要件 …………………194
　(2)　身体検査と身体捜索との関係 ………………195
　(3)　身体検査の拒否と対抗措置 …………………197
　(4)　令状によらない身体検査 ……………………198

[3] **強制採尿・強制採血** ……………………………200
　(1)　強 制 採 尿 ………………………………………200
　(2)　強 制 採 血 ………………………………………203
　(3)　留 め 置 き ………………………………………204

[4] **通 信 傍 受** ………………………………………206
　(1)　通信傍受法の制定 ……………………………206
　(2)　定　　　義 ………………………………………207
　(3)　傍受が許される犯罪類型 ……………………208
　(4)　傍受令状発付の要件 …………………………208
　(5)　傍受令状の請求手続 …………………………211
　(6)　傍受の実施 ……………………………………212
　(7)　記録の保管等 …………………………………214
　(8)　通信の当事者に対する通知 …………………214

[5] **鑑　　定** …………………………………………214
　(1)　鑑 定 嘱 託 ………………………………………214
　(2)　鑑定に必要な処分 ……………………………216
　(3)　身体検査（検証）の規定の準用 ……………218
　(4)　鑑 定 留 置 ………………………………………219

第9章 証 拠 等

1 証拠の種別 ……………………………………………………221

  (1) 直接証拠と間接証拠 ……………………………………221

  (2) 供述証拠と非供述証拠 …………………………………222

  (3) 人証・証拠物（物証）・証拠書類（書証）………………222

2 証 拠 調 べ ……………………………………………………222

3 刑事裁判の充実・迅速化 ……………………………………225

  (1) 公判前整理手続等 ………………………………………225

  (2) 即決裁判手続 ……………………………………………234

  (3) 連日的開廷の確保 ………………………………………237

4 合意制度及び刑事免責制度 …………………………………237

  (1) 合 意 制 度 ………………………………………………237

  (2) 刑事免責制度 ……………………………………………238

5 証 拠 能 力 ……………………………………………………239

  (1) 意　　　義 ………………………………………………239

  (2) 伝 聞 証 拠 ………………………………………………239

  (3) 自　　　白 ………………………………………………249

  (4) 違法収集証拠 ……………………………………………250

6 証　明　力 ……………………………………………………251

  (1) 意　　　義 ………………………………………………251

  (2) 自白の証明力の制限 ……………………………………251

  (3) 自白の信用性 ……………………………………………253

7 科学的捜査と証拠 ……………………………………………255

  (1) 科学的捜査の意義 ………………………………………255

  (2) 声 紋 鑑 定 ………………………………………………256

  (3) 筆 跡 鑑 定 ………………………………………………257

  (4) ＤＮＡ型鑑定 ……………………………………………257

  (5) 毛 髪 鑑 定 ………………………………………………259

目　次　**9**

|(6)| 警察犬による臭気選別 ……………………………………259|
|(7)| ポリグラフ検査 ……………………………………………260|

8 警察職員の証人出廷 …………………………………………261

9 司法制度改革 …………………………………………………262

10 裁判員制度 ……………………………………………………264

|(1)| 対　象　事　件 ……………………………………………265|
|(2)| 合議体の構成 ………………………………………………266|
|(3)| 裁判官・裁判員の権限と評決 ……………………………266|
|(4)| 判　　　　　決 ……………………………………………266|

第10章　犯罪被害者等と警察

1 警察における犯罪被害者等支援施策 ………………………267

|(1)| 犯罪被害者等への情報提供 ………………………………267|
|(2)| 相談・カウンセリング体制の整備 ………………………268|
|(3)| 捜査過程における犯罪被害者等の負担の軽減 …………269|
|(4)| 犯罪被害者等の安全の確保 ………………………………269|
|(5)| 犯罪被害者等給付金制度等 ………………………………270|

2 犯罪被害者等の権利利益の保護を図るための刑事訴訟法等の改正 …270

|(1)| 被害者参加制度 ……………………………………………270|
|(2)| 損害賠償請求に関し刑事手続の成果を利用する制度 …………272|
|(3)| 犯罪被害者等に関する情報（被害者特定情報）等の保護 …………272|
|(4)| 公判記録の閲覧及び謄写の範囲の拡大 …………………274|
|(5)| 民事訴訟におけるビデオリンク等の措置 ………………274|
|(6)| 国選被害者参加弁護士制度 ………………………………275|
|(7)| そ　の　他 …………………………………………………275|

3 令和5年刑事訴訟法等の改正 ………………………………277

|(1)| 被害者等の聴取結果を記録した録音・録画記録媒体に係る証拠
能力の特則の新設 …………………………………………277|
|(2)| 犯罪被害者等の情報保護 …………………………………277|

参考文献一覧 …………………………………………………279

判例索引 …………………………………………………………281

用語索引 …………………………………………………………285

凡 例

　本書では、法令名を、次のような略称を用いて表示しています。

本文中の表示

　　刑訴規則……………刑事訴訟規則

　　犯 捜 規……………犯罪捜査規範

　　警 職 法……………警察官職務執行法

　　銃 刀 法……………銃砲刀剣類所持等取締法

　　入 管 法……………出入国管理及び難民認定法

　　裁判員法……………裁判員の参加する刑事裁判に関

　　　　　　　　　　　　する法律

第1章　刑事訴訟法の基本原則

> **学習の指針**
>
> この章では，刑事訴訟法の目的である，実体的真実の発見と適正手続の保障について述べた後，特に捜査の意義について説明する。

1　刑事訴訟法の目的

　刑事訴訟法は，一般に，刑罰権の具体的実現を目的とする手続を定めた法をいうと定義されている。第1条では，「この法律は，刑事事件につき，公共の福祉の維持と個人の基本的人権の保障とを全うしつつ，事案の真相を明らかにし，刑罰法令を適正且つ迅速に適用実現することを目的とする。」と規定しているが，ここから，実体的真実の発見及び適正手続の保障が刑事訴訟法の主な目的といえる。

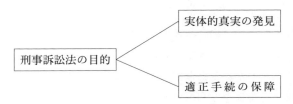

(1)　実体的真実主義

　裁判所の事実認定が真実に合致していなければならないとする立場を，実体的真実主義という。刑事訴訟において，真に犯罪を行った者が処罰を免れたり，真に無実の者が処罰されることは，いずれも正義に反する。

　よって，警察は，犯捜規第2条第1項で，「捜査は，事案の真相を明らかにして事件を解決するとの強固な信念をもつて迅速適確に行わなければならない。」と規定されているように，事案の真相を明らかにする重い責務を負っ

ているといえる。

(2) 適正手続の保障

憲法第31条は,「何人も,法律の定める手続によらなければ,その生命若しくは自由を奪はれ,又はその他の刑罰を科せられない。」と規定しているが,これは適正手続の保障を憲法上の基本原理として示すものである。適正手続の保障は,裁判所における公判手続だけでなく,捜査機関の行う捜査手続においても求められる。犯捜規第3条にも,「捜査を行うに当たつては,警察法,刑事訴訟法その他の法令及び規則を厳守し,個人の自由及び権利を不当に侵害することのないように注意しなければならない。」と規定されている。

「適正な手続」というためには,法律に違反した手続であってはならないことはいうまでもないが,法律に直接抵触することはなくても,国民の基本的人権を不当に侵害する手続であってはならない。

真相解明のためには,手続的規制を設けることなく,より多くの証拠が収集されたほうが望ましいが,そうすると,被疑者や国民の人権を侵害するおそれを生じることにもなるので,両者のバランスが問題となる。

2 捜査の意義

犯罪が発生したという場合,まず,一体誰が,どのような犯罪行為を行ったのかを明らかにしなければならない。そのために,被疑者を発見し,罪証隠滅や逃亡のおそれがあるときは,逮捕・勾留により身柄を拘束し,また,犯罪行為に関する証拠を取調べや捜索・差押えにより収集・保全する。そして,その被疑者につき,収集された証拠に基づいて,検察官が公訴を提起するかどうかを決めるのである。つまり,捜査の目的は,犯罪の嫌疑の有無を解明して,公訴を提起するか否かの決定をなし,公訴が提起される場合に備えてその準備を行うことにある。その一連の手続が捜査であるといえる。

なお,元警察庁長官の佐藤英彦氏は,現実には捜査活動がそれ自体,独立して犯罪の予防,鎮圧,犯人の更生,平穏な社会生活の維持などの機能をも有しており,「捜査の目的を『公訴の提起及び公判維持に資すること』だけ

に限定するのは適当でない」として，警察における捜査を「警察捜査」として，「個人の生命，身体及び財産の保護並びに公訴の提起・遂行の準備その他公共の安全と秩序の維持のため，証拠を発見・収集するほか，犯罪にかかる情報を収集・分析するとともに，犯人を制圧し，及び被疑者を発見・確保する活動」（『治安復活の迪　私の警察論』立花書房，39頁）と定義している。

第2章　捜査機関

学習の指針

　この章では，捜査機関のうち，捜査の中核を担う司法警察職員について説明した後，検察官との関係及び限定された捜査権限を行使する特別司法警察職員について説明する。

---

①　司法警察職員

　司法警察職員は，担当する捜査事項が一般的であるか，「特別の事項」に限定されるかにより，一般司法警察職員（警察官，189条1項）と，特別司法警察職員（190条）に分けられる。司法警察職員は，司法警察員と司法巡査の2種類がある（39条3項）。

　司法警察員には巡査部長以上の階級にある警察官，司法巡査には巡査の階級にある警察官が指定されるが，巡査でも特に必要があるときは司法警察員に指定されることがある。

　司法警察員と司法巡査には権限の差異があるが，刑事訴訟法上，司法警察員のみに与えられている主な権限は，次のとおりである。

①　**令状請求の権限（199条2項，218条4項）**

　　ただし，逮捕状請求については，国家公安委員会又は都道府県公安委員会が指定する警部以上の者に限られ，他方，緊急逮捕の場合における逮捕状請求権については，司法巡査も有する。

②　**逮捕された被疑者に対し，犯罪事実の要旨及び弁護人選任権を告知して弁解の機会を与え，かつ，被疑者を釈放，又は身柄付きで検察官に送致する権限（203条，211条，216条）**

③　**押収物の代価保管，還付等の権限（222条1項ただし書）**

第2章 捜査機関 **5**

④ 被疑者の鑑定留置，鑑定処分許可請求権（224条1項，225条2項）
⑤ 代行検視の権限（229条2項）
⑥ 事件の送致，送付の権限（246条）
⑦ 告訴，告発，自首の受理権限（241条，245条）

② 司法警察職員と検察官との関係

⑴ **両者の基本的関係**

ア 警察の独立捜査権

　刑事訴訟法は，第189条第2項において，「司法警察職員は，犯罪がある
と思料するときは，犯人及び証拠を捜査するものとする。」と規定し，第
一次捜査権が司法警察職員にあることを明記する一方で，第191条第1項
で，「検察官は，必要と認めるときは，自ら犯罪を捜査することができる。」
と規定し，検察官を司法警察職員と同様の捜査機関であること，その捜査
責任が第二次的，補充的なものであることを明らかにしている。このこと
は，旧刑事訴訟法第246条が「検察官犯罪アリト思料スルトキハ犯人及証
拠ヲ捜査スヘシ」と規定し，その一方で警察官が検事の指揮を受けて捜査
するものとしていたことと，現行刑事訴訟法を対比してみれば明らかであ
る。

　現行刑事訴訟法では，司法警察職員が独立して自らの責任において捜査
を行わなければならず，このため警察が独立の捜査機関であるとされたの
であるから，基本的には，協力関係が原則であり，指示，指揮等の関係が
例外であることが建前とされている。

イ 検察官との協力関係と調整

　司法警察職員と，捜査機関であり公訴提起機関でもある検察官との関係
について，警察法第76条第1項は，「……警察官と検察官との関係は，刑
事訴訟法の定めるところによる。」と規定している。一方，検察庁法第6
条第2項も「検察官と他の法令により捜査の職権を有する者との関係は，
刑事訴訟法の定めるところによる。」と規定している。これらの規定を受
けて刑事訴訟法第192条は，「検察官と……司法警察職員とは，捜査に関し，

互に協力しなければならない。」と規定している。

すなわち、刑事訴訟法は、司法警察職員に犯罪捜査の第一次責任を認め、検察官を第二次的、補充的責任を有する捜査機関と定め、しかも司法警察職員と検察官との関係は協力関係であると定めている。

しかし、その一方では、第193条において検察官には司法警察職員に対し、次のとおり指示及び指揮を認めている。
① 捜査の適正化、その他公訴の遂行を全うするため必要な事項に関する一般的な準則を定める一般的指示（1項）
② 捜査の協力を求めるため必要な一般的指揮（2項）
③ 検察官自ら犯罪を捜査する場合において必要があるときに捜査の補助をさせるための具体的指揮（3項）

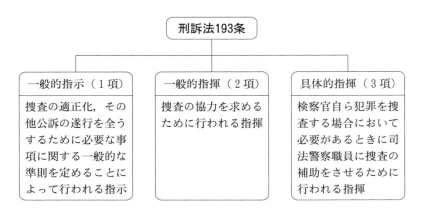

(2) 一般的指示

第193条第1項は、「検察官は、その管轄区域により、司法警察職員に対し、その捜査に関し、必要な一般的指示をすることができる。この場合における指示は、捜査を適正にし、その他公訴の遂行を全うするために必要な事項に関する一般的な準則を定めることによつて行うものとする。」と規定している。

この規定は、検察官が公訴担当者として公訴提起と維持及び起訴、不起訴決定上の観点から、警察官に対し必要な指示を発し得る権限を明らかにしたものである。

第2章　捜査機関　**7**

　前記のとおり現行刑事訴訟法においては，警察の独立捜査権が認められているのであるから，検察官は，既に捜査の主宰者ではなく，警察官の行う捜査の指揮監督者としてその捜査に対し指示命令を発し得る当然の権限はない。しかし，検察官は公訴担当者であり，一方，法は，警察官の行う捜査に続く次の段階として公訴を予定している。しかも手続法としての刑事訴訟法の特質から，前段階である捜査は，後段階である公訴に影響を及ぼすものである。

　したがって，このような観点から公訴権を預かる検察官に，その立場から書式の統一性等，一定の限度での指示を発し得ることとしたものであるが，もとより，その範囲にはおのずから限界がある。

　すなわち，公訴遂行という観点から必要とされるものの範囲に限られるのであって，捜査に対する心構え，報告下命事項，具体的実行方法等，捜査そのものを規制するものは含まれないのである。

ア　一般的指示の現状

　書式の統一性等から次のもの等が認められている。

(ｱ)　司法警察職員捜査書類基本書式例

　捜査書類の様式を定めるものであり，その性質上，全国的に統一されていることを必要とするもので，検事総長名で指示されている。

(ｲ)　微罪処分処理に関する指示

　第246条ただし書の部分に基づく事件不送致の一つとして，いかなる場合に通常の送致と異なる処分をすることができるか及びその場合にとる手続について定めるものである。これは検事総長の決めた枠内で各地方検察庁の検事正の定めるところとなっている。

(ｳ)　司法警察職員捜査書類簡易書式例

　犯行が単純であり，かつ，証拠の明らかな特定の事件について用いられる簡易な書式が定められている。(ｱ)と同様，検事総長名で指示されている。

(ｴ)　道路交通法違反事件迅速処理のための共用書式（交通切符）

　交通事件激増のすう勢に鑑み，この種事犯の適正かつ迅速な処理を図り，取締りの実効を期するために定められた書式である。これは，各地方検察庁の検事正の定めるところとなっている。

イ　一般的指示の性格

　　㋐　一般的準則であること

　　　指示がいかに一般的な形式をとっているにしても，個々の事件に関して指示を与えるもの，あるいは個々の事件について指揮する結果となるものを内容として含み得ない。

　　㋑　公訴遂行に必要な限度であること

　　　一般的指示は，捜査そのものについても発し得る。しかし無制限に許されるものではなく，公訴遂行のため必要とされる限度，公訴遂行という観点から視野に入ってくる限度にとどまるべきものであって，本来の捜査遂行上，その責任を有する警察の自律に委ねられるべきものは含まれない。

　　　このことは法文が「捜査を適正にし」という字句を掲げながらも，これを公訴遂行を全うするための一つの例として挙げている点からも明らかである。

　　㋒　管轄区域の制限があること

　　　所属検察庁の対応する裁判所の管轄区域内の警察官に対してのみ，指示する権限がある。

　　　なお，検事総長名による指示は，全ての司法警察職員を対象とし得る。

(3)　一般的指揮

　第193条第2項は，「検察官は，その管轄区域により，司法警察職員に対し，捜査の協力を求めるため必要な一般的指揮をすることができる。」と規定している。

　この規定は，二つ以上の捜査機関がときを同じくして並行的に一つの事件を捜査する場合，その具体的捜査の不均衡を是正，調整することを目的として，統一した捜査方針の下に，捜査の有効適正を期するために，検察官による調整の権限を明らかにしたものである。したがって，警察官が捜査する事件について個々の捜査活動の実施を指揮するのではなく，捜査上留意すべき一般的な事項を示すことを意味している。しかし，2以上の都道府県警察間の捜査の競合は当然に含まれない。なぜなら，警察に独立の捜査権が認められ，さらに，警察法により警察庁に都道府県警察間の調整権が明規されてい

第2章 捜査機関 **9**

るからである。

　一般的指揮の特質は，次のとおりである。

　①　捜査調整のためのものであること

　　「捜査の協力を求めるため」という言葉からみても，具体的事件の捜査が現実に行われ，かつ，この調整が必要な場合に行われるものであることを予定している。

　②　個別事件についてのものであること

　　この規定は，二つ以上の捜査機関が現実に同じ事件の捜査に当たっている場合の規定であり，既に発生した個別の事件であるべきことは当然であり，まだ現実のものとなっていない事件について一般的指揮を下すことはあり得ない。すなわち，既に発生した個別の事件につき指揮するものである。

⑷　具体的指揮（補助命令）

　第193条第3項は，「検察官は，自ら犯罪を捜査する場合において必要があるときは，司法警察職員を指揮して捜査の補助をさせることができる。」と規定している。

　この規定は，検察官が当初から特定事件の捜査をしている場合に，警察官に捜査上の補助を命ずることができることを明らかにしたものである。したがって，検察官が自ら認知した事件であると，直接検察官に対して告訴，告発又は自首がなされた事件であるとを問わない。既に警察で捜査している事件について，検察官が捜査を始める場合については争いがあるが含まれないと解する。なぜならば，送致事件についてこの規定を適用するものであれば，送致後の捜査の主宰者が替わることとなり，刑事訴訟法で定められた警察の独立捜査権の本質を失わしめるものとなるからである。

　検察官の補助者として，検察庁法第27条第3項によって検察事務官がいるが，その人数においても十分でない。具体的指揮は，そのような場合に対処するために設けられた規定であるから，この規定に基づく捜査の補助とは，警察官の有する捜査権を行使して補助することを意味するものである。

　例えば，

　①　検察官が自ら行う捜索，差押え，検証等に同行しての補助

② 被疑者の取調べ

等のようなものは，独自の捜査権を有し，そのための特別の訓練を受けている者においてはじめて行い得るものである。

なお，検察官の具体的指揮があった場合においても，警察法による管轄区域外における職権行使が許される場合でなければ，警察官は管轄区域外に出て捜査活動を行うことはできない。

(5) 司法警察職員に対する懲戒，罷免の訴追

第194条は，前記検察官の一般的指示権，一般的指揮権及び具体的指揮権の実効性を担保するための制度を規定したものである。

司法警察職員は，検察官の指示又は指揮に従わなければならず，もし司法警察職員が正当な理由なくこれらの指示，指揮に従わなかった場合において必要と認めるときは，検事総長，検事長，検事正からそれぞれの公安委員会に対して，その司法警察職員の懲戒又は罷免の訴追をすることができる。

たとえ検察官から公訴の提起があっても，起訴状に記載された事実が何ら罪となるべき事実を包含していない場合には，第339条により裁判所が決定で，その公訴を棄却できるのと同じように，訴追を受けた公安委員会はその訴追の理由がないと認められれば，その旨を決定して訴追を退け得る。しかし，司法警察職員の不服従が不当であったと認める場合には，刑事訴訟法第194条の定めるところに従って，その司法警察職員を懲戒，又は罷免しなければならない。

※本条附属の法律として「刑事訴訟法第194条に基く懲戒処分に関する法律（昭和29年法律第64号）」がある。

なお，今日まで，本条及び前記法律により懲戒，罷免の訴追が行われた例はなく，あくまでも指示，指揮を担保するための規定である。

(6) 捜査関係者に対する訓示規定

検察官，検察事務官及び司法警察職員並びに弁護人その他職務上捜査に関係のある者は，被疑者その他の者の名誉を害しないように注意し，且つ，捜査の妨げとならないように注意しなければならない（196条）。

③ 特別司法警察職員

(1) 特別司法警察職員の捜査権限

　第190条は，「森林，鉄道その他特別の事項について司法警察職員として職務を行うべき者及びその職務の範囲は，別に法律でこれを定める。」と規定する。この規定に基づき特別の事項について司法警察職員として捜査を行う者を特別司法警察職員という。

　特別司法警察職員は，法律により定められた特別の事項に限って捜査権を行使し得る。この「特別の事項」の内容の規定方法は，特別司法警察職員とされる当該機関の本来の機能に応じて多様であるが，大別すれば次のとおりである。

　① 　犯罪の場所的特性に着目したもの

　　（例）海上における犯罪（海上保安官（補）），刑事施設における犯罪（刑事施設の長及び指名された刑事施設の職員）

　② 　犯罪の主体に着目したもの

　　（例）自衛官等の犯した犯罪（自衛隊警務官（補））

　③ 　犯罪の客体に着目したもの

　　（例）天皇及び皇后，皇太子その他の皇族の生命，身体若しく財産に対する罪（皇宮護衛官）

　④ 　犯罪の罪種，罪質等に着目したもの

　　（例）麻薬及び向精神薬取締法等に違反する罪（麻薬取締官及び麻薬取締員），労働基準法等に違反する罪（労働基準監督官）

　以上より明らかなとおり，一般に特別司法警察職員の捜査は特定の犯罪に対してのみ行われること，すなわち事物管轄に制限のあることが特徴であり，あらゆる犯罪に対して捜査権を有する一般司法警察職員（警察官）と区別される。

　特別司法警察職員が捜査上行使し得る権限は，原則として一般司法警察職員と同一である。

　なお，一般司法警察職員たる警察官は，捜査に関し場所的，事物的制約を全く受けない。したがって，特別司法警察職員の捜査権は，警察官のそれと，

常に，全面的に競合する。このため，犯捜規は，第1章第5節（特別司法警察職員等との関係）において，警察官と特別司法警察職員等の捜査が競合する場合の協議等について定めている（50条ないし54条）。

⑵ **特別司法警察職員の種類及び職務内容**

特別司法警察職員の種類及びその職務内容等については次のとおりである。

	官　　名	根拠法令	職務の範囲又は場所
司法警察職員等指定応急措置法に基づくもの	森林管理局（署）の職員	司法警察職員等指定応急措置法1条	国有林野，公有林野等の産物や，その林野や国営猟区における狩猟に関する罪
	北海道公有林野事務担当職員	同上	北海道における公有林野，その林野の産物又はその林野における狩猟に関する罪
	船長その他の船員	同上	船舶内における犯罪
個々の法律に基づくもの	皇宮護衛官	警察法69条	天皇及び皇后，皇太子その他の皇族の生命，身体若しくは財産に対する罪，皇室用財産に対する罪又は皇居，御所その他皇室用財産である施設若しくは天皇及び皇后，皇太子その他の皇族の宿泊の用に供されている施設における犯罪
	刑事施設の長及び指名された刑事施設の職員	刑事収容施設及び被収容者等の処遇に関する法律290条	刑事施設における犯罪
	鳥獣保護・管理・狩猟事務担当職員	鳥獣の保護及び管理並びに狩猟の適正化に関する法律76条	鳥獣の保護及び管理並びに狩猟の適正化に関する法律等に違反する罪
	労働基準監督官	労働基準法102条等	労働基準法等に違反する罪
	運航労務監理官（船員労務官）	船員法108条船員災害防止活動の促進に関する法律62条	船員法等に違反する罪

第2章 捜査機関 **13**

海上保安官及び海上保安官補	海上保安庁法31条	海上及び遠方離島における犯罪
麻薬取締官及び麻薬取締員	麻薬及び向精神薬取締法54条	麻薬及び向精神薬取締法，大麻取締法，覚醒剤取締法等に違反する罪
鉱務監督官	鉱山保安法49条	鉱山保安法違反の罪
漁業監督官及び漁業監督吏員	漁業法128条	漁業に関する罪
自衛隊警務官及び自衛隊警務官補	自衛隊法96条	自衛官等（以下「隊員」という。）の犯した犯罪，職務に従事中の隊員に対する犯罪その他隊員の職務に関し隊員以外の者の犯した犯罪，自衛隊の使用する船舶，庁舎，営舎その他の施設内における犯罪及び自衛隊の所有し，又は使用する施設又は物に対する犯罪

⑶　**特別司法警察職員に準ずる機関**

　国税庁監察官は，国税庁所属職員がした職務に関する犯罪，同職員が職務を行う際にした犯罪，これらの犯罪の共犯及び同職員に対する贈賄罪について捜査権を有する（財務省設置法27条１項）。国税庁監察官の捜査については，刑事訴訟法の規定が「司法警察（職）員」を「国税庁監察官」と読み替えて適用されるが，逮捕，捜索，差押え等の強制捜査権は認められていない。

第3章　捜査の端緒

学習の指針

　司法警察職員が，何らかの犯罪があると推測し，その嫌疑を抱く場合において，その嫌疑を生じた原因を捜査の端緒という。捜査の端緒には，刑事訴訟法上の制限はない。捜査の端緒があるとき，すなわち犯罪があると司法警察職員が思料するときは，「捜査するものとする」（189条2項）とされている。このことは，必ず捜査しなければならないことを義務付けるものではないが，捜査をする建前であることを意味する。

　「犯罪があると思料するとき」とは，特定の犯罪の嫌疑があると認められるときという意味である。司法警察職員から見て，客観的な事情が特定の犯罪の存在を疑わしめる場合であることが必要であるが，恣意的な判断が許されないことはいうまでもない。ただし，そのような客観的な事情が存在すれば，仮に主観的に犯罪の成立を否定すべきものと思っても一応捜査しなければならない。

　この章では，捜査を開始するために必要な捜査の端緒，それぞれの概要について説明する。

１　端緒の種類

　捜査の端緒のうち，主なものは次頁の表のとおりである。

　これらの端緒のうち，主要なものが刑事訴訟法に定められているほか，他の法律によって規定されているものもある。法的規定の有無で分けると，

①　刑事訴訟法上に規定のあるもの

　　告訴，告発，請求，自首，検視，私人による現行犯人の引渡し

②　警職法に規定されているもの

　　職務質問

③ 他の法律に定められているもの

　自動車検問，質屋・古物商への立入り，質屋・古物商の確認・申告等
④ 法律上の規定のないもの

　新聞紙その他出版物の記事，インターネットを利用して提供される情報，他事件の捜査過程での認知，被害届，第三者の通報・投書，風説等となる。

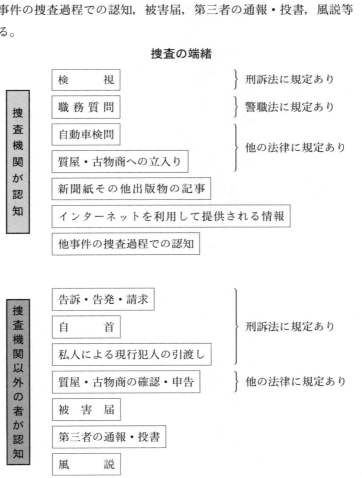

捜査の端緒

② 各端緒の概要

⑴ 告　　訴

ア　告訴の意義

告訴とは，被害者その他一定の者が，捜査機関に対して犯罪事実を申告し，犯人の処罰を求める意思表示をいう。司法警察員は，告訴を受けたときは，速やかにこれに関する書類及び証拠物を検察官に送付しなければならず（242条），告訴人には，検察官から，告訴のあった事件について，公訴を提起し，又はこれを提起しない処分をした旨の通知を受ける権利（260条），請求により不起訴処分とされた告訴事件につき，その不起訴理由の告知を受ける権利（261条）等が認められている。

有効な告訴であるためには次の要件が必要である。

(ア)　告訴をする権利を有する者の告訴であること

告訴は，犯罪の被害者のほか，法律上告訴をすることのできる一定の者（告訴権者）が告訴をすることができる。

(イ)　犯罪事実の申告であること

告訴は，犯罪事実を申告して行わなければならない。この犯罪事実は，他の犯罪と区別される程度に特定されていれば十分であって，必ずしも日時，場所，態様等の詳細まで明確になっている必要はない。また，必ずしも犯人の氏名を指定して申告する必要もなく，誤って第三者を指定しても，その告訴は真犯人に対する有効な告訴になるとされている。

(ウ)　犯人の処罰を求めていること

単なる犯罪事実の申告にすぎないものは告訴ではない。その意味で，被害届とは異なる。処罰の意思の有無については単に形式や文言にとらわれることなく，具体的に犯人の処罰を求める意思があるか否かを判断しなければならない。

イ　告訴権者

刑事訴訟法上，告訴をする権利を有する者を告訴権者という。原則として被害者であるが，法定代理人など被害者以外の一定の者も告訴することができる（230条〜234条）。

第3章　捜査の端緒　**17**

告訴権者

告訴権者の種類	注意事項
被害者（自然人，法人，法人格のない社団・財団）	犯罪により害を被った者（間接的な被害者を除く。）
被害者の法定代理人（未成年者の親権者，未成年後見人等）	独立して告訴することができる
被害者が死亡した場合の配偶者，直系親族等	死亡被害者の明示の意思に反することはできない
死者の名誉が毀損された場合の親族・子孫	死者名誉毀損罪についての告訴権者
検察官の指定による告訴権者	親告罪について告訴できる者がいない場合に，利害関係人の申立てに基づく

(ア)　被害者

　犯罪により害を被った者（被害者）は，告訴をすることができる（230条）。被害者は，未成年であっても告訴の訴訟行為能力があれば可能である（最決昭32.9.26）。また，自然人に限らず，法人はもとより，法人格のない社団・財団も告訴権を有しているとされている。国又は地方公共団体が被害者である場合には，法令上，当該事項につき，国又は地方公共団体を代表すべき権限を認められた者が，代表して告訴権を有する。

　※賃貸アパートに対する器物損壊罪のような場合，適法な権限により物件を占有管理している賃借人は告訴権を有する。ただし，この場合であっても，所有者からも事情を聞き，告訴状を徴することができる場合は所有者からも告訴状を徴することがふさわしい。

(イ)　被害者の法定代理人

　被害者の法定代理人は，独立して告訴をすることができる（231条1項）。この権利は法定代理人の地位に基づき，独立に認められた固有の権利とされている（最決昭28.5.29）。ここでの法定代理人とは，未成

年者の親権者（父母），後見人等をいい，財産管理人・破産管財人を含まないとされている。「独立して」とは，被害者本人の明示・黙示の意思に拘束されないことを意味する。

　なお，被害者の法定代理人が被疑者であるとき，被疑者の配偶者であるとき，又は被疑者の四親等内の血族若しくは三親等内の姻族であるときは，法定代理人の正常な告訴権の行使を期待できないので，被害者の親族は，独立して告訴をすることができる（232条）。

　※被害者の法定代理人たる地位は，告訴当時に有していればよく，被害時においてその地位にあることを要しないし，告訴後その地位を失っても，既に行った告訴の効力には影響がない。
　ただし，被害者の法定代理人が被害者本人による告訴を取り消す場合は，被害者本人による特別の授権が必要と解されている。

(ウ)　被害者が死亡した場合の配偶者，親族等

　被害者が告訴をしないで死亡した場合には，死亡被害者の配偶者，直系親族，兄弟姉妹は，死亡被害者の明示した意思に反しない限りにおいて，告訴をすることができる（231条2項）。これらの身分関係については，被害者の死亡当時に存在していればよいとされている。また，名誉を毀損した罪について被害者が告訴をしないで死亡したときは，その親族・子孫は，被害者の意思に反しない限り告訴をすることができる（233条2項）。

(エ)　死者の名誉が毀損された場合の親族・子孫

　死者の名誉を毀損した罪については，死者の親族・子孫は，告訴をすることができる（233条1項）。ここでの「名誉を毀損した罪」というのは，刑法第230条第2項の死者名誉毀損罪をいうとされている。「親族」の範囲は，民法により定まり，「子孫」とは親等数にかかわらず，血族たる直系卑属の全てをいう。

(オ)　検察官の指定による告訴権者

　親告罪について告訴できる者がいない場合には，検察官は，利害関係

人の申立てにより告訴をすることができる者を指定することができる（234条）。この規定は，告訴権者が全く存在しないために親告罪の訴追・処罰が不可能という不都合を避ける趣旨であるから，第230条ないし第233条の規定によって告訴し得る者が存在しない場合のみに限定され，もともと存在した告訴権者が全て告訴権を失ってしまった場合は含まれないと解されている。

ウ　告訴の手続

　(ア)　告訴の方式

　　告訴は，書面又は口頭で検察官又は司法警察員にしなければならない（241条1項）。書面による場合には，捜査機関に対して告訴の趣旨が明らかにされるものであれば十分であり，その方式には特別な制約はない。口頭による場合には事後に調書の作成が予定されている（241条2項）ので，捜査機関の面前において行わなければならないとされており，電話による告訴については無効とされている（東京高判昭35.2.11）。また，告訴又は告訴の取消しは，代理人によっても行うことができる（240条）。

　(イ)　告訴の受理

　　告訴は，検察官又は司法警察員に行わなければならず，検察事務官や司法巡査は，告訴を受理する権限はない。したがって，これらの者が告訴状を受け取ってもこのときに告訴の効力が生ずるのではなく，検察官又は司法警察員が受理して初めて効力が生ずるのである。そして，司法警察員が告訴を受理した場合には，速やかに捜査を遂げた上，書類及び証拠物を検察官に送付しなければならないとされている（242条）。また，検察官は処分結果を告訴人に通知しなければならず（260条），不起訴とした場合において，告訴人から請求があるときは，速やかにその理由を告げなければならない（261条）。

エ　告訴の効果

　(ア)　一般的効果

　　一般に，告訴は，捜査の端緒である。親告罪については，告訴は訴訟条件であるが，捜査開始の条件ではないので，告訴がない場合でも，必要な捜査をすることは可能である。

(イ)　告訴不可分の原則

親告罪の告訴の効力につき，特に重要なものとして告訴不可分の原則がある。

　a　告訴の主観的不可分

親告罪について共犯の一人又は数人に対してした告訴又はその取消しは，他の共犯に対しても効力を生ずる（238条1項）。

ただし，親族間の犯罪に関する特例のように，一般には非親告罪であるが犯人と被害者との間に一定の身分関係があれば親告罪となる，いわゆる相対的親告罪においては，身分者と非身分者とが共犯である場合には，身分関係が重要な意味をもつから，特にその身分関係のある犯人を告訴する意思が認められない限り，他の非身分者に対する告訴の効力はこれに及ばないと解されている。これに対して，数人の共犯者全員が身分関係をもつときは，その一人に対する告訴又はその取消しは，原則どおりに他の共犯者にも効力を生ずる。

　b　告訴の客観的不可分

一個の犯罪の一部について告訴又はその取消しがあったときは，その犯罪の全部について効力を生ずる。このことは，単純一罪にはそのまま妥当するが，科刑上一罪については，親告罪を認める趣旨から制限を受ける。

　(a)　科刑上一罪の各部分が親告罪の場合

各部分の被害者（したがって告訴権者）が同一人なるときは原則どおりであるが，各部分の被害者が異なる場合には，一人の被害者のした告訴の効力は，他の被害者に関する部分には及ばないと解されている。例えば，同一文書で数人の名誉を毀損したような場合，科刑上一罪である観念的競合（刑法54条1項）の関係になるが，被害者の一人がした告訴の効力は，他の者の被害事実にまで及ばない。

　(b)　科刑上一罪の一部が親告罪の場合

被害者を同じくする科刑上一罪の一部が非親告罪で，他の部分が親告罪である場合に，非親告罪の部分に限定した告訴の効力は，親告罪の部分には及ばないと解される。

オ　親告罪の告訴

　親告罪とは，刑法その他特別法に「告訴がなければ公訴を提起すること
ができない。」等と規定されている犯罪であり，告訴権者による告訴が訴
訟条件となっている。

　※第237条は，告訴をした者は公訴の提起があるまでこれを取り消すことがで
き，告訴の取消しをした者は，更に同一事実につき告訴をすることができない
として取消後の再告訴を禁止しているが，本条は，親告罪について適用される
ものであり，非親告罪については，公訴提起後でも告訴を取り消すことができ
るし，取消後に再告訴することもできるとされている。

親告罪と非親告罪

	親　告　罪	非　親　告　罪
告訴の意味	訴訟条件	捜査の端緒
告訴期間	告訴期間の制限あり	告訴期間の制限なし
告訴の取消し	公訴提起前に限る	いつでも可
再　告　訴	告訴取消後，同一事実につき再告訴できない	制限がない
告訴不可分の原則	適用される	適用されない

刑法犯の親告罪

○信書開封・秘密漏示罪（刑法135条）
○過失傷害罪（刑法209条2項）
○未成年者拐取，幇助目的の被拐取者引渡し等の罪及びこれらの罪の未遂罪（刑法229条）
○名誉毀損，侮辱罪（刑法232条1項）
○親族間の窃盗，不動産侵奪罪（刑法244条2項）
○親族間の詐欺，背任，恐喝の罪等（刑法251条，244条2項）
○親族間の横領等（刑法255条，244条2項）
○私用文書等毀棄，器物損壊，信書隠匿等の罪（刑法264条）

(ア)　親告罪の種類

親告罪には2種類ある。

a　絶対的親告罪

器物損壊罪（刑法261，264条）のような親告罪の通例の場合であり，常に告訴が訴訟条件となる犯罪である。

b　相対的親告罪

窃盗罪（刑法235条）の親族間の犯罪に関する特例（同244条）のように親族間で犯された場合に限り，告訴が訴訟条件となる犯罪であり，犯人が被害者と一定の身分関係にあるため，その身分関係にある犯人に対する関係で親告罪とされているものである。

(イ)　告訴期間

非親告罪については，告訴期間についての定めがないが，親告罪については，告訴が訴訟条件となる関係上，告訴期間に制限が設けられている。つまり，犯人を知った日から6か月を経過したときは，原則として告訴することができない（235条本文）とされている。

a　「犯人を知った」とは

告訴権者が犯人が誰であるかを知ることであり，どの程度知る必要があるかについては，犯人の氏名までも知る必要はないが，少なくとも犯人の何人たるかを特定し得る程度に認識することをいうとされている（最決昭39.11.10）。

b　「犯人を知った日」とは

告訴権者がaの意味で誰が犯人であるかを知った日を意味する。そして，その当日が告訴期間の起算日になる。犯罪の終了後に告訴権者が犯人を知った場合であれば，その当日が起算日に当たることは当然であるが，犯行の途中で犯人を知った場合には，それ以後の犯罪終了の日が起算日とされている。そして，継続犯では，実行行為が終了した日が当該犯罪の終了日であり，結果の発生を必要とする結果犯については，結果が発生した日が当該犯罪の終了日となる。

なお，大阪高判（平16.4.22）は，インターネット上の名誉毀損に

ついて，不特定多数のインターネット利用者らに閲覧可能な状態を設定したことによって，名誉毀損罪は既遂に達したというべきで，その後も，削除されることなく，利用者の閲覧可能な状態に置かれたままのときは，既遂に達した後も，未だ犯罪は終了せず，継続していると解されるが，被告人が削除をしようとして警察を介してサーバー管理者に申入れをした時点で，犯罪が終了したと解するのが相当であるとしている。

　　※告訴の主観的不可分（20頁参照）により，犯人のうち一人を知れば，全ての犯人について告訴が進行する。ただし，相対的親告罪の場合，非身分者に対する告訴の効力は身分者に及ばないため，告訴権者が身分者が犯人であることを知った時が，当該身分者についての告訴期間の始期となる。

　なお，刑法第232条第2項により外国の代表者が名誉毀損及び侮辱罪に関して行う告訴及び日本国に派遣された外国の使節に対する名誉毀損罪又は侮辱罪につき，その使節が行う告訴については，外交関係を考慮し，かねてから告訴期間を制限しないこととしている（235条ただし書）。

⑵　告　　発

　告発とは，犯人，告訴権者又は捜査機関等以外の第三者が捜査機関に犯罪を申告し，処罰を求める意思表示をすることをいう。何人でも犯罪ありと思料するときは告発をすることができる（239条1項）が，名義人があることを要し，匿名の投書や密告は法律上の告発とはいえない。告訴同様，自然人に限られず，法人等も可能である。

　送付義務，検察官の通知，請求を受けたときの不起訴理由の通告の義務があることは告訴と同様である。

　国税犯則事件等については訴訟条件となっている。この場合，親告罪における告訴の主観的不可分の原則が準用されるが（238条2項），告発の期間については制限がない。また，その性質上，代理人によって行うことは認められていない。

　官吏又は公吏は，その職務を行うことにより犯罪があると思料するときは，告発をしなければならない（239条2項）が，当該公務員の職務上相当と認められる裁量までも認めないものではない。

なお，ここにいう官吏，公吏には，捜査機関は含まれない。

⑶　請　　　求

請求とは，特定の犯罪につき，特定の者よりなされる犯人の処罰を求める意思表示をいう。通常の犯罪については，請求というものはないが，外国国章損壊罪（刑法92条）等で訴訟条件とされている。請求権者は，それぞれの罪によって定められ，外国国章損壊罪については当該外国政府である。請求には，告訴の取消し及び告訴不可分の原則が準用される。

⑷　自　　　首

自首とは，罪を犯し，いまだ捜査機関に発覚しない前に，犯人が自ら進んで自己の犯罪事実を捜査機関に申告し，その処分に服する意思表示である。

「発覚しない前」とは，捜査機関が犯罪そのもの又は犯人を覚知していないことを意味するが，犯人が人相，特徴等から特定され単にその氏名が不明であるにすぎない場合は含まれない。

この意思表示は，検察官又は司法警察員に対してなされなければならない（245条，241条）から，司法巡査がこれを受けたときは直ちに司法警察員に取り次がなければならない。

告発と同様，代理人によることは法律上認められていないが，使者を介してこの意思を伝達することも有効な自首に当たる。

自首も，告訴及び告発と同様，検察官又は司法警察員に対し，書面又は口頭で行わなければならない（245条，241条）が，東京地判（平17.9.15）は，「『口頭』とは自首した者と自首を受理する者が相対して行うものであるのが原則であって，電話による自首は，連絡後，犯人がすぐに身柄の処分を捜査機関に委ねられるような，相対しているときに準じる状況になければならないと解される」と判示し，外国から電話で本邦にいる警察官に自己の犯罪事実を申告したとしても，刑法上の自首には該当しないとしている。

なお，口頭で自首が行われた場合には，自首調書を作成しなければならないが，この際，供述拒否権を告知しなくても，違法となるわけではない（このことは，自首調書作成のときに限られ，その後の取調べの際に被疑者調書を作成するときは当然供述拒否権を告知しなければならない。）。

刑事訴訟法上，自首は，告訴と同様速やかに書類及び証拠物を検察官に送

第3章　捜査の端緒　**25**

付しなければならないとされているところ（245条，242条），刑法によって
刑を減軽し得るとされている（刑法42条1項）ことから，自首調書は弁解録
取書作成後であっても，作成されなければならない。

　なお，刑法上では，刑の減軽事由として，告訴がなければ公訴を提起する
ことができない罪について，告訴をすることができる者に対して自己の犯罪
事実を告げ，その措置に委ねることを規定している（刑法42条2項。これを
「首服」という。）が，これは端緒となるものではない。

　取調べ又は職務質問中，追及されて，自己の犯罪事実を申告することは自
首には当たらない（ただし，自首に行こうとする途中，職務質問を受け，そ
の警察官に申告したときは自首に当たる。）。

　また，最決（令2.12.7）は，被告人が，自宅で，被害者をその嘱託を受
けることなく殺害した後，嘱託を受けて被害者を殺害した旨の虚偽の事実を
記載したメモを遺体のそばに置いた状態で，自宅の外から警察署に電話をか
け，自宅に遺体があり，そのそばにあるメモを見れば経緯が分かる旨伝える
とともに，自宅の住所を告げ，その後，警察署において，司法警察員に対し，
嘱託を受けて被害者を殺害した旨の虚偽の供述をしたという事実関係の下で
は，自己の犯罪事実を申告したということはできず，刑法42条1項の自首は
成立しない旨判示している。

⑸　**検　視　等**

　ア　検視の意義

　　検視とは，第229条の規定に基づき，変死者又は変死の疑のある死体
（以下「変死体」という。）が犯罪に起因するものであるかどうか判断する
ために，五官の作用により死体の状況を調べる処分をいう。

　　変死体を検視する目的は，その死亡原因が，犯罪に起因するか否かを認
定し，迅速的確な捜査活動を展開することにある。

　　変死体の検視は，事件解決の成否を大きく左右するものであり，一つの
誤った判断も許されない厳しいものである。ここに検視の重要性がある。

　　検視は，犯罪の嫌疑の有無を発見するために行われるものであるが，そ
れは，死因を調査して犯罪に起因するかどうかを判断するものであって，
いまだ一定の犯罪の嫌疑あるいは特定の犯人の存在を前提とするものではな

いから，捜査そのものには属せず，捜査の端緒として位置づけられている。

イ　礼意の保持と遺族等への配慮

　警察官は，死体の取扱いに当たっては，礼意を失わないように注意しなければならない（警察等が取り扱う死体の死因又は身元の調査等に関する法律（以下「死因・身元調査法」という。）2条）。また，警察官は，死体の取扱いに当たっては，遺族等の心身の状況，その置かれている環境等について適切な配慮をしなければならない（死因・身元調査法3条）。

ウ　死体の認知

　警察官は，その職務に関して，死体を発見し，又は発見した旨の通報を受けた場合には，速やかに当該死体を取り扱うことが適当と認められる警察署の警察署長にその旨を報告しなければならない（死因・身元調査法4条1項）。

　警察官が，変死体の届出を受ける場合としては，法令の規定により届出を受ける場合と，発見者等から全く任意に受ける場合とがある。警察官に対する届出義務を直接規定したものとしては，

　　○　医師法第21条

　　○　保健師助産師看護師法第41条

　　○　死体解剖保存法第11条

がある。このほかに，刑法第192条及び軽犯罪法第1条第18号・第19号は，間接的に警察官に対する死体の届出が行われることを保障している。

エ　検視の対象

　検視の対象は，変死者，つまり「変死体」と「変死の疑のある死体」である（229条1項）。

第3章 捜査の端緒 27

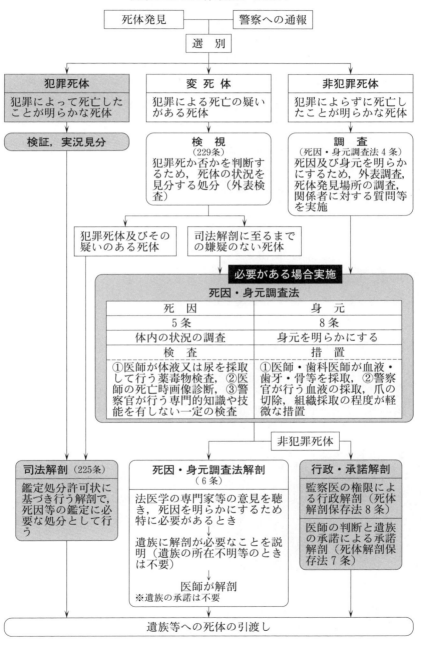

「変死体」とは，老衰死，病死等の自然死ではないいわゆる不自然死であり，犯罪による死亡ではないかという疑いのある死体をいう。他方，「変死の疑のある死体」とは，自然死か不自然死か不明の死体であって，不自然死の疑いがあり，かつ，犯罪によるものかどうか不明なものをいう。つまり，明らかな自然死と明らかな不自然死との中間にあって，客観的にはそのいずれかに属するとしてもそれが不明であり，したがって，犯罪に起因するか否かについても疑いのある場合である。

犯罪死体については，検視を経ずに犯罪捜査，つまり検証（218条），実況見分（犯捜規104条），司法解剖（168条，223条，225条）等が行われる。

また，警察署長は，発見の報告又は死体に関する法令に基づく届出に係る死体（犯罪行為により死亡したと認められる死体又は変死体を除く。）について，その死因及び身元を明らかにするため，外表の調査，死体の発見された場所の調査，関係者に対する質問等の必要な調査をしなければならない（死因・身元調査法4条2項）とされている（後述カ　死因又は身元を明らかにするための措置参照）。

なお，警察署長は，死因・身元調査法4条1項の規定による報告又は死体に関する法令に基づく届出に係る死体の身元が明らかになった場合において，当該死亡者が外国人であることが判明したときは，遅滞なく，その旨を当該死亡者が死亡の際，国籍を有していた国の領事機関（総領事館，領事館，副領事館又は代理領事事務所をいう。）に通報するものとする（死体取扱規則2条）。

オ　検視の手続

　㋐　検視の代行

警察官は，変死体を発見し，又はこれがある旨の届出を受けたときは，直ちに，その変死体の所在地を管轄する警察署長にその旨を報告しなければならない（検視規則2条）。

報告を受けた警察署長は，速やかに，警察本部長（警視総監又は道府県警察本部長をいう。以下同じ。）にその旨を報告するとともに，その死体の所在地を管轄する地方検察庁又は区検察庁の検察官に次の事項を通知しなければならない（同規則3条）。

第 3 章　捜査の端緒　**29**

　　○　変死体発見の年月日時，場所及びその状況
　　○　変死体発見者の氏名その他参考となるべき事項
　　なお，警察官は，検視が行われるまでは，変死体及びその現場の状況
を保存するように努めるとともに，事後の捜査又は身元調査に支障をき
たさないようにしなければならない（同規則 4 条）。
　　報告を受けた検察官は，その内容を検討し，検視の必要があると判断
すれば，自ら現場に赴いて検視しなければならないとされている（229
条 1 項）が，必要に応じ，検察事務官又は司法警察員に検視させること
ができる（同条 2 項）。これが代行検視である。司法警察員が代行検視
を行う場合，医師の立会いを求めてこれを行うなどしなければならない
（同規則 5 条）。
　　検視は検察官の権限とされ，検視の代行を命ずるか否かは検察官の裁
量に属する。検視の代行命令は，正に第229条第 2 項の規定に基づいて
なされるものであって，第193条にいう検察官の指示，指揮権とは異な
る。また，代行検視は，検察官の命により行うものであるが，検察官の
補助者として行うのではなく，司法警察員としてその資格において行う
（司法巡査にはこの権限はない。）。しかし，検察官の命に基づくもので
あるから結果は報告すべきものとされている（同規則 5 条）。
(イ)　検視に伴う処分の範囲
　a　憲法第35条（令状主義の原則）との関係
　　　検視には令状を必要としない。現に変死体が存在するという緊急事
　態がある以上，検視を行わないことは個人や社会の安全から許されな
　いという緊急性から来る実質的理由による。ただし，検視には第129
　条（検証と必要な処分）や第168条（鑑定と必要な処分，許可状）が
　準用されていないことから，検視行為として死体を損壊等することは
　できない。
　b　検視の処分としてなし得る行為
　　(a)　変死体の存在する住居，その他人の看守する場所に立ち入るこ
　　　と
　　　　住居主又は看守者の承諾がなくてもよい。ただし，捜索，検証に

わたる処分を行うことはできない。

(b) 変死体の身体の外部的検査を行うこと

　医学的な外表検査として認められる限度で，眼瞼，歯並，肛門等を検査するなどの身体検査をなし得る。また，身体検査に伴う必要な処分として写真撮影，指紋の採取ができることは言うまでもない。

　ただし，指紋の採取のためであっても，指先を切断する等，死体を損傷することは許されない。

(c) 死因の究明及び身元確認の調査を行うに当たって，必要な処分を行うこと

　必要最小限度で死体の着衣を損壊すること，所持金品の検査を行うこと，現場の状況を調査すること，凶器その他死因と関係あると認められる器具を調べること，死亡の原因となったと思料される薬品の検査を行うこと，遺族，同居人その他の関係者に対して質問すること，取調べを行うこと等は，検視の目的から考えて行い得るものと解される。

検視の処分としてなし得る行為

処分の種類	具体的内容（例）
住居その他人の看守する場所への立入り	住居等への立入り
変死体の身体の外部的検査	眼瞼，歯並，肛門等の検査 写真撮影，指紋の採取
死因の究明及び身元確認の調査をなすに当たっての必要な処分	着衣の破損 所持金品の検査 現場の状況の調査 関係者に対する質問・取調べ

(ウ) 検視と解剖

　検視には第129条にいう検証と必要な処分が準用されていないことから，検視において死体の解剖を行うことはできないとされている。よって，検視に引き続いて死体の解剖をする場合は，次の手続を執ることとなる。

a　検視の結果，犯罪ありと思料される事由が発見された場合は，直ちに捜査の手続に入るべきであって，その後の死体の解剖は鑑定処

分許可状を得て行われるべきである。この解剖を「司法解剖」という。

b　検視の結果，死亡が犯罪によるものではないと思料されるものの，その死因を明らかにするために体内の状況を調査する必要があると認めるときは，後述のとおり，警察署長は検査（死因・身元調査法5条），解剖（同法6条），身元を明らかにする措置（同法8条）等を行うことができる。

c　前記のほかに，死体解剖保存法においては，医師が検案するために必要と認めるときに遺族の承諾を受けて行う承諾解剖（同法7条），監察医が必要と認めるときに行う監察医解剖（同法8条）が規定されている。

　　なお，死体を解剖した者は，その死体について犯罪と関係のある異状があると認めたときは，24時間以内に，解剖をした地の警察署長に届け出なければならない（同法11条）とされており，この場合，鑑定処分許可状を得て司法解剖に切り替えられ，直ちに犯人追及の諸捜査が開始されることとなる。

㈡　検視の実施要領

　　検視の実施に当たっては，次の事項を綿密に調査しなければならない（検視規則6条1項）。

検視の実施要領

①	変死体の氏名，年齢，住居及び性別
②	変死体の位置，姿勢並びに創傷その他の変異及び特徴
③	着衣，携帯品及び遺留品
④	周囲の地形及び事物の状況
⑤	死亡の推定年月日時及び場所
⑥	死因（特に犯罪行為に基因するか否か。）
⑦	凶器その他犯罪行為に供した疑いのある物件
⑧	自殺の疑いがある死体については，自殺の原因及び方法，教唆者，ほう助者等の有無並びに遺書があるときはその真偽
⑨	中毒死の疑いがあるときは，症状，毒物の種類及び中毒するに至った経緯

なお，調査に当たって必要がある場合には，立会医師の意見を徴し，家人，親族，隣人，発見者その他の関係者について必要な事項を聴取し，かつ，人相，全身の形状，特徴のある身体の部位，着衣その他特徴のある所持品の撮影及び記録並びに指紋の採取等を行わなければならない（同条2項）。

㈠　検視調書の作成

代行検視を行った司法警察員は，速やかに検察官に対してその結果を報告するとともに，司法警察職員捜査書類基本書式例による検視調書を作成して，着衣その他の所持金品，撮影した写真等とともに検察官に送付しなければならない（検視規則5条）。

㈡　検視等後の措置

検視の結果，犯罪に起因する場合は，直ちに犯罪捜査に移行する。この場合，検証調書又は実況見分調書を作成したときは，検視調書の作成は省略できる。

また，犯罪に起因しないことが明らかになったときは，死体は遺族に引き渡されなければならない。当該死体を引き渡したとしてもその後の犯罪捜査に支障を及ぼすおそれがないと認められる場合において，当該死体の身元が明らかになったときは，速やかに，遺族その他当該死体を引き渡すことが適当と認められる者に対し，その後の犯罪捜査又は公判に支障を及ぼさない範囲内においてその死因その他参考となるべき事項の説明を行うとともに，着衣及び所持品と共に当該死体を引き渡さなければならない。ただし，当該者に引き渡すことができないときは，死亡地の市町村長（特別区の区長を含む。以下同じ。）に引き渡すものとする（死体取扱規則5条1項）。警察署長は，当該死体を引き渡したとしてもその後の犯罪捜査に支障を及ぼすおそれがないと認められる場合において，当該死体の身元を明らかにすることができないと認めるときは，遅滞なく，着衣及び所持品と共に当該死体をその所在地の市町村長に引き渡すものとする（同条2項）。また，警察署長は，引渡しを行ったときは，死体及び所持品引取書を徴さなければならない（同規則6条）。

なお，死亡者の本籍が明らかでない場合又は死亡者を認識することが

できない場合（戸籍法92条1項）に係る報告は，死亡報告書に本籍等不明死体調査書を添付して行うものとする（死体取扱規則7条1項）。死亡者の本籍が明らかになり，又は死亡者を認識することができるに至ったとき（戸籍法92条2項）に係る報告は，死亡者の本籍等判明報告書により行うものとする（死体取扱規則7条2項）。

　また，母の不明な死産児があったとき（死産の届出に関する規程9条）に係る通知は，発見地の市町村長に対し，母の不明な死産児に関する通知書により行うものとする（死体取扱規則8条1項）。警察署長は，この通知後，死産児の母が明らかになったときは，遅滞なく通知した市町村長に対し，その旨を通知しなければならない（同条2項）。

カ　死因又は身元を明らかにするための措置

(ア)　目的（死因・身元調査法1条）

　平成25年4月1日，死因・身元調査法が施行された。この法律は第1条において，その目的を「この法律は，警察等（警察及び海上保安庁をいう。以下同じ。）が取り扱う死体について，調査，検査，解剖その他死因又は身元を明らかにするための措置に関し必要な事項を定めることにより，死因が災害，事故，犯罪その他市民生活に危害を及ぼすものであることが明らかとなった場合にその被害の拡大及び再発の防止その他適切な措置の実施に寄与するとともに，遺族等の不安の緩和又は解消及び公衆衛生の向上に資し，もって市民生活の安全と平穏を確保することを目的とする。」とし，死因又は身元を明らかにするための措置を規定している。

(イ)　礼意の保持と遺族等への配慮（死因・身元調査法2条，3条）

　警察官は，死体の取扱いに当たっては，礼意を失わないように注意しなければならない（同法2条）。また，警察官は，死体の取扱いに当たっては，遺族等の心身の状況，その置かれている環境等について適切な配慮をしなければならない（同法3条）。

(ウ)　死体発見時の調査等（死因・身元調査法4条）

　警察官は，その職務に関して，死体を発見し，又は発見した旨の通報を受けた場合には，速やかに当該死体を取り扱うことが適当と認められ

る警察署の警察署長にその旨を報告しなければならない（同法4条1項）。
警察署長は，発見の報告又は死体に関する法令に基づく届出に係る死体
（犯罪行為により死亡したと認められる死体又は変死体を除く。）について，その死因及び身元を明らかにするため，

　　○　外表の調査
　　○　死体の発見された場所の調査
　　○　関係者に対する質問

等の必要な調査をしなければならない（同条2項）。この場合，警察署
長は，医師又は歯科医師に対し，立会い，死体の歯牙の調査その他必要
な協力を求めることができる（同条3項）。

　なお，警察署長は，取扱死体（警察が取り扱うこととなった死体のう
ち，犯罪捜査の手続が行われる死体を除いたものをいう。以下同じ。）
の身元を明らかにするため必要があると認めるときは，当該取扱死体の
指紋及び掌紋を押なつし，並びに当該取扱死体に関連する事項を記載し
た死者身元照会依頼書を作成し，警視庁，道府県警察本部又は方面本部
の鑑識課長にこれを送付することにより，警察庁刑事局犯罪鑑識官に対
し身元照会を行うことを依頼することができる（死体取扱規則3条1項）。

㈎　検査（死因・身元調査法5条）

　警察署長は，取扱死体について，その死因を明らかにするために体内
の状況を調査する必要があると認めるとき，つまり，第229条の規定に
基づく検視又は死因・身元調査法第4条第2項の規定に基づく外表から
の調査のみでは死体の死因を明らかにすることができないときは，その
必要な限度において，

　　○　体内から体液を採取して行う出血状況の確認
　　○　体液又は尿を採取して行う薬物又は毒物に係る検査
　　○　死亡時画像診断（磁気共鳴画像診断装置その他の画像による診断
　　　　を行うための装置を用いて，死体の内部を撮影して死亡の原因を診
　　　　断すること）
　　○　その他の政令で定める検査

を実施することができる（同法5条1項）。

ここでいう政令で定める検査とは，以下のものをいう（死因・身元調査法施行令1条）。

① 体内から体液を採取して行う出血状況又は当該体液の貯留量の確認

② 心臓内の複数の部分から血液を採取して行うそれぞれの色の差異の確認

③ 体内から体液，尿その他の物を採取して行う薬物，毒物，病原体その他人の生命又は身体を害するおそれがある物に係る検査

④ 体内から血液又は尿を採取して行う身体の疾患に伴い血液中又は尿中の量が変化する性質を有する物質に係る検査

⑤ 死亡時画像診断

⑥ ①～⑤に掲げるもののほか，内視鏡その他口から挿入して体内を観察するための器具を用いて行う死体の異状の確認

また，これらの検査は，医師に行わせるものとするが，専門的知識及び技能を要しない検査であって政令で定めるものについては，警察官に行わせることができる（同法5条2項）。この場合の検査は，体内から体液，尿その他の物を採取して行う薬物，毒物，病原体その他人の生命又は身体を害するおそれがある物に係る検査のうち，通常死体を傷つけることがない方法により体液，尿その他の物を採取し，かつ，体内から体液，尿その他の物を採取した場所において，単純な操作で速やかに薬物等を検出することができる器具（国公委関係死因・身元調査法施行規則2条）を用いて当該物から薬物等を検出するものに限る（死因・身元調査法施行令2条）。

なお，取扱死体が変死体であるときは，第229条の規定による検視があった後でなければ，これらの検査を実施することができない（死因・身元調査法5条3項）。また，検視の結果，犯罪の嫌疑が認められた場合，犯罪捜査の手続に移行するため，これらの検査の対象外となることは言うまでもない。

㈡ 解剖等（死因・身元調査法6，7条）

警察署長は，専門的な知識経験を有する者の意見を聴き，死因を明ら

かにするため特に必要があると認めるときは，取扱死体について解剖を実施することができる（同法6条1項）。この場合において，当該解剖は，医師に行わせるものとする。これは，犯罪捜査の手続が行われていない死体の死因を明らかにし，死因が災害，事故，犯罪その他市民生活に危害を及ぼすものであるかどうかを適切に判断する目的で行う行政解剖の一つであり，警察の主体的な判断により実施することができるものである。この解剖を実施するに当たっての要件としては規定されていないものの，調査（同法4条2項）又は検視（229条）が終了していることは所与の前提となっているが，検査（同法5条1項）については前提とされていない。

ここでいう「専門的な知識経験を有する者」とは，国立大学法人，公立大学法人，学校法人その他の法人又は国若しくは地方公共団体の機関であって，国家公安委員会が厚生労働大臣と協議して定める基準に該当すると都道府県公安委員会が認めたものに所属する医師その他法医学に関する専門的な知識経験を有する者をいう（同法6条1項）。

この解剖を実施する場合，遺族の承諾を要件とされていない。この理由は，死因を明らかにすることによって，その死因に応じた措置を適切に講ずることにつながるという点で，この解剖の実施は必要性，公益性の高いものといえ，遺族の承諾を得ることなく解剖を行うことによって遺族が被る権利利益の侵害の程度を上回ると考えられているためである。

なお，警察署長は，この解剖を実施するに当たっては，あらかじめ，遺族に対して解剖が必要である旨を説明しなければならないが，遺族がないとき，遺族の所在が不明であるとき又は遺族への説明を終えてから解剖するのではその目的がほとんど達せられないことが明らかであるときは，この限りでない（同条2項）。

解剖の実施の委託を受けた法人又は機関の役員若しくは職員又はこれらの職にあった者であって，当該解剖の実施に関する事務に従事したものは，当該事務に関して知り得た秘密を漏らしてはならず（同法7条1項），これに違反した者は，1年以下の懲役又は50万円以下の罰金に処する（同法15条）。ただし，これらの者がこれら事務によって得られた

医学的知見を公衆衛生の向上又は医学の教育若しくは研究のために活用することを妨げるものではない（同法7条2項）。

㋕　身元を明らかにするための措置（死因・身元調査法8条）

　警察署長は，取扱死体について，その身元を明らかにするため必要があると認めるときは，その必要な限度において，血液，歯牙，骨等の当該取扱死体の組織の一部を採取し，又は当該取扱死体から人の体内に植え込む方法で用いられる医療機器を摘出するために当該取扱死体を切開することができる（同法8条1項）。これら身元を明らかにするための措置は，医師又は歯科医師に行わせるものとするが，血液の採取，爪の切除その他組織の採取の程度が軽微な措置であって政令で定めるものについては，警察官に行わせることができる（同条2項）。

　なお，ここでいう政令で定めるものとは，毛髪の抜取りである（死因・身元調査法施行令3条）。

　また，警察署長は，取扱死体の組織の一部を採取した場合において，当該取扱死体の身元を明らかにするため必要があると認めるときは，警視庁又は道府県警察本部の科学捜査研究所長にこれを送付することにより，当該資料のDNA型鑑定を嘱託することができる（死体取扱規則4条1項）。

　なお，取扱死体が変死体であるときは，第229条の規定による検視があった後でなければ，これらの措置を実施することができない（同法8条3項）。

㋖　関係行政機関への通報（死因・身元調査法9条）

　警察署長は，㋒から㋔の措置の結果明らかになった死因が，その後同種の被害を発生させるおそれのあるものである場合において，必要があると認めるときは，その旨を関係行政機関に通報するものとする（同法9条）。この場合，次に掲げる事項について行うものとし，通報後，通報記録書を作成しなければならない（国公委関係死因・身元調査法施行規則3条）。

　　○　死亡の日時及び場所（不明のときは，推定の日時及び場所）

　　○　警察官が死体を発見し，若しくは発見した旨の通報を受け，又は

警察署長が死体に関する法令に基づく届出を受けた日時

○　死因・身元調査法第4条第2項，第5条第1項又は第6条第1項の規定による措置の結果明らかになった死因

○　通報する必要があると認めた理由

○　その他参考となるべき事項

㈢　死体の引渡し（死因・身元調査法10条）

　警察署長は，死因を明らかにするために必要な措置がとられた取扱死体について，その身元が明らかになったときは，速やかに，遺族その他当該取扱死体を引き渡すことが適当と認められる者に対し，その死因その他参考となるべき事項の説明を行うとともに，着衣及び所持品と共に当該取扱死体を引き渡さなければならない。ただし，当該者に引き渡すことができないときは，死亡地の市町村長（特別区の区長を含む。）に引き渡すものとする（同法10条1項）。また，警察署長は，死因を明らかにするために必要な措置がとられた取扱死体について，その身元を明らかにすることができないと認めるときは，遅滞なく，着衣及び所持品と共に当該取扱死体をその所在地の市町村長に引き渡すものとする（同条2項）。

　なお，この場合，死体及び所持品引取書を徴さなければならない（死体取扱規則6条）。

㈣　記録書の作成

　警察署長は，死因・身元調査法の規定による調査（4条2項），検査（5条1項），解剖（6条1項），身元を明らかにするための措置（8条1項）又は死体の引渡し（10条1項又は2項）のいずれかの措置を実施したときは，当該措置の結果その他必要な事項を記載した記録書を作成しなければならない（国公委関係死因・身元調査法施行規則1条）。

⑹　私人による現行犯人の引渡し

　現行犯人（準現行犯人を含む。）は，何人でもこれを逮捕することができる（213条）が，捜査機関以外の者（特別司法警察職員であっても，その権限外の場合には捜査機関以外の者に含まれる。）は，直ちに検察官又は司法

警察職員に引き渡さなければならないとされている（214条）。司法巡査は，犯人を受け取った場合には，逮捕者の氏名，住居及び逮捕の事由を聴き取った上，速やかに犯人を司法警察員に引致しなければならない（215条）。

(7) 職務質問・自動車検問

ア 職務質問の意義

警察官は，異常な挙動その他周囲の事情から合理的に判断して，何らかの犯罪を犯し，若しくは犯そうとしていると疑うに足りる相当な理由のある者又は既に行われた犯罪について，若しくは犯罪が行われようとしていることについて知っていると認められる者を，停止させて質問することができる（警職法2条1項）。この質問を職務質問という。

職務質問は犯罪防止という目的のためのものであるが，質問の結果，特定の犯罪について嫌疑が生ずれば，捜査が開始されることとなるので，捜査の端緒でもある。ただし，何らかの犯罪を犯していると疑っている段階であり，特定の犯罪事実について行う取調べと異なる。

イ 職務質問の対象者

職務質問ができる対象者は，「何らかの犯罪を犯し，若しくは犯そうとしていると疑うに足りる相当な理由のある者」及び「既に行われた犯罪について，若しくは犯罪が行われようとしていることについて知つていると認められる者」である。

「何らかの犯罪」とは，何らかの刑罰法規に触れる行為という意味で，その犯罪がいかなる犯罪であるか，いかなる法規に触れる行為であるか，あるいは被疑事実の内容等が分かっている必要はなく，被疑事実の内容が不明確の状態でも職務質問を行うことができる。

「疑うに足りる相当な理由」とは，疑問について客観性のあること，すなわち，警察官の個人的な主観や勘で，単に「あいつは怪しい」という程度では足りず，通常の社会人が見てもなるほど怪しいとうなずける程度のものであることを必要とする。

また，「既に行われた犯罪について知つていると認められる者」とは，犯罪の被害者，犯罪の現場に居合わせた者，交通事故の際の乗客等であり，

「犯罪が行われようとしていることについて知つていると認められる者」
とは,「けんかが始まりそうだ」と騒いでいる者,夜間に助けを求めて走っ
てくる者等である。

ウ 職務質問と有形力の行使

㋐ 職務質問のための停止

　職務質問のための停止は任意手段ではあるが,ある程度の実力行使は
認められている。最決（昭51.3.16）は,「捜査において強制手段を用
いることは,法律の根拠規定がある場合に限り許容されるものである。
しかしながら,ここにいう強制手段とは,有形力の行使を伴う手段を意
味するものではなく,個人の意思を制圧し,身体,住居,財産等に制約
を加えて強制的に捜査目的を実現する行為など,特別の根拠規定がなけ
れば許容することが相当でない手段を意味するものであつて,右の程度
に至らない有形力の行使は,任意捜査においても許容される場合がある
といわなければならない。ただ,強制手段にあたらない有形力の行使で
あつても,何らかの法益を侵害し又は侵害するおそれがあるのであるか
ら,状況のいかんを問わず常に許容されるものと解するのは相当でなく,
必要性,緊急性などをも考慮したうえ,具体的状況のもとで相当と認め
られる限度において許容されるものと解すべきである。」と判示して,
警察官が,酒酔い運転の罪の疑いが濃厚な被疑者をその同意を得て警察
署に任意同行し,同人の父を呼び呼気検査に応じるよう説得を続けるう
ちに,母が警察署に来ればこれに応じる旨を述べたので,連絡を被疑者
の父に依頼して母の来署を待っていたところ,被疑者が急に退室しよう
としたため,その左斜め前に立ち,両手でその左手首を摑んだ行為は,
任意捜査において許容される限度内の有形力の行使であるとした。よっ
て,同様の趣旨で,職務質問で相手を停止させるに際し,強制処分によ
らなければ許されないような強制手段に至らない程度の有形力の行使は,
職務質問の目的,必要性,緊急性等を判断して,具体的状況の下で相当
と認められる限度において許されることになる。

　さらに,最決（昭53.9.22）は,「交通違反取締中の警察官が,信号
無視の自動車を現認してこれを停車させた際,下車した運転者が酒臭を

させており，酒気帯び運転の疑いが生じたため，酒気の検知をする旨告げたところ，同人が，警察官が提示を受けて持っていた運転免許証を奪い取り，自動車に乗り込んで発進させようとしたなど判示の事実関係のもとでは，警察官が自動車の窓から手を差し入れエンジンキーを回転してスイッチを切り運転を制止した行為は，警職法2条1項及び道路交通法67条3項の規定に基づく職務の執行として適法である」旨判示している。

(イ) 職務質問と任意同行

職務質問の際に，その場で質問をすることが本人に対して不利である，又は交通の妨害になると認められる場合においては，質問するため，付近の警察署，交番又は駐在所に同行することを求めることができる（警職法2条2項）。この要件についても，前記最決（昭51.3.16）で述べられている，必要性，緊急性，相当性等を勘案して判断することとなる。

なお，最決（昭63.9.16）は，被告人が，片手をパトカーの屋根上に，片手をドアガラスの上に置き，突っ張るような状態でパトカーへの乗車を拒んだ点及び被告人が乗車後も肩をゆすり，腕を振るなどして暴れた点について，被告人には任意同行の承諾があったとはいえず，違法であると判示している。

(ウ) 職務質問と所持品検査

職務質問に際して所持品を検査することについては，明文の規定はないが，一定の限度で認められている。最判（昭53.6.20）は，「警職法は，その2条1項において同項所定の者を停止させて質問することができると規定するのみで，所持品の検査については明文の規定を設けていないが，所持品の検査は，口頭による質問と密接に関連し，かつ，職務質問の効果をあげるうえで必要性，有効性の認められる行為であるから，同条項による職務質問に附随してこれを行うことができる場合があると解するのが，相当である」と判示している。

また，同判例は，所持品検査の要件について，「所持品検査は，任意手段である職務質問の附随行為として許容されるのであるから，所持人の承諾を得て，その限度においてこれを行うのが原則であることはいうまでもない。しかしながら，職務質問ないし所持品検査は，犯罪の予防，

鎮圧等を目的とする行政警察上の作用であつて，流動する各般の警察事象に対応して迅速適正にこれを処理すべき行政警察の責務にかんがみるときは，所持人の承諾のない限り所持品検査は一切許容されないと解するのは相当でなく，捜索に至らない程度の行為は，強制にわたらない限り，所持品検査においても許容される場合があると解すべきである。もつとも，所持品検査には種々の態様のものがあるので，その許容限度を一般的に定めることは困難であるが，所持品について捜索及び押収を受けることのない権利は憲法35条の保障するところであり，捜索に至らない程度の行為であつてもこれを受ける者の権利を害するものであるから，状況のいかんを問わず常にかかる行為が許容されるものと解すべきでないことはもちろんであつて，かかる行為は，限定的な場合において，所持品検査の必要性，緊急性，これによつて害される個人の法益と保護されるべき公共の利益との権衡などを考慮し，具体的状況のもとで相当と認められる限度においてのみ，許容されるものと解すべきである」と判示し，所持品検査は所持人の承諾を得て行うことが原則であるが，所持人の承諾のない場合であっても，必要性，緊急性，相当性等を判断して許容されることがあるとしている。

　よって，相手方の明示的又は黙示的承諾を得てその所持品検査を行うことは，公益上の必要性の程度に応じ，任意活動として行うことができるが，承諾のない場合，前記判例が述べるように所持品検査の必要性，緊急性，相当性等を判断することとなる。例えば，所持品に外部から触れる程度の行為は，相手方の人権を侵害する程度が低く，許容されることが多いと思われるが，携行品であるバッグの施錠を損壊して内部を検査したり，ポケット内に手を入れて中から在中物を取り出したりする行為は，相手方の受ける不利益が一層大きく，その態様においても捜索に近いものとなることから，一般的には所持品検査の許容範囲を逸脱すると考えられる（最判昭53.9.7）。

　なお，東京高判（平30.3.2）は，盗難車の可能性がある車両の使用者に対する職務質問で，被告人が知人に渡そうとして投げて，被告人から約４メートル先の地面に落ちたバッグを警察官らが被告人の承諾を得

ることなく開披し，バッグ内から覚醒剤を発見した事案に関し，所持品検査の必要性・緊急性について，警察官が被告人の覚醒剤前科を知ったのは，バッグから覚醒剤粉末を取り出した後であり，所持品検査時点では，より具体的な薬物事犯に関わる証拠物が在中しているという疑いは持っておらず，必要性は何らかの犯罪に関わる物品や禁制品が在中しているという疑いの限度で認められるにすぎないとし，さらに，被告人や第三者が持ち去る危険性や，銃器や爆発物等の危険物である可能性が高くないという意味で，緊急性は認められないと判示した。その上で，場所的・時間的近接性から被告人の占有が継続していることが明らかなバッグを，被告人の承諾を得ることなく開披し，内容物を取り出し，写真撮影をするというプライバシー侵害の程度の大きな行為をしており，また，被告人が占有を放棄する意思はないことが明確に認識できるのに，捜索令状を取得せず開披行為を行った点について，警察官らには令状主義を遵守しようとする意識のなさが強くうかがえるから，覚醒剤とその鑑定書の証拠能力は，違法収集証拠排除法則により否定されると判示している。

エ　自動車検問

　走行中の自動車を停止させて，その自動車を見分し，あるいは自動車に乗っている者（運転者及び同乗者）に対して質問することを，自動車検問という。これには，前述した職務質問として行う自動車検問，道路交通法第61条，63条，67条を根拠に行う自動車検問及び一般の任意捜査としての自動車検問がある。

　これに関して，最決（昭55.9.22）は，交通取締りにおける自動車検問について，「警察法2条1項が『交通の取締』を警察の責務として定めていることに照らすと，交通の安全及び交通秩序の維持などに必要な警察の諸活動は，強制力を伴わない任意手段による限り，一般的に許容されるべきものであるが，それが国民の権利，自由の干渉にわたるおそれのある事項にかかわる場合には，任意手段によるからといつて無制限に許されるべきものでないことも同条2項及び警察官職務執行法1条などの趣旨にかんがみ明らかである」としつつ，「自動車の運転者は，公道において自動車を利用することを許されていることに伴う当然の負担として，合理的に必

要な限度で行われる交通の取締に協力すべきものであること，その他現時における交通違反，交通事故の状況などをも考慮すると，警察官が，交通取締の一環として交通違反の多発する地域等の適当な場所において，交通違反の予防，検挙のための自動車検問を実施し，同所を通過する自動車に対して走行の外観上の不審な点の有無にかかわりなく短時分の停止を求めて，運転者などに対し必要な事項についての質問などをすることは，それが相手方の任意の協力を求める形で行われ，自動車の利用者の自由を不当に制約することにならない方法，態様で行われる限り，適法なものと解すべきである」と判示している。

よって，自動車検問においては，例えば，身振り等の合図による停止，視認による外観検査，免許の提示，簡潔な質問等にとどめるべきであり，この過程で不審や嫌疑が生じた場合は，職務質問等に移行することとなる。

(8) 被害者等の届出

犯罪の被害者等が捜査機関に対して行う被害を被った旨の申告を被害届という。

被害の届け出を行うか否かは，被害者等の自由であるが，銃砲等の所持の許可を受けた者などについてその盗難を届け出ることが特別法で義務付けられているものもある（銃刀法23条の2など）。

また，質屋，古物商は，物品が不正品である場合には警察官に申告しなければならないとされている（質屋営業法12条，古物営業法15条3項及び21条の3）が，この申告も捜査の端緒となる。

(9) 他事件の捜査過程での認知

他事件の捜査過程で，捜索，検証等に際して端緒を取得し，別事件取調中に余罪を認知することも実務上多い。これについて特に法的規制はない。

(10) そ の 他

他の警察活動，風評，聞き込み等も端緒となる。これについての法的規制はないが，犯捜規第59条において，「警察官は，新聞紙その他の出版物の記事，インターネットを利用して提供される情報，匿名の申告，風説その他広く社会の事象に注意するとともに，警ら，職務質問等の励行により，進んで捜査の端緒を得ることに努めなければならない。」と規定されている。

第4章　任意捜査　**45**

第4章　任意捜査

学習の指針

　任意捜査は，第197条第1項の規定，すなわち「捜査については，その目的を達するため必要な取調をすることができる。」を根拠として行われている（ここにいう「必要な取調」は，捜査のため必要とされる一切の手段，方法を指すとされ，実況見分や特定の犯罪についての聞込み，尾行，張り込み，検問等もこれを根拠として行われている。）が，任意捜査も個人の自由の侵害を伴う行為であることから，全く無制限に許されるものではない。一般的には，憲法第31条の趣旨と刑事訴訟法の基本構造に反しない範囲で，個々の捜査について検討しなければならない。

　前述した最決（昭51.3.16）は，「捜査において強制手段を用いることは，法律の根拠規定がある場合に限り許容されるものである。しかしながら，ここにいう強制手段とは，有形力の行使を伴う手段を意味するものではなく，個人の意思を制圧し，身体，住居，財産等に制約を加えて強制的に捜査目的を実現する行為など，特別の根拠規定がなければ許容することが相当でない手段を意味するものであって，右の程度に至らない有形力の行使は，任意捜査においても許容される場合があるといわなければならない。ただ，強制手段に当たらない有形力の行使であっても，何らかの法益を侵害し又は侵害するおそれがあるのであるから，状況のいかんを問わず常に許容されるものと解するのは相当でなく，必要性，緊急性なども考慮したうえ，具体的状況のもとで相当と認められる限度において許容されるものと解すべきである」と判示し，強制手段に至らない一定限度の有形力の行使が任意捜査として許される場合があるとしつつ，その場合には，必要性，緊急性及び相当性が必要であることを明らかにしている。

　なお，最大判（平29.3.15）は，ＧＰＳ捜査について，「刑訴法197条1項ただし書の「この法律に特別の定のある場合」に当たるとして同

法が規定する令状を発付することには疑義がある。ＧＰＳ捜査が今後も広く用いられ得る有力な捜査手法であるとすれば、その特質に着目して憲法、刑訴法の諸原則に適合する立法的な措置が講じられることが望ましい。」と判示し、ＧＰＳ捜査を行うための根拠規定が現行の刑事訴訟法には存在しないことから、事実上、このような捜査はできないとしていることに注意しなければならない（次のチャートを参照）。

　この章では、任意捜査の要件を踏まえつつ、各種任意捜査の概要について説明する。

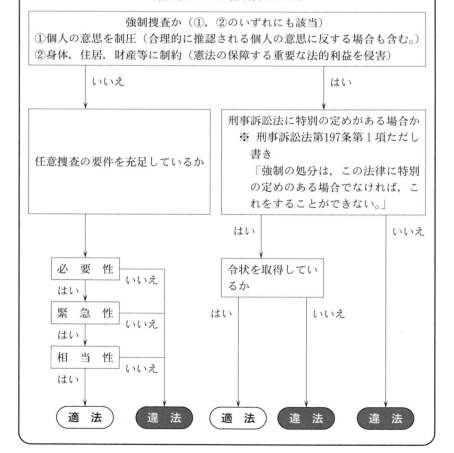

第4章 任意捜査 **47**

[1] 被疑者の取調べ

(1) 被疑者取調べの意義

　被疑者の取調べとは，捜査機関が犯罪事実を明確にする目的から，被疑者に対して質問を発し，被疑者の供述を求め，被疑者の利益又は不利益な事情を任意に聴き取る捜査活動をいう。取調べは，積極的に供述を求めるものであって，必要な追及的質問を行うことも含むから，単に弁解の機会を与えるにすぎない弁解聴取（逮捕後の弁解録取）とは異なる。

　また，証拠等によって被疑者と判断できない者に発問し，説明を求める行為は，被疑者取調べには当たらない。後述するように，取調べに対して供述するか否かは被疑者の自由であるから，取調べそのものは，逮捕，勾留中の被疑者に対するものであっても任意捜査としての性格を有する。取調べは，犯罪事実を認定し，証拠を収集，確保するという捜査の目的を達成する上で，有効かつ直接的な手段であって，捜査機関にとって重要な捜査手法である。

　※外国人であって日本語に通じないものに対し，当該外国人の理解する言語に通じた警察官以外の警察官が取調べその他捜査のため必要な措置を行う場合においては，通訳人を介してこれを行うものとする（犯捜規233条1項）。
　また，この場合においては，次に掲げる事項に注意しなければならない（同条2項）。
　　① 通訳人が被疑者，被害者その他事件の関係者と親族その他特別の関係にないかどうかを申し立てさせることにより取調べの適正を期すること。
　　② 取調べの際の発問の方法及び内容の工夫等により通訳の円滑及び適正を図ること。
　　③ 通訳人に秘密を厳守させ，及び捜査の遂行に支障を及ぼし又は被疑者，被害者その他事件の関係者の名誉を害することのないように配意させること。

(2) 被疑者取調べの法的根拠

　被疑者の取調べについては，第198条に根拠等が規定されている。

　一般的に任意捜査については，前述のとおり，第197条第1項の規定を根拠として行われているが，被疑者取調べは任意捜査ではあるものの，別に規定されている。このことは，被疑者に対する出頭要求，取調べは第197条に

いう任意捜査に属するものではあるけれども，その手続を明確にし，その濫用を防止するため，特に第198条の規定を設けたものであるといえる。

⑶　逮捕と任意同行

ア　任意同行の意義

　第198条第1項は「検察官，検察事務官又は司法警察職員は，犯罪の捜査をするについて必要があるときは，被疑者の出頭を求め，これを取り調べることができる。」と規定している。出頭の要求は，電話，呼出状の送付その他適当な方法により，出頭すべき日時，場所，用件その他必要な事項を呼出人に確実に伝達して行わなければならない（犯捜規102条）。また，刑事訴訟法は出頭の場合だけを規定しているが，任意同行の形を取ることも認められる。

　ところで，任意同行と呼ばれるものには，第198条第1項に基づく任意捜査として行われるもの（以下「刑訴法上の任意同行」という。）と，「第3章　捜査の端緒」で前述した警職法第2条第2項に基づく職務質問の際に行われるもの（以下「警職法上の任意同行」という。）の2つがある。

　刑訴法上の任意同行は，被疑者の取調べを目的とした出頭確保のため，捜査官が被疑者の住居等から警察署等へ同行するもので，第198条第1項が，捜査機関は「犯罪の捜査をするについて必要があるときは，被疑者の出頭を求め，これを取り調べることができる。」と規定していることから，任意捜査の一方法として認められていると解される。

　これに対して，警職法上の任意同行は，警職法第2条第2項に規定されているように，不審事由が認められる者に対する職務質問に際し，その場で「質問をすることが本人に対して不利であり，又は交通の妨害になると認められる場合においては，質問するため，その者に附近の警察署，派出所又は駐在所に同行することを求めることができる。」というものである。

　両者の主な相違点については，次の表のとおりである。

	刑訴法上の任意同行	警職法上の任意同行
根拠条文	198条1項	2条2項
目　的	犯罪捜査	犯罪の予防・鎮圧
対　象	被疑者	不審者・参考人的立場の者
要　件	・逮捕に慎重を期す ・被疑者の名誉の保護 ・被疑者の経済的，身体的負担の軽減　等	・その場で質問をすることが不審者にとって不利である 　又は ・交通妨害になると認められる
手　段	強制にわたる有形力の行使は許されない。強制手段に至らない有形力の行使は，任意捜査においても許容される範囲があるが，必要性，緊急性なども考慮した上，具体的状況の下で相当と認められる限度において許容される。	
用件告知	・行先，用件を告知する 　（犯捜規102条1項） ・取調べ開始の際，供述拒否権の告知義務がある。	・用件告知義務は通常の場合不要であるが，用件不明の場合は承諾がなかったとされるおそれがある。
同行時間	任意性確保のため，深夜から早朝の時間帯は避けるべきである。	質問を継続するために行うものであり，時間的制限は特にない。

イ　任意同行と実質的逮捕

　逮捕とは，捜査機関又は私人による被疑者の身柄の強制的な拘束であるが，強制的に自己の支配下において人の自由を拘束するものであれば，有形力の行使がなくても逮捕と認められる場合がある。

　また，任意同行の形式がとられていたとしても，その際，被疑者にとって同行又は同行後の退去が拒否できない状態，つまり，逮捕と同一視し得る程度の強制力が被疑者に加えられていたと認められるときは，実質的逮捕に当たる可能性がある。

　任意同行が実質的逮捕に当たるかどうかの判断基準は，

　　○　同行を求めた時刻・場所

　　○　同行の方法・態様

　　○　同行を求める必要性

　　○　同行後の状況，特に取調べ時間・場所・方法・監視の状況

○　捜査官の主観的意図

○　被疑者の対応の仕方

○　同行を求めた時点で捜査機関が逮捕し得る準備を完了していたか

等，任意同行前後の具体的状況を総合的に検討して事案ごとに個別的に判断するというのが一般的である。

なお，事前に逮捕状の発付を得ていること自体は，任意同行を実質的逮捕と評価するための要素とはならないが，逮捕状の発付があったことを被疑者に告知したり，示唆した場合には，被疑者が同行を断る意思決定の自由が制約されることもあるので，強制的色彩が強くなることがあり，第203条ないし205条の時間制限に関する規定が適用される場合がある。

ウ　取調受忍義務

司法警察職員，検察官，検察事務官から出頭を求められた被疑者は，逮捕又は勾留されている場合を除いては，出頭を拒み，又は出頭後，いつでも退出することができる（198条1項ただし書）。したがって，逮捕又は勾留されている被疑者は，出頭要求を拒むことができず，また出頭後，任意に退出することもできない（これを「取調受忍義務」という。判例（最判平11.3.24）も，「身体の拘束を受けている被疑者に取調べのために出頭し，滞留する義務があると解することが，直ちに被疑者からその意思に反して供述することを拒否する自由を奪うことを意味するものでないことは明らかである」と判示している。）。

他方，任意捜査の段階ではそのような義務はないから，任意同行において出頭を拒む者を無理に同行し，あるいはその後の取調べの実施に当たり，帰宅する希望を申し出た者を帰宅させなかったときは，それが説得の範囲を超えれば実質的に逮捕したと同視すべき強制力の行使として違法なものとされる。

⑷　**取調べの心構え等**

取調べに当たっては，予断を排し，被疑者その他関係者の供述，弁解等の内容のみにとらわれることなく，あくまで真実の発見を目標として行わなければならない（犯捜規166条）。

取調べにおける留意事項として，犯捜規第167条は，

○　被疑者の動静に注意を払い，被疑者の逃亡及び自殺その他の事故を防

止するように注意しなければならない（1項）

○　事前に相手方の年令，性別，境遇，性格等を把握するように努めなければならない（2項）

○　冷静を保ち，感情にはしることなく，被疑者の利益となるべき事情をも明らかにするように努めなければならない（3項）

○　言動に注意し，相手方の年令，性別，境遇，性格等に応じ，その者にふさわしい取扱いをする等その心情を理解して行わなければならない（4項）

○　常に相手方の特性に応じた取調べ方法の習得に努め，取調べに当たっては，その者の特性に応じた方法を用いるようにしなければならない（5項）

と規定している。また，犯捜規第168条第2項は，「取調べを行うに当たつては，自己が期待し，又は希望する供述を相手方に示唆する等の方法により，みだりに供述を誘導し，供述の代償として利益を供与すべきことを約束し，その他供述の真実性を失わせるおそれのある方法を用いてはならない。」と規定している。

　精神又は身体に障害のある者の取調べにおいては，通常人と異なり，その者の特性を十分に理解し，取調べを行う時間や場所等について配慮するとともに，供述の任意性に疑念が生じることのないように，その障害の程度等を踏まえ，適切な方法を用いなければならない（犯捜規168条の2）。

　これにつき，宇都宮地判（平20.2.28）は，「被疑者が証拠上客観的に認められる事実と相反する供述をしている場合に被疑者の記憶を喚起するため，あるいは，被疑者と被害者ないし目撃者の供述が異なる場合にそのいずれが信用できるかを検討するため，捜査官において，誘導尋問や理詰めの尋問をすること自体は取調方法として決して不当なものとはいえず，かえって，そのような方法をとることにより，被疑者の虚偽供述や思い違いの供述を正し，真実発見に資する場合があることは言うまでもなく，その意味で，捜査官による取調方法の選択・実施は捜査官の裁量の範囲内に属するものといえる。しかし，捜査官が誘導により虚偽の自白を取得することはその意図の如何にかかわらず，刑事訴訟法の理念からしても厳に戒められるべきである。捜査官としてはそのような虚偽の自白の誘発を防ぐため，取調方法として誘導尋

52

問の方法を選択・実施した場合には，被疑者の知的能力などの属性に応じて，被疑者の尋問に対する答えが単に捜査官の意図する方向に偏っていないか，被疑者の受け答えの態度が迎合的でないか等を常に検証し，その方法・態様が誘導として許容される範囲を逸脱しないよう十分な注意を払わなければならないというべきであり，これを著しく欠いたときには，その取調べは裁量の範囲を著しく逸脱したものとして，違法とされる場合があるというべきである。」と判示している。

共犯者の取調べにおいては，なるべく各別に行って，通謀を防ぎ，かつ，みだりに供述の符合を図ることのないように注意しなければならず，対質尋問を行う場合には，特に慎重を期し，一方が他方の威圧を受ける等のことがないようその時期及び方法を誤らないように注意しなければならない（犯捜規170条）。

捜査上特に必要がある場合において，証拠物を被疑者に示すときは，その時期及び方法に適切を期するとともに，その際における被疑者の供述を調書に記載しておかなければならない（犯捜規171条）。また，相手方の現在する場所で臨床の取調べを行うに当たっては，相手方の健康状態に十分の考慮を払うことはもちろん，捜査に重大な支障のない限り，家族，医師その他適当な者を立ち会わせるようにしなければならない（犯捜規172条）。

なお，被疑者の供述については，その供述が被疑者に不利な供述であると有利な供述であるとを問わず，直ちにその供述の真実性を明らかにするための捜査を行い，物的証拠，情況証拠その他必要な証拠資料を収集するようにしなければならず（犯捜規173条1項），それら収集した証拠を踏まえ，客観的事実と符合するかどうか，合理的であるかどうか等について十分に検討し，その真実性について判断しなければならない（同条2項）。

(5) 供述拒否権の告知

ア 告知の趣旨

被疑者の取調べに際しては，「被疑者に対し，あらかじめ，自己の意思に反して供述をする必要がない旨を告げなければならない。」（198条2項）とされているが，これがいわゆる供述拒否権の告知である。これは，憲法第38条第1項の「何人も，自己に不利益な供述を強要されない。」という

規定から直接求められるものではないが，その趣旨を，より実質的に保障するための制度である。

イ　告知の時期

供述拒否権の告知は，取調べごとにその冒頭で告知すべきものであるが，この「取調べごと」とは，取調べが客観的に別個と認められるか否かによって決せられるべきである。

司法警察職員と検察官についてみると，これらはそれぞれ独立の捜査機関であって，前者による取調べと後者による取調べとは客観的に別個のものであるから，司法警察職員が供述拒否権の告知をしていても，送致後，検察官が同一被疑者を取り調べるに当たっては，改めてその告知を行わなければならないことは当然である。

また，同一捜査機関が一連の同一手続において被疑者を取り調べる場合であっても，取調べと取調べとの間に相当の日数の隔たりがあり，客観的には別個の取調べであると認められるようなときは，やはりその都度供述拒否権を告知することが必要となる。これにつき，犯捜規第169条第2項は，「告知は，取調べが相当期間中断した後再びこれを開始する場合又は取調べ警察官が交代した場合には，改めて行わなければならない。」としている。

しかし，同一事実につき，時間的に接着して同一捜査機関による取調べが連続的に行われ，しかも，前の告知の効果がなお残存していると認められるような場合は，各取調べは前後を通じ一個の取調べであると認められるので，第一回の取調べの際に供述拒否権を告知してあれば，第二回以降の取調べにおいて告知しなくとも違法ではないと解されている。

ウ　告知の方法

供述拒否権の告知は，単に形式的に告知するだけでは足りず，取調べの前に，被疑者にその内容を実質的に理解させるような方法で行わなければならない。その反面，被疑者が供述拒否権の存在を理解している限り，その告知の方法は簡単なものであってもよいとされる。

なお，「供述拒否権が氏名等にも及ぶか」について，判例は，氏名は，原則として憲法第38条第1項の保障する権利の対象ではないとしている

（最大判昭32.2.20）。

エ　告知の例外

　自首した被疑者の取調べにおいては，自首が，犯罪事実が捜査機関に発覚する前に，犯人自ら自己の犯罪事実を申告しその処分に服する意思表示であって（刑法42条1項），自ら進んで被疑者としての取調べを求めるものであるから，自首を受けた時点で自首事件について取り調べ，自首調書を作成するときは供述拒否権を告知しなくても違法とはいえない（他事件についてはもとより，供述調書を作成するときは，当然告知しなければならない。）。

　職務質問の場合には，異常な挙動その他周囲の事情から合理的に判断して何らかの犯罪を犯し，若しくは犯そうとしていると疑うに足りる相当な理由のある者を停止させて質問するのであって（警職法2条1項），具体的な犯罪の被疑者に対する取調べとは異なるから，質問に先立って供述拒否権を告知する必要はない。

　逮捕後の弁解の録取（203条1項）も，供述を求める取調べとは異なるものであることから，供述拒否権を告知しなくても違法とはいえない。

⑹　**被疑者供述調書の作成**

　被疑者が供述したときは，その供述を調書に録取することができる（198条3項）。もっとも，公判において証拠とされるときの価値を考慮して，犯捜規第177条第1項では特に必要がないと認められる場合を除き，その都度録取すべきものとしている。

　供述の全部ではなく一部を録取し，又は要約したものを録取することもできるが，供述の趣旨に変更を生じさせるような録取は許されない。数日にわたる供述を一通の調書に録取することも違法ではない。

　被疑者供述調書には，次の事項等について記載されなければならない（犯捜規178条1項）。

①　本籍，住居，職業，氏名，生年月日，年齢及び出生地（被疑者が法人であるときは名称又は商号，主たる事務所又は本店の所在地並びに代表者の氏名及び住居，被疑者が法人でない団体であるときは名称，主たる

事務所の所在地並びに代表者，管理人又は主幹者の氏名及び住居）

② 旧氏名，変名，偽名，通称及びあだ名

③ 位記，勲章，褒賞，記章，恩給又は年金の有無（もしあるときは，その種類及び等級）

④ 前科の有無（もしあるときは，その罪名，刑名，刑期，罰金又は科料の金額，刑の執行猶予の言渡し及び保護観察に付されたことの有無，犯罪事実の概要並びに裁判をした裁判所の名称及びその年月日）

⑤ 刑の執行停止，仮釈放，仮出所，恩赦による刑の減免又は刑の消滅の有無

⑥ 起訴猶予又は微罪処分の有無（もしあるときは，犯罪事実の概要，処分をした庁名及び処分年月日）

⑦ 保護処分を受けたことの有無（もしあるときは，その処分の内容，処分をした庁名及び処分年月日）

⑧ 現に他の警察署その他の捜査機関において捜査中の事件の有無（もしあるときは，その罪名，犯罪事実の概要及び当該捜査機関の名称）

⑨ 現に裁判所に係属中の事件の有無（もしあるときは，その罪名，犯罪事実の概要，起訴の年月日及び当該裁判所の名称）

⑩ 学歴，経歴，資産，家族，生活状態及び交友関係

⑪ 被害者との親族又は同居関係の有無（もし親族関係があるときは，その続柄）

⑫ 犯罪の年月日時，場所，方法，動機又は原因並びに犯行の状況，被害の状況及び犯罪後の行動

⑬ 盗品等に関する罪の被疑者については，本犯と親族又は同居の関係の有無（もし親族関係があるときは，その続柄）

⑭ 犯行後，国外にいた場合には，その始期及び終期

⑮ 未成年者，成年被後見人又は被保佐人であるときは，その法定代理人又は保佐人の有無（もしあるときは，その氏名及び住居）

また，犯捜規第179条第1項は，供述調書作成についての注意点として，次の4点を明記している。

① 形式に流れることなく，推測又は誇張を排除し，不必要な重複又は冗長な記載は避け，分かりやすい表現を用いること。

② 犯意，着手の方法，実行行為の態様，未遂既遂の別，共謀の事実等犯罪構成に関する事項については，特に明確に記載するとともに，事件の性質に応じて必要と認められる場合には，主題ごと又は場面ごとの供述調書を作成するなどの工夫を行うこと。

③ 必要があるときは，問答の形式をとり，又は供述者の供述する際の態度を記入し，供述の内容のみならず供述したときの状況をも明らかにすること。

④ 供述者が略語，方言，隠語等を用いた場合において，供述の真実性を確保するために必要があるときは，これをそのまま記載し，適当な注を付しておく等の方法を講ずること。

供述を録取したときは，その調書を被疑者に閲覧させ，又は読み聞かせて，誤りがないかどうかを問わなければならない（198条4項）。被疑者が録取内容を十分知り得るようにするための規定であり，被疑者が実際にこれをはっきり知り得るような方法で行わなければならない。被疑者が増減変更の申立てをしたときは，その供述（増減変更の申立ての内容）を記載しなければならない（同条同項）。これらの際には，供述調書を供述者に閲覧させ，又は供述者が明らかにこれを聞き取り得るように読み聞かせるとともに，供述者に対して増減変更を申し立てる機会を十分に与えなければならない（犯捜規179条2項）。

被疑者が，誤りのないことを申し立てたときは，調書に署名押印することを求めることができる（198条5項）。被疑者が署名押印を拒絶したときはこれを強制できない（198条5項ただし書）。これについては，出頭要求と異なり逮捕，勾留中である場合の例外はない。この署名押印がない供述調書は，原則として裁判の証拠にならない（322条1項）。

(7) **被疑者供述調書への各葉指印**

犯捜規第179条第3項は，前記の措置に加え，被疑者が供述調書（ただし，司法警察職員捜査書類基本書式例による調書に限る。これには，弁解録取書

第4章 任意捜査 **57**

を含む。）の各ページの記載内容を確認したときには，それを証明するため，各ページの欄外に署名又は押印を求めることと規定している。

(8) **取調べ状況報告書等**

微罪処分を行う場合を除き，被疑者又は被告人を取調べ室又はこれに準ずる場所において取り調べたときは，原則として，当該取調べを行った日ごとに，速やかに取調べ状況報告書を作成しなければならない（犯捜規182条の2第1項）。

また，逮捕又は勾留（少年法43条1項の規定による請求に基づく同法17条1項の措置を含む。）により身柄を拘束されている被疑者又は被告人について，当該逮捕又は勾留の理由となっている犯罪事実以外の犯罪に係る被疑者供述調書を作成したときは，取調べ状況報告書に加え，当該取調べを行った日ごとに，速やかに余罪関係報告書を作成しなければならず（同条2項），取調べ状況報告書及び余罪関係報告書を作成した場合において，被疑者又は被告人がその記載内容を確認したときは，それを証するため当該取調べ状況報告書及び余罪関係報告書の確認欄に署名押印を求めるものとされている（同条3項）。

なお，署名押印が不能な場合は，犯捜規第181条が準用される（同条4項）。

(9) **警察捜査における取調べ適正化指針**

警察庁は，平成20年1月，「警察捜査における取調べ適正化指針」を策定した。

警察においては，この指針に基づき，以下の施策を推進している。

ア 取調べに対する監督の強化

指針の最大の眼目は，取調べに対する監督の強化，すなわち，捜査部門以外の部門による取調べ室又はこれに準ずる場所において警察官が行う被疑者取調べに関する監督である。警察機構全体の中でチェック機能を働かせるため，平成21年4月に施行された被疑者取調べ適正化のための監督に関する規則（以下「適正化規則」という。）に基づき，警視庁及び道府県警察本部の総務又は警務部門に取調べに関する監督を担当する所属を置くとともに，同所属及び警察署の総務又は警務部門に監督担当者を置き，取調べに関する監督を行っている（適正化規則4条1項）。この監督の目的

は，不適正な取調べにつながるおそれがある行為を監督対象行為（下記参照）とし，これを現に認めた場合には捜査主任官に対し，取調べを中止するよう要求するなどの措置をとることにより，不適正な取調べを未然に防止することにある。警視庁，道府県警察本部及び方面本部（以下「警察本部」という。）並びに警察署に置かれる取調べ監督官は，事件指揮簿及び取調べ状況報告書の閲覧等により被疑者取調べの状況を確認し（適正化規則6条1項），現に監督対象行為が認められた場合には取調べの中止要求等の措置をとるほか（適正化規則6条3項・4項），警察職員が受理した被疑者取調べに係る苦情の申出の通知を受ける（適正化規則7条）。また，警視総監，道府県警察本部長及び方面本部長（以下「警察本部長」という。）は，巡察官を指名し，取調べ室を巡察させることもできる（適正化規則8条）。取調べ監督官，巡察官による確認の結果や苦情の申出により，監督対象行為の疑いがある場合には，警察本部長に指名される取調べ調査官が調査を実施し，監督対象行為の有無を確定することとなる（適正化規則10条。なお，これらの規定は，14条により皇宮護衛官にも準用されている。）。

　適正化規則に規定されている監督対象行為は，次の6類型である（適正化規則3条）。

○　やむを得ない場合を除き，身体に接触すること。

○　直接又は間接に有形力を行使すること（上記のものを除く。）。

○　殊更に不安を覚えさせ，又は困惑させるような言動をすること。

○　一定の姿勢又は動作をとるよう不当に要求すること。

○　便宜を供与し，又は供与することを申し出，若しくは約束すること。

○　人の尊厳を著しく害するような言動をすること。

　なお，監督対象行為は即不適正な取調べというわけではないが，それにつながりかねないものであることから，避けるべき行為であることは言うまでもない。

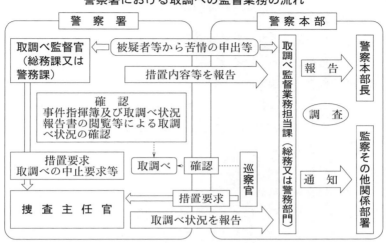

警察署における取調べの監督業務の流れ

イ 取調べ時間の管理の厳格化

　取調べの在り方が問われる中で，深夜又は長時間にわたる取調べがその任意性に疑念を生じさせる可能性が指摘されている。そこで，犯捜規により，やむを得ない理由がある場合のほかは，深夜又は長時間にわたる取調べを避けなければならず，午後10時から午前5時までの間に，又は1日につき8時間を超えて，被疑者の取調べを行うときは，警察本部長又は警察署長の承認を受けなければならない（犯捜規168条3項）。

ウ その他適正な取調べを担保するための措置

　犯捜規は，取調べ環境が国民の目に見えるよう，取調べ室の構造及び設置の基準を規定している（犯捜規182条の5）。

　また，業務の合理化を図る観点からも，取調べ室への入退室時間を電子的に管理するシステムや，取調べ状況報告書等の記載内容を電子的に把握するシステム等についても研究・整備を進めている。

エ 捜査に携わる者の意識向上

　適正捜査に関する教養の充実を図るとともに，弁護士を始めとする法曹関係者の積極的な招聘（へい）を図り，適正捜査についての意識の向上を図っている。また，取調べに関する監督を行うことによって，第一線の捜査活動が萎縮（いしゅく）するのではないかとも考えられることから，能力及び実績に応じた

人事管理を推進し，取調べ警察官等職員の勤務成績の昇任，給与等の処遇への一層的確な反映に努めるとともに，その功労を適切に評価し，表彰を一層積極的に実施するなどして，第一線が旺盛な士気を維持することができるような措置をとっている。

⑽　**取調べの録音・録画制度**

　刑事訴訟法の一部を改正する法律（平成28年法律第54号）により，同法による改正後の刑事訴訟法第301条の2の規定により，取調べの録音・録画制度（以下単に「録音・録画制度」という。）が導入されることとなった（令和元年6月1日施行）。

　また，犯罪捜査規範及び通信傍受規則の一部を改正する規則（平成31年国家公安委員会規則第6号）による改正後の犯捜規により，逮捕又は勾留されている被疑者が精神に障害を有する場合に取調べを行うときなどに，被疑者の供述及びその状況を録音及び録画を同時に行う方法により記録媒体に記録（以下「録音・録画」という。）するよう努めなければならないこととなった。

　なお，これに伴い，平成31年4月26日付け刑事局長通達「取調べの録音・録画」が制定されたが，その内容は，以下のとおりである。

　1　録音・録画制度の概要及び運用上の留意事項（法301条の2及び犯捜規182条の3第1項関係）

（1）　録音・録画制度の概要（301条の2）

　ア　制度対象事件

　　㋐　死刑又は無期の懲役若しくは禁錮に当たる罪に係る事件

　　㋑　短期1年以上の有期の懲役又は禁錮に当たる罪であって故意の犯罪行為により被害者を死亡させたものに係る事件

　イ　録音・録画義務

　　アに掲げる事件について，逮捕若しくは勾留されている被疑者の取調べを行うとき又は被疑者に対し弁解の機会を与えるときは，例外事由のいずれかに該当する場合を除き，録音・録画しなければならない。

　ウ　例外事由

　　㋐　記録に必要な機器の故障その他のやむを得ない事情により，記録を

することができないとき。

㈡　被疑者が記録を拒んだことその他の被疑者の言動により，記録をしたならば被疑者が十分な供述をすることができないと認めるとき。

㈢　当該事件が暴力団員による不当な行為の防止等に関する法律（平成3年法律第77号）第3条の規定により都道府県公安委員会の指定を受けた暴力団の構成員による犯罪に係るものであると認めるとき。

㈣　㈡，㈢に掲げるもののほか，犯罪の性質，関係者の言動，被疑者がその構成員である団体の性格その他の事情に照らし，被疑者の供述及びその状況が明らかにされた場合には被疑者若しくはその親族の身体若しくは財産に害を加え又はこれらの者を畏怖させ若しくは困惑させる行為がなされるおそれがあることにより，記録をしたならば被疑者が十分な供述をすることができないと認めるとき。

エ　検察官の証拠調べ請求義務

録音・録画制度対象事件について，検察官は，刑訴法第322条第1項の規定により証拠とすることができる書面であって，当該事件についての取調べ（逮捕又は勾留されている被疑者の取調べに限る。）又は弁解の機会（以下「取調べ等」という。）に際して作成され，かつ，被告人に不利益な事実の承認を内容とするものの取調べを請求した場合において，被告人又は弁護人が，その取調べの請求に関し，その承認が任意にされたものでない疑いがあることを理由として異議を述べたときは，その承認が任意にされたものであることを証明するため，当該書面が作成された取調べ等の開始から終了に至るまでの間における被告人の供述及びその状況をイにより記録した記録媒体（以下「録音・録画記録媒体」という。）の取調べを請求しなければならない。ただし，ウの例外事由に該当することによりイによる記録が行われなかったことその他やむを得ない事情によって当該録音・録画記録媒体が存在しないときは，この限りでない（301条の2第1項）。

検察官が上記義務に違反して，録音・録画記録媒体の取調べを請求しないときは，裁判所は，決定で，当該書面の証拠調べの請求を却下しなければならない（301条の2第2項）。

（2）　録音・録画制度運用上の留意事項

　ア　録音・録画すべき取調べの範囲

　　　録音・録画制度では，逮捕又は勾留の理由とされている被疑事実（罪名）が制度対象事件であるか否かを問わず，逮捕又は勾留されている被疑者の取調べが制度対象事件についてのものである場合には，司法警察職員に録音・録画の義務が課せられる。

　　　したがって，制度対象事件以外の事件で逮捕若しくは勾留されている被疑者を取り調べるとき又は制度対象事件以外の事件で逮捕されている被疑者に対し弁解の機会を与えるときであっても，取調べが制度対象事件に及ぶ見込みがある場合については録音・録画を行うこと。

　イ　例外事由の適用

　　　例外事由に該当するか否かは，第一次的には，捜査機関が，その取調べ等の時点を基準として，それまでに収集した証拠や把握した事実関係，当該取調べ等における被疑者の供述等に基づいて判断することとなる。

　　　当該判断は，公判において裁判所の審査の対象となり得るが，例外事由適用後に判明した事情は考慮されないことに留意すること。

　2　精神に障害を有する被疑者に係る取調べ等の録音・録画

（1）　録音・録画の努力義務

　　　警察官は，逮捕若しくは勾留されている被疑者が精神に障害を有する場合であって，その被疑者の取調べを行うとき又は被疑者に対し弁解の機会を与えるときは，必要に応じ，取調べ等の録音・録画を実施するよう努めなければならない（犯捜規182条の3第2項）。

（2）　実施判断

　　　「精神に障害を有する」被疑者とは，知的障害，発達障害，精神障害等，広く精神に障害を有する被疑者のことをいう。

　　　「必要に応じ，取調べ等の録音・録画を実施するよう努めなければならない」と犯捜規に規定された趣旨を踏まえ，上記の障害を有する被疑者であって，言語によるコミュニケーション能力に問題があり，又は取調べ官に対する迎合性や被誘導性が高いと認められるものについては，事件における証拠関係，被疑者に与える精神的負担や供述への影響等を

総合的に勘案した上で，可能な限り広く取調べ等の録音・録画を実施すること。

なお，発達障害を始め，障害の中には，専門家による判断も難しいものがあり，診断に相当の期間を要するものもあることから，被疑者の障害の有無に係る判断を早期に行うことが困難な場合には，専門家による判断を殊更待つ必要はなく，個別事案に応じて，一定程度その可能性が疑われると判断できた段階で犯捜規第182条の3第2項の対象として取り扱って差し支えない。

（3）特性への十分な配慮

精神に障害を有する被疑者に係る取調べ等の録音・録画の実施に際しては，犯捜規第168条の2（精神又は身体に障害のある者の取調べにおける留意事項）の規定に基づき，被疑者の特性を十分に理解し，適切な方法により取調べを行うこと。具体的には，取調べ時間，被疑者に対する発問方法や取調べ官の態度に配意するとともに，供述の任意性，信用性等に疑念を抱かれないよう供述調書の作成方法等を工夫すること。

3　(1)及び(2)に該当しない場合の録音・録画

(1)及び(2)に該当しない場合の録音・録画については，個別の事案ごとに，被疑者の供述状況，供述以外の証拠関係等を総合的に勘案しつつ，録音・録画を実施する必要性がそのことに伴う弊害を上回ると判断されるときに実施することができる。

4　録音・録画を実施する際の留意事項

(1)　録音・録画を実施する事件の捜査主任官は，当該事件の担当検察官と緊密に連絡をとること。

(2)　録音・録画の実施に際しては，被疑者に録音・録画をすることを告知すること。

(3)　録音・録画を実施した際には，速やかに録音・録画状況報告書（犯捜規別記様式第18号）を作成すること。

5　録音・録画記録媒体の取扱い

録音・録画記録媒体の保管・管理の具体的な方法等については別に定める。

6 警察庁への報告

録音・録画を実施した場合には，警察庁に対し，実施状況の報告を行うこと。

(11) 外国人の取調べ

外国人の取調べを行い，又は外国人の身柄を拘束するに当たっては，言語，風俗，習慣等の相違を考慮し，当該外国人に係る刑事手続に関し我が国の刑事手続に関する基本的事項についての当該外国人の理解に資するよう適切を期すること等により無用の誤解を生じないように注意しなければならない（犯捜規232条1項）。

また，外国人であって日本語に通じない者に対し，当該外国人の理解する言語に通じた警察官以外の警察官が取調べその他捜査のため必要な措置を行う場合においては，通訳人を介してこれを行うものとするが，現行犯逮捕，緊急逮捕その他の直ちに通訳人を付することが困難であるときは，この限りでない（犯捜規233条1項）。

② 参考人の取調べ

参考人の取調べとは，捜査機関が犯罪の捜査をするについて必要があるとき，被疑者以外の者の出頭を求め，これを取り調べることである（223条1項）。「参考人」とは，窃盗の被害者や殺傷事件の目撃者のように，刑事事件の証拠となる経験・知識を有する「被疑者以外の者」をいう。

参考人は，出頭を拒み，又は出頭後，いつでも退去することができる（223条2項，198条1項ただし書）。

被疑者に対するのと異なり，参考人に対し，供述拒否権の告知は必要ない。ただし，取調べの途中で嫌疑を生じたり，聴取内容が参考人自身の犯罪に及ぶ場合などは，供述拒否権を告知しておくのが適当である。

参考人の供述は，これを調書に録取することができ，作成した供述調書を参考人に閲覧させ又は読み聞かせた上で，誤りのないことを申し立てたときは，これに署名押印することを求めることができる（223条2項，198条3項ないし5項）。

※なお，参考人が捜査機関の出頭要請に応じない場合，供述を拒む場合又は公判では異なる供述をするおそれがある場合には，検察官から裁判官に対し，証人尋問の請求をすることができる（226条及び227条）。

東京高判昭60.6.26は，過激派の内ゲバ殺人事件の目撃者に対する写真面割りの正確性担保の基準につき，「写真面割りの方法は右の如く犯人の同一性識別のため有用なものであるが，もとより完全なものではない。識別者にそれぞれ個人的偏差のあることは避け難いことであるし，また，単なる「人相」識別にとどまり，「風体」に及ばない傾きもある。そして何よりもこの方法は，モンタージュ写真作成の場合と異り，既存の写真との比較判断の過程が介入するため，既存写真の無意識的影響を受け易いとともに，これを用いてする暗示，誘導の行われる危険を包蔵している。それ故，これらの弊を避け，写真面割りの正確性を担保するための基準の見定めが必須といわなければならないところ，それには識別者の誠実性（これは供述者一般に通有の要素である。）のほか，少なくとも次の諸点が考慮されるべきものと思われる。

〔1〕 写真識別者の目撃条件が良好であること。

〔2〕 早期に行われた写真面割りであること。

〔3〕 写真面割りの全過程が十分公正さを保持していると認められること。（特に，写真の性状，写真呈示の方法に暗示，誘導の要素が含まれていないこと。捜査官において犯人らしき特定の者を指摘する等の暗示，誘導を行っていないこと。）

〔4〕 なるべく多数者の多数枚による写真が使用されていること。（この場合，体格，身長等をもあらわすものも収められていれば最も望ましい。）

〔5〕 呈示された写真の中に必ず犯人がいるというものではない旨の選択の自由が識別者に確保されていること。

〔6〕 識別者に対し，後に必ず面通しを実施し，犯人の全体像に直面させたうえでの再度の同一性確認の事実があること。

〔7〕 以上の識別は可及的相互に独立した複数人によってなされていること。

（三）　若干付言すると，

（1）　写真面割りの効果は第一次選別を重視すべきである。いうまでもなく，写真識別者は自己の選別した写真の印象を無意識的に後々まで保持し，第二次選別以降は第一次選別の印象と原記憶との混同を生じ易いからである。

（2）　次に，前記基準〔6〕の面割り後における面通しの意義についてであるが，これは，生（なま）の実感の確認のほか，犯人の人相風体，すなわち全体像の把握の意味があるから不可欠なテストと考えなければならない。ただ，一般に，面通しは選別面通しが望ましいとされるが，しかし写真面割り後の場合は写真面割り自体が選択的であれば，単独面通しであっても上記意味を具現できるであろう。

（3）　また，人物の同一性識別の正確性が担保されている場合として，よく，〔イ〕当該人物が特異性を有するか，または識別者が熟知している者であること，〔ロ〕識別者の供述以外にも補強的証拠が存すること等が強調されることがある。しかし，写真面割りの場合には，前記基準が満たされている限り右〔イ〕〔ロ〕等のことを考える必要性は殆んど無いといってよいであろう。

（4）　なお，写真面割りの結果は絶対化され易いとの批判がある。しかし，右（二）の各基準は，とりも直さず写真面割りの正確性の事後的験証の場合の基準たるものとも目し得るし，その他面割り過程に対する点検，他の証拠（例えば，識別者自身の言語による人物描写）との対比など，写真面割りの正確性に対する吟味手段がことさら奪われているというものではない。

　　ただ，写真面割りによつて犯人の同一性識別がなされたといっても，その識別には程度の差があり得る（全く同一人物と断定する場合から，「良く似ている」，「似ている」という場合等，その間にニュアンスの違いが存する。）から，その程度に応じた評価を厳守して対処すべきものといわなければならない」と判示している。

　　また，単独面通しの方法は暗示性が強いためできるだけ避けるべきであるとされているところ（最判平元.10.26「板橋強制わいせつ事件」），

大阪地判平16.4.9は，傷害事件における被害者の犯人識別供述につき，「もともと観察の正確性自体に問題を内包していたことに加え，長期間経過後に行われたものであり，しかも，複数回にわたる，いきなりの単独面通しとこれに先立つ警察官の強烈な誘導的言辞によって決定的かつ回復困難な不当な暗示・誘導を受けた状態の下で行われたものであって，到底信用することができず，このように重大な欠陥を内包する同供述を事実認定の柱として供することは許されないというべきである」と判示し，単独面通しの結果である犯人識別供述を証拠採用せず，被告人を無罪にした。なお，この判決において，次のような裁判所の所感が述べられていることに留意すべきである。

「裁判例や諸研究の成果によって，今日ほぼ一致した理解が得られているのは，第1に，犯人識別過程においては，捜査官側において，極力目撃者に暗示を与えないように努めなければならないこと，第2に，その意味からして，強い暗示を与えやすい単独面通しはできる限り避けるべきこと，第3に，犯人識別に関しては，目撃者の初期供述が極めて重要であり，その意味からも，初期供述の保全に可能な限り努めなければならないこと，第4に，その反面，犯人識別に関する供述者の主観的確信は，あまり当てにはならないこと，以上の4点であった。

ところが，本件の捜査過程においては，これら4点の帰結はいずれも無視される結果となってしまい，第1に，被害者の初期供述については，前記被害届以外には全く保全されていないし，第2に，同被害者に対してはいきなり単独面通しが実施され，さらに，第3には，その単独面通しに先立ち，警察官から同被害者に対し強い暗示を与える言辞が弄され，その結果，第4として，ほとんど同被害者の主観的確信そのものでしかない本件犯人識別供述のみに基づき，被告人が逮捕・勾留され，起訴されるに至っているのである。

特に，単独面通しの危険性については，最高裁判所が，いわゆる板橋の強制わいせつ事件に関する平成元年10月26日の判決で，単独面通しの方法は暗示性が強いためできるだけ避けるべきである旨警告を発しているにもかかわらず，本件のみならず，他の事件においても，警察がこの

警告を無視して，依然単独面通しの方法を多用していることは，誠に憂慮に堪えないところである。

　誤った犯人識別供述で事件を立件することは，冤罪を生む危険を有しているばかりか，真の犯人を取り逃がす結果にもなりかねないのであって，二重の意味で重大な問題を含んでいると言わねばならない。」

③ 公務所等に対する照会

　第197条第2項において「捜査については，公務所又は公私の団体に照会して必要な事項の報告を求めることができる。」と規定している。公務所又は公私の団体は一定の社会的機能をもつことから，これらについて照会に対する報告義務を課したものである。これを強制処分とする見解もあるが，義務の履行について直接又は間接強制ができないことから，任意捜査の一態様と解すべきである。

　照会すべき内容に制限はない。本籍地の市町村長に対する身上照会，銀行・会社等に対する取引状況の照会などがある。

　報告義務が生ずることから，公務所又は公私の団体がこれに応じて公務上の秘密，業務上の秘密に当たる事項を捜査機関に報告したとしても，公務員法違反（守秘義務違反）や秘密漏示罪（刑法134条）は成立しないと考えられる。また，個人情報保護を理由に照会を拒否することは，行政機関の保有する個人情報の保護に関する法律第8条第1項及び個人情報の保護に関する法律第16条第3項第1号の規定により，妥当でない。

　なお，第197条第2項による公務所等に対する照会及び第3項による通信履歴の電磁的記録の保全要請を行う場合，必要があるときは，みだりにこれらに関する事項を漏らさないよう求めることができる（197条5項）。

④ 実 況 見 分

⑴　**実況見分の定義**

　捜査機関が，五官（視覚，聴覚，嗅覚，味覚，触覚）の作用によって，犯

罪現場その他犯罪に関係のある場所，身体又は物について，その存在及び状態を実験，認識して事実を調べる行為は，捜査の方法として重要不可欠なものである。このような捜査方法（広義の検証）には，原則として裁判官の発する令状に基づいて強制的に行う検証と，令状に基づかないで任意に行ういわゆる実況見分とがある。両者は強制の形式をとるか任意の形式をとるかという区別があるだけで，その実質は全く同じである。よって，実況見分は，いわば任意の検証ということができる。

ところで，刑事訴訟法は，捜査機関が行う強制処分としての検証については，第218条（令状による場合），第220条（令状によらない場合）で規定し，その証拠能力についても，第321条第3項に特別の定めがあるが，任意処分としての実況見分についてはこのような定めがない。しかし，第197条第1項本文は，強制力を用いない限り，捜査機関は「（捜査の）目的を達するため必要な取調をすることができる。」旨の任意捜査の権限を規定しており，実況見分も任意捜査の一方法として行うことができるとされている。

証拠能力についても，最判（昭35.9.8）で「刑訴321条3項所定の書面には捜査機関が任意処分として行う検証の結果を記載したいわゆる実況見分調書も包含するものと解するを相当と」すると判示している。

(2) 実況見分を行う上での留意事項

ア 実況見分の必要性

犯罪の現場その他の場所，身体又は物について事実発見のため必要があるときは，実況見分を行わなければならない（犯捜規104条1項）。先に述べたように広義の検証は捜査手続上必要不可欠なものである。

そのうち，例えば，公道において犯罪が行われた場合には，通常，何人の法益をも侵害することはないので，検証許可状を得なくても，任意の処分としての実況見分により，その場所や物の存在及び状況を検証することができる。

また，例えば，窃盗の被害を届け出た被害者の住居に行き，その承諾の下，同人の住居内の犯罪場所につき実況見分を行って，被害状況を明らかにするように，居住者・管理者の任意の承諾があれば，社会通念上妥当な方法によるものである限りは，同様に検証許可状によらなくとも，その住居・建造物等の存在及び状況を実況見分により検証することができる。

　このほか，被疑者の供述により凶器，盗品等その他の証拠資料を発見した場合において，証明力確保のため必要があるときは実況見分を行い，その発見の状況を実況見分調書に明確にしておかなければならない（犯捜規106条）。

　このような実況見分は，発見された物自体の証明力を高め，被疑者の自白の証明力を担保するために必要不可欠の措置であり，その物がどの場所にどのように存在したか，その具体的状況を明らかにしておくことによって，当該物件と被疑者の供述の証明力が確保されるのである。

イ　実況見分における関係者の立会い

　実況見分を行うに当たっては，居住者，管理者その他関係者の立会いを得て行うようにしなければならない（犯捜規104条2項）。

　立会いを必要とする理由は二つある。一つは，関係者の説明を聞きながら見分することができ，事実を調査する上で便利であるということであり，もう一つは，任意の承諾に基づくものである以上，相手の立会いを得てその承諾し得る範囲を明確にし，あくまでも任意の処分にとどまるものであることを明らかにする上で必要であるということである（なお，強制処分としての検証については第222条第1項で準用する第114条第1項及び第2項により，公務所内で検証するときは，その長又はこれに代るべき者に，また人の住居又は人の看守する邸宅・建造物・船舶内で検証するときは，住居主，看守者等に立ち会わせなければならないと規定している。）。

ウ　身体に対する実況見分（身体検査）

　身体検査は身体について行う検証であって，相手方の承諾を得て任意に行うときは，身体についての実況見分ということになる。そして，この身体についての実況見分も，たとえ承諾の下に行われるにせよ，これを受ける者の性格，健康状態その他の事情を考慮した上，特にその方法に注意し，

その者の名誉を害しないように注意しなければならない。

特に女子については慎重でなければならず，犯捜規は第107条で，女子については，原則として任意の身体検査を禁止しているが，ただし書で裸にしないときはこの限りではないとしている。したがって，女子について通常露出している部分（顔や手足等）以外の身体検査を行うときは，必ず身体検査令状の発付を受けて行わなければならない。

エ　図面及び写真の添付

実況見分調書には，できる限り，図面及び写真を添付しなければならない（犯捜規104条3項）。実況見分をしたときは，実況見分調書を作成し，その結果を詳細かつ正確に記載しておかなければならない。実況見分調書の様式は司法警察職員捜査書類基本書式例（様式46号）に示されている。

そして，実況見分調書には，できるだけ，そのときの状況が明らかになるように撮影した現場写真及び現場見取図を添付して，第三者がそれを見れば，あたかも臨場したと同様の心証を得るようにしなければならない。

オ　再現見分調書

再現見分調書は，犯行現場の様子をそのまま記録したものではなく，被疑者や被害者等が言葉で説明するだけでは，はっきりと様子が分かりにくい犯行状況や被害状況を明確にするために作られたものであり，再現見分調書に記載された被疑者や被害者による説明や，被疑者や被害者が犯行状況等を再現したところを撮影した写真は，いわば，取調べ室内ではなく，再現見分という場で，犯行状況等を言葉や動作によって供述しているといえる。

後述するように，最高裁（最決平17.9.27）は，検察官が再現見分調書により，単に被疑者や被害者が犯行状況等を「再現」した「状況」を立証しようとしているのではなく，再現見分調書の中に，「供述録取書」と同じ部分があることを認め，その部分については，証拠として認めるためには，供述録取書と同様の要件が必要だと判断している。

よって，実務においては，再現見分調書は通常の検証・実況見分調書と異なる捜査書類であるという認識をもつ必要がある。そして，再現見分を証拠化するためには，従来のような再現見分調書として証拠化するのでは

なく，再現見分を撮影した写真を写真撮影報告書にまとめておき，必要に応じてその写真を利用して犯行状況等について，供述調書を作成するなどし，証拠能力の点で問題がないようにしなければならない。この場合，第321条第3項が根拠となる。

5 領　　　置

検察官，検察事務官又は司法警察職員は，被疑者その他の者が遺留した物又は所有者（物件の所有権を有する者），所持者（自己のために物件を占有する者）若しくは保管者（他人のために物件を占有する者）が任意に提出した物は，これを領置することができる（221条）。領置とは，捜査機関が被疑者その他の者の遺留品，任意に提出された物等の占有を取得する処分である。占有取得を強制的に行わない点，証拠物又は没収すべき物と思料するものでなくても可能な点で差押えと異なるが，占有取得後においては，差押物と同じ扱いを受けることとなる（222条1項）。

なお，領置をするに当たっては，指掌紋その他の附着物を破壊しないように注意するとともに，その物をできる限り原状のまま保存するため適当な方法を講じ，滅失，毀損，変質，混合又は散逸することのないように注意しなければならない（犯捜規111条）。

(1) 遺留物の領置

遺留物とは，占有者の意思に基づかないでその所持を離れた物件及び占有者が故意に一時置き去りにした物件のことである。被疑者その他の者の遺留物を領置するに当たっては，居住者，管理者その他関係者の立会いを得て行う必要があり，この場合，実況見分調書その他によりその物の発見された状況等を明確にした上，領置調書を作成しなければならない（犯捜規110条）。

これに関し，最決（平20.4.15）は，捜査機関が捜査活動の過程において，

第4章　任意捜査　**73**

公道上のごみ集積所に不要物として排出されたごみを領置することについて，「ダウンベスト等の領置手続についてみると，被告人及びその妻は，これらを入れたごみ袋を不要物として公道上のごみ集積所に排出し，その占有を放棄していたものであって，排出されたごみについては，通常，そのまま収集されて他人にその内容が見られることはないという期待があるとしても，捜査の必要がある場合には，刑訴法221条により，これを遺留物として領置することができるというべきである。」と判示し，捜査の必要がある場合には，公道上のごみ集積所に排出し，その占有を放棄したごみ袋を遺留物として領置できるとした。もっとも，証拠物の領置については，証拠収集の適法性を明確にする観点から，被疑者等から任意提出を受けるほうが妥当な場合もあり，もとより前記犯捜規第110条１項の規定もこれを否定するものではない。

(2)　任意提出物の領置

第221条は所有者，所持者又は保管者は任意提出をなし得るとしているが，この場合，当該提出物を処分する権限が必要であるかどうかが問題となる。これについて，所持者，保管者からの任意提出については，任意提出者の占有が適法である以上，その処分権限の有無は問わないとする裁判例がある（東京地判平４.７.９）。

また，提出権限の有無については，被疑者の前妻，友人らが発見して警察に提出した被疑者所有の覚醒剤につき，その押収手続に違法がないとした裁判例がある（東京高判昭54.6.27）。ただし，覚醒剤使用の疑いがあるからといって，精神錯乱でないのに警職法３条に該当する者として保護した後，その者から尿の任意提出を受けた場合，保護を利用した正規の令状手続によらない不法な身体拘束であり，その状態を利用した採尿は違法と評価されることとなる（大阪地判昭61.5.8）。また，正当な保護を行った上で覚醒剤使用の疑いが生じたので任意提出を受けたとしても，保護されている者が任意提出の意味を理解した上で採尿に応じたかが問題となるので注意が必要である。

任意提出物の領置に当たっては，提出者から任意提出書を提出せしめた上，領置調書を作成し，かつ，請求の有無にかかわらず，提出者に対し押収品目録交付書を交付する（222条１項，120条，犯捜規109条１項）。

任意提出にかかる物を領置した場合において，その所有者がその物の所有権を放棄する旨の意思を表示したときは，任意提出書にその旨を記載させ，又は所有権放棄書の提出を求める（犯捜規109条2項）。

なお，捜査員らが身分を秘して容疑者のDNAを採取した行為につき，東京高判（平28.8.23）は，警察官らが，身柄を拘束されておらず，相手が警察官であることを認識していない被告人に対し，そのDNA型検査の資料を得るため，紙コップを手渡してお茶を飲むように勧め，そのまま廃棄されるものと考えた被告人から同コップを回収し，唾液を採取した本件行為は，合理的に推認される被告人の黙示の意思に反して被告人の意思を制圧する場合に該当すると認められ，また，個人識別情報であるDNA型をむやみに捜査機関によって認識されないという重要な利益を侵害しており，強制処分に該当し，令状によることなくされた本件行為は違法である上，本件行為及びこれに引き続く一連の手続には，令状主義の精神を没却する重大な違法があり，逮捕後に任意提出された口腔内細胞のDNA型に関する鑑定書を証拠として許容することは将来における違法捜査の抑制の見地から相当でないとして，上記鑑定書は違法収集証拠として証拠能力を否定すべきであるとしている。この紙コップについては領置の手続が取られているが，同判決は，使用した紙コップは警察官らによってそのまま廃棄されるものと思い込んでいたと認められる被告人が占有を警察官らに委ねたものであり，遺留物にも任意提出物にも当たらないとしている。

6 容貌等の写真撮影（ビデオ撮影も含む。）

(1) 犯罪捜査目的の写真撮影

写真撮影は，犯人識別や行動の監視のためになくてはならないものである。また，写真撮影自体は被撮影者に何らの物理的強制を加えずになし得るものであり，従来から任意捜査の一形態として考えられてきたところである。他方，人は承諾なしに，みだりにその容貌・姿態を撮影されないという自由（「肖像権」ともいう。）を有しているとされていることから，被撮影者が同意しないまま，又は気が付かないうちに捜査機関が撮影行為を行うことが許

第4章 任意捜査 **75**

されるかが問題となる。

　最大判（昭44.12.24）は，捜査目的での承諾のない容貌等の写真撮影について，「警察官が，正当な理由もないのに，個人の容ぼう等を撮影することは，憲法13条の趣旨に反し，許されないものといわなければならない」としつつ，「現に犯罪が行なわれもしくは行なわれたのち間がないと認められる場合であつて，しかも証拠保全の必要性および緊急性があり，かつその撮影が一般的に許容される限度をこえない相当な方法をもつて行われるとき」には「撮影される本人の同意がなく，また裁判官の令状がなくても，警察官による個人の容ぼう等の撮影が許容されるものと解すべきである」と判示している。

　上記判例が示した「現に犯罪が行なわれ若しくは行なわれたのち間がないと認められる場合」については，これに限定されるか否かで議論があったが，下級審裁判例において，これに限定されない旨を判示するものがある。例えば，犯罪発生の前からあらかじめこれを予想して警察が設置したビデオカメラによる，一定範囲内の継続的なビデオ撮影について，東京高判（昭63.4.1）は，「当該現場において犯罪が発生する相当高度の蓋然性が認められる場合であり，あらかじめ証拠保全の手段，方法をとっておく必要性及び緊急性があり，かつ，その撮影，録画が社会通念に照らして相当と認められる方法でもって行われるときには，現に犯罪が行われる時点以前から犯罪の発生が予測される場所を継続的，自動的に撮影，録画することも許される」と判示している。

　また，東京地判（平元.3.15）は，既に発生した事件の犯人を特定するために，犯行目撃者に示す目的で，被疑者の承諾なくその容貌等を写真撮影したことに関し，「弁護人が主張するように現に犯罪が行われている場合ないしはこれに準ずる場合に限定されると解すべきではなく，既に行われた犯罪の犯人特定のため容疑者の容ぼう等の写真を撮影することも，その事案が重大であって，被撮影者がその犯罪を行ったことを疑わせる相当な理由のある者に限定される場合で，写真撮影以外の方法では捜査の目的を達成することができず，証拠保全の必要性，緊急性があり，かつ，その撮影が相当な方法をもって行なわれているときには，適法な捜査として許されると解すべきである」と判示している。

さらに，前述した最決（平20.4.15）は，捜査機関が公道上及びパチンコ店内にいる被告人の容貌，体型等をビデオ撮影した捜査活動について，「前記事実関係及び記録によれば，捜査機関において被告人が犯人である疑いを持つ合理的な理由が存在していたものと認められ，かつ，前記各ビデオ撮影は，強盗殺人等事件の捜査に関し，防犯ビデオに写っていた人物の容ぼう，体型等と被告人の容ぼう，体型等との同一性の有無という犯人の特定のための重要な判断に必要な証拠資料を入手するため，これに必要な限度において，公道上を歩いている被告人の容ぼう等を撮影し，あるいは不特定多数の客が集まるパチンコ店内において被告人の容ぼう等を撮影したものであり，いずれも，通常，人が他人から容ぼう等を観察されること自体は受忍せざるを得ない場所におけるものである。以上からすれば，これらのビデオ撮影は，捜査目的を達成するため，必要な範囲において，かつ，相当な方法によって行われたものといえ，捜査活動として適法なものというべきである。」と判示している。本判決では，緊急性に関する言及がないが，それは，本件が緊急性が問われる事案ではなかったからであって，緊急性があれば捜査の必要性は高いと解される。

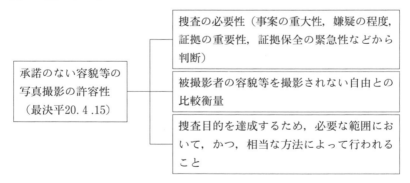

なお，建造物等以外放火，非現住建造物等放火未遂及び火炎びんの使用等の処罰に関する法律違反事件の捜査において，別件窃盗事件の被疑者立回り先解明のために，かねてから捜査員が設置していたビデオカメラの映像を本件放火未遂事件の証拠とした行為につき，さいたま地判（平30.5.10）は，検察官が証拠とした本件撮影（〔1〕平成27年10月4日から平成28年5月19日までの間，被告人方近隣の私人管理場所の中にビデオカメラを設置し，デー

タを保存する外付けハードディスクの交換時を除いて24時間連続で撮影を行ったこと，〔２〕撮影範囲は，主に被告人方前の公道及び被告人方玄関であったが，被告人方玄関ドアが開いた際には，ドアの内部の様子が映り込んでおり，ドアの内部の様子が撮影されていた時間が連続約25分間に及ぶこともあったこと，〔３〕警察官は，外付けハードディスクを交換した後，人や車の動きのある部分をパソコンにダウンロードして保存しており，この際，明らかに無関係な郵便配達人等の映像は除いていたが，事件と関係のない人や車等の映像でも残されていたものがあった）が，「類型的に強制処分に当たるとまではいえないものの，少なくとも平成28年の初め頃以降はその撮影の必要性が相当程度低下していたことは明らかで，それにもかかわらず長期間にわたって撮影を継続したこと自体不適切であった上，しかも本件撮影方法は他の類似事案と比べるとプライバシー侵害の程度が高いものであったと評価できることを考慮すれば，本件放火事件当時の撮影は，任意捜査として相当と認められる範囲を逸脱した違法なものであったと認められる」とし，本件撮影の証拠能力を否定し，被告人を無罪としている。

　この判決においては、「警察官は，本件撮影の必要性等を適切に検討せず，漫然と撮影を続けていたことは明らかである。加えて，本件撮影は，逮捕の現場等の緊急の場面において警察官が咄嗟の判断を誤ったなどというようなものではなく，その経過に照らし，必要性，緊急性及び相当性を検討する機会が十分にあったにもかかわらず，必要性等を適切に検討することを長期間にわたって怠りつつ本件撮影を継続していたと認めるほかないのであって，そのような警察官らの態度は，判例や被撮影者のプライバシーを軽視し，遵法精神を大きく欠いたものであったといわざるを得ない」と判示している点に留意が必要である。

(2)　車両に対する写真撮影

　オービスⅢ，RVSと称される自動速度違反取締装置は，道路の一定場所に設置された測定装置により，自動的に走行中の車両の速度を測定し，あらかじめ設定した速度を超えた車両を感知すると，連動したカメラによりその車両の前面，運転者を撮影するとともに，測定速度，測定日時等を同一フィルム上に自動的に撮影する機能を有している。最判（昭61.2.14）は，自動

速度違反取締装置による速度違反車両の運転者及び同乗者の容貌を撮影することについては、「速度違反車両の自動撮影を行う本件自動速度監視装置による運転者の容ぼうの写真撮影は、現に犯罪が行われている場合になされ、犯罪の性質、態様からいつて緊急に証拠保全をする必要性があり、その方法も一般的に許容される限度を超えない相当なものであるから、憲法13条に違反せず、また、右写真撮影の際、運転者の近くにいるため除外できない状況にある同乗者の容ぼうを撮影することになつても、憲法13条、21条に違反しない」と、前記最大判（昭44.12.24）の趣旨に照らして判示している。

　また、警察では、昭和61年度から、通過する自動車のナンバーを自動的に読み取り、手配車両のナンバーと照合する自動車ナンバー自動読取システム（以下「Ｎシステム」という。）の整備を進め、犯罪捜査に活用している。これは、自動車盗や自動車を利用した犯罪を検挙するためには、進行する自動車の検問を実施することが有効であるが、事件を認知してから検問を開始するまでに時間を要するほか、徹底した検問を行えば交通渋滞を引き起こすおそれがあるなどの問題があるとの理由からである。

　国が設置、管理しているＮシステムにより車両ナンバー等の情報が保存、管理されたことに関し、損害賠償の請求がなされた事案について、東京地判（平13.2.6）は、Ｎシステムの仕組みについて検討した上で、「右のようなＮシステムの仕組みを前提とすれば、走行車両の搭乗者の容ぼう等が写つている画像そのものを人間が視覚的に認識することは一切できないから、Ｎシステム端末によって、承諾なしに、みだりにその容ぼう等を撮影されない自由が侵害されるものとは認められない」とし、また、「Ｎシステムによって取得、保有、利用される情報の性質やその取得、保有、利用の目的や方法に照らすと、被告がＮシステムによって、走行車両のナンバーデータを記録、保存していることが、憲法13条の趣旨に反して、原告らの権利もしくは私生活上の自由を違法に侵害するものとは認められない」と判示し、原告の請求を棄却している（なお、同判決は、控訴審、上告審とも原告の請求が棄却されて確定している。）。

※東京高判（平21.1.29）は，「公権力が正当な目的のために相当とされる範囲において相当な方法で個人の私生活上の情報を収集し，適切に管理する限りにおいては，その自由が制約を受け，国民にその受忍を強いても，憲法に違反しないとされる場合があると解すべきであ」り，「①Nシステム等により個人の情報を収集し管理する目的は，自動車使用犯罪の犯人の検挙等犯罪捜査の必要及び犯罪被害の早期回復に限定されていて，正当なものと認められ，②収集，管理される情報は，何人も公道上を走行する際には外部から容易に認識することができるようにしなければならないことが法律によって義務づけられている車両データに限られていて，公権力に対して秘匿されるべき情報ではなく，③収集，管理の方法は，走行中に自動的にカメラで撮影し，データをコンピュータで処理することによって行われるため，有形力の行使に当たらないのはもとより，走行等に何らかの影響を及ぼすなど国民に特別の負担を負わせるものではなく，④取得されたデータは，上記目的達成に必要な短期間保存されることはあるが，その後消去され，目的外に使用されることはないというのであるから，公権力がみだりに国民の情報を収集，管理するということはできないものというべきである。」とした上で，「我が国においては，警察は，警察法2条1項の規定により，強制力を伴わない限り犯罪捜査に必要な諸活動を行うことが許されていると解されるのであり，上記のような態様で公道上において何人でも確認し得る車両データを収集し，これを利用することは，適法に行い得るというべきである。」と判示している。

(3)　防犯カメラによる写真撮影

　金融機関，スーパー等，多くの場所に，犯罪抑止のため，防犯カメラが設置されており，この映像を捜査に活用する場合がある。コンビニ経営者がコンビニ店内に設置した防犯ビデオカメラにより撮影されたビデオテープを店舗とは関係のない事件の捜査に関して，警察の求めに応じて提供したことに対し，肖像権，プライバシー権が違法に侵害されたとして損害賠償請求がなされた事案について，名古屋高決（平17.3.30）は，コンビニ経営者による防犯ビデオカメラによる撮影・録画の違法性は，目的の相当性，必要性，方法の相当性等を考慮して判断するとの基準を示した上で，警察へのビデオテープの提供についての違法性について，まず，店舗内で発生する可能性のある犯罪の捜査に関しての提供について，店内で発生する可能性のある犯罪や事故に対処するためという撮影目的が相当である以上，店内で発生した犯罪の捜査のためにビデオテープを警察に提供することは，目的に含まれた行為の一環と見ることができ，違法となるものではないと示した。さらに，当該店

舗内で発生した犯罪とは別の犯罪の捜査のためにビデオテープを警察に提供する場合でも，当初の撮影目的はそれから外れる行為を違法とするまでの積極的効力を持つものではなく，違法性の判断は，「ビデオテープが警察に提供されることになった経緯や当該ビデオテープに録画された客の行動等の具体的事情から個別的に判断されることになる」との枠組みを示し，当該事案に関しては，捜査機関の適法な任意捜査に対する私人の協力行為として公益目的を有すること，他方で，本件ビデオテープに録画されているのは，ＦＡＸ用紙及び菓子パンを購入している姿にすぎないものであることを考慮し，違法性はないと判断し，請求を棄却している（なお，原告は上告したものの，その後これを取り下げたため，本判決が確定した。）。

⑷　**写真の証拠能力**

現場写真の証拠能力については，学説・下級審裁判例において，供述証拠か否かで議論があったところである。しかし，最決（昭59.12.21）は，「犯行の状況等を撮影したいわゆる現場写真は，非供述証拠に属し，当該写真自体又はその他の証拠により事件との関連性を認め得る限り証拠能力を具備するものであつて，これを証拠として採用するためには，必ずしも撮影者らに現場写真の作成過程ないし事件との関連性を証言させることを要するものではない」と判示した。

⑸　**写真の活用**

被疑者等の写真を入手した際，画像が不鮮明であることや，顔の一部分しか撮影されていないこと等のため，そのままでは捜査に活用できないことが多い。よって，捜査の必要に応じて画像を修正することが行われている。

例えば，金融機関に設置された防犯カメラ等で撮影された被疑者の顔写真が下を向いていたり，帽子やマスク等で顔が隠れていたりするため個人識別が困難な場合，三次元顔画像識別システムを使用して，別に取得した被疑者の三次元顔画像を防犯カメラ等の画像と同じ角度，同じ大きさに調整した後，両画像を重ね合わせることにより，個人識別が行われている。

第4章　任意捜査　**81**

7　秘聴，秘密録音

　通信の当事者の同意を得ないで行う電気通信の傍受（第8章参照）は，犯罪捜査のための通信傍受に関する法律に基づき，適法に実施することができるが，これ以外に，捜査の必要から他人の会話をひそかに聴取したり録音することがある。

(1)　**公開の場所における録音や，戸外から聴取できる大声の会話の聴取及び録音**

　元々秘密性を放棄したものであり，これを聴取したり録音しても，問題は生じない。

(2)　**脅迫電話や金品要求電話等があった場合における逆探知及び録音**

　一方の当事者である被害者の同意のみであり，通信の秘密（憲法21条2項）との関係が問題となるが，プライバシーの利益を放棄したものとして，違法ということはできないと解されている。

(3)　**一方が相手方の同意を得ないで行う相手方との会話の録音**

　これに関し，最決（平12.7.12）は，「本件で証拠として取り調べられた録音テープは，被告人から詐欺の被害を受けたと考えた者が，被告人の説明内容に不審を抱き，後日の証拠とするため，被告人との会話を録音したものであるところ，このような場合に，一方の当事者が相手方との会話を録音することは，たとえそれが相手方の同意を得ないで行われたものであっても，違法ではなく，右録音テープの証拠能力を争う所論は，理由がない」と判示しているが，このような録音が認められるか否かについては，その必要性，相当性等，個別の事案に即して判断しなければならない。

8　おとり捜査

(1)　**おとり捜査の意義**

　おとり捜査とは，捜査機関又はその依頼を受けた捜査協力者が，その身分や意図を相手方に秘して犯罪を実行するように働き掛け，相手方がこれに応

じて犯罪の実行に出たところで現行犯逮捕等により検挙するものである（最決平16.7.12，以下「平成16年決定」という。）。

一般的に，極秘裏に行われる組織的な薬物密売事犯等を検挙するのに効果的な捜査手法であるといえる。

(2) **法 的 根 拠**

おとり捜査は，詐術的な行為に基づく捜査手法ではあるが，犯人が自分自身の意思で行動している以上，刑事訴訟法に基づく任意捜査と解されている。

なお，捜査機関が犯人等との接触を予定し，法禁制物を譲り受けることを認めたものとして，

○　銃刀法第27条の3（警察官等による拳銃等の譲受け等）

○　麻薬及び向精神薬取締法第58条（麻薬取締官及び麻薬取締員の麻薬の譲受）

があるが，おとり捜査自体の根拠となる規定ではない。

(3) **判　　　例**

下級審では，おとり捜査を，当初から犯罪を行う意図を有していた者に対してその犯罪実行機会を与えた「機会提供型」及びおとりによって犯人に新たに犯意を生じさせた「犯意誘発型」の二つの類型に分け，前者は違法ではないが，後者は違法であるとの考え方を採る傾向が見られてきたところである。

これについて，前述の平成16年決定では，イラン人被疑者による大麻取締法違反等事件において行われたおとり捜査について，「少なくとも，直接の被害者がいない薬物犯罪等の捜査において，通常の捜査方法のみでは当該犯罪の摘発が困難である場合に，機会があれば犯罪を行う意思があると疑われる者を対象におとり捜査を行うことは，刑訴法197条1項に基づく任意捜査として許容されるものと解すべきである」と判示し，これら要件を満たすおとり捜査は任意捜査として適法である旨を示した。これにより，少なくとも前記の要件を満たす機会提供型のおとり捜査については，第197条第1項に基づく「任意捜査」であり，適法な捜査手法であることが判例上確立したといえる。

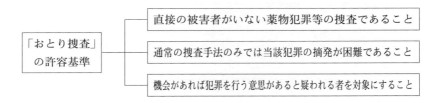

　なお，おとり捜査が違法とされた場合，刑法第35条の「法令又は正当な業務による行為」と評価されず，従事した警察官及び捜査協力者が，教唆犯又は従犯としての刑事責任を負うことになる可能性がある。また，違法なおとり捜査によって収集された証拠については，違法収集証拠として証拠能力を否定され得ることがあると考えられる。

　おとり捜査に似たものとして，薬物，拳銃等の禁制品の不正取引が行われようとしていることが判明した場合，捜査機関がその事情を知りながら即座に検挙することなく，その運搬等を監視・追跡し，当該不正取引に関与する者の情報を入手し，組織の一斉検挙を目指すコントロールド・デリバリーがある。これには，禁制品がそのままの状態で運搬等されるのを監視するライブ・コントロールド・デリバリーと，禁制品が捜査機関によって無害品と取り替えられ，これが運搬されるのを監視するクリーン・コントロールド・デリバリーがあるが，捜査員が，不正取引の相手方を装って，捜査対象者に接触することがない点でおとり捜査と異なる。

　また，著作権法や商標法違反事件等の捜査において，捜査機関又はその依頼を受けた捜査協力者が，その身分を秘して相手方からわいせつ物等を購入し，事実を確認して捜査を進める買い受け捜査がある。

第5章 逮 捕

学習の指針

　逮捕とは，犯人の逃亡や罪証隠滅を防止し，かつ，必要な取調べを行う等の目的からその身柄を強制的に拘束し，一定の時間，拘束を続けることをいう。

　逮捕には，①通常逮捕（199条以下），②緊急逮捕（210条），③現行犯逮捕（212条各項，213条以下）の3つがある。このうち，①と②は，権限を有する司法官憲（裁判官）の発行する令状が必要である（憲法33条：令状主義）。

　この章では，逮捕や勾留の意義・手続を整理した上で，逮捕・勾留に関する問題点を考えたい。

① 通 常 逮 捕

⑴ 逮捕の意義

　逮捕とは，捜査機関（検察官，検察事務官及び司法警察職員）又は私人による被疑者の身柄の強制的な拘束である。憲法第33条は，「何人も，現行犯として逮捕される場合を除いては，権限を有する司法官憲が発し，且つ理由となつてゐる犯罪を明示する令状によらなければ，逮捕されない。」と令状主義を規定し，これを受けた刑事訴訟法は逮捕の類型として通常逮捕，緊急逮捕及び現行犯逮捕の3種類を定めている。

　※国会議員には，憲法第50条により，不逮捕特権が認められていることに注意を要する。つまり，これを受けた国会法第33条は，「院外における現行犯罪の場合を除いては，会期中その院の許諾がなければ逮捕されない。」と規定している。

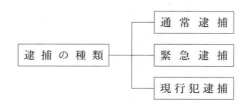

　通常逮捕とは，逮捕の理由と必要性の認められる被疑者に対し，裁判官があらかじめ発する逮捕状により，捜査機関が行う逮捕をいう。

(2)　**通常逮捕の要件**

　ア　逮捕の理由

　　被疑者が罪を犯したことを疑うに足りる相当な理由が存在することが，通常逮捕の第一の要件である（199条1項）。

　　ここでの「相当な理由」とは，捜査機関の単なる主観的理由では足りず，客観的資料に基づいた合理的な理由でなければならないが，緊急逮捕の要件としての「充分な理由」や勾留の要件としての「相当な理由」に比べて，嫌疑を抱かせる程度がいくらか弱いものであっても差し支えないと解される。

　イ　逮捕の必要性

　　被疑者を逮捕する必要性が認められることが，通常逮捕の第二の要件である。刑訴規則第143条の3は，明らかに逮捕の必要性がないと認められる場合の裁判官の逮捕状請求に対する却下義務を定めている。この規定中の「被疑者が逃亡する虞がなく，かつ，罪証を隠滅する虞がない等明らかに逮捕の必要がないと認めるとき」の解釈については，明らかに逮捕の必要性がないと認められる場合の例として，逃亡のおそれがなく，かつ，罪証隠滅のおそれがない場合を挙げたものと解するのが通説である。

　　したがって，通説によれば，これ以外にも明らかに逮捕の必要性がないと認められる場合が存在することになり，また，逮捕の必要性が認められるためには，少なくとも逃亡のおそれ又は罪証隠滅のおそれが存在しなければならないことになる。

　　なお，被疑者に対する取調べの必要性は，直ちに逮捕の必要性に結び付くものではない。しかしながら，数回にわたって正当な理由なき出頭拒否

が繰り返されている場合に、この事実をもって逃亡又は罪証隠滅のおそれ
の徴表と見ることは可能であり、これによって、逮捕の必要性が認められ
る場合もある。判例（最判平10.9.7）は、5回にわたって任意出頭する
ように求められながら、正当な理由がなく出頭せず、さらにその行動に組
織的な背景がうかがわれる被疑者を逮捕した事例について、明らかに逮捕
の必要がなかったということはできないと判示している。

　また、第199条ただし書は、軽微事件、つまり、30万円（刑法、暴力行為
等処罰に関する法律及び経済関係罰則の整備に関する法律の罪以外の罪に
ついては、当分の間2万円）以下の罰金、拘留又は科料に当たる罪におけ
る逮捕の要件として、被疑者が定まった住居を有しない場合又は正当な理
由がなく前条の規定による出頭の求め（捜査機関の出頭要求）に応じない
場合を挙げている。これは、逮捕権の運用は軽微事件に対して一層慎重で
あるべきことから、軽微事件における逮捕の必要性が認められる場合とし
て、逃亡又は罪証隠滅のおそれの存在に加えて、住居不定又は正当な理由
なき出頭拒否という事由の存在を要求した規定である。

　※30万円以下の罰金、拘留又は科料とは、法定刑の上限を指す。
　なお、罰金の額については、罰金等臨時措置法による読替えがある。

　逮捕の必要性の判断は、被疑者の年齢及び境遇並びに犯罪の軽重及び態
様その他の諸般の事情を総合的に考慮して行われる（刑訴規則143条の3）。

逮捕の必要性

逮捕の必要事由
- ①被疑者が逃亡するおそれがあること。
- ②被疑者が罪証を隠滅するおそれがあること。
  ただし、軽微な犯罪の場合 ・住所不定
  　　　　　　　　　　　　　 ・正当な理由のない不出頭

判断基準
- 年齢
- 境遇
- 犯罪の軽重及び態様
- その他の諸般の事情

第5章 逮 捕 **87**

(3) 通常逮捕状の請求

ア 請求権者

　通常逮捕状の請求権者は，検察官及び司法警察員である。ただし，警察官たる司法警察員については，国家公安委員会又は都道府県公安委員会の指定する警部以上の者に限られている（199条2項）。公安委員会が逮捕状請求権者たり得る司法警察員を指定した場合には，国家公安委員会においては最高裁判所に，都道府県公安委員会においてはその所在地を管轄する地方裁判所にその旨を通知しなければならない（刑訴規則141条の2）。

イ 請求の方式

　逮捕状には，被疑者の氏名及び住居，罪名，被疑事実の要旨，引致すべき官公署その他の場所，有効期間及びその期間経過後は逮捕をすることができず令状はこれを返還しなければならない旨並びに発付の年月日その他裁判所の規則で定める事項を記載し，裁判官が，これに記名押印しなければならない（200条1項）。

　逮捕状の請求は，被疑者の氏名，罪名，被疑事実の要旨等を記載した逮捕状請求書によって行わなければならない（刑訴規則142条1項）。したがって，書面でこれを行わねばならず（刑訴規則139条1項），口頭による請求や電話による請求は認められない。逮捕状の請求書には，謄本1通を添付しなければならない（同条2項）。

　また，逮捕状を請求するときは，逮捕の理由及び逮捕の必要があることを認めるべき資料を提供しなければならない（刑訴規則143条）。この場合は，証明よりも緩やかな疎明でよいと解されており，証拠能力を有しない伝聞証拠も，疎明資料とすることができる。

　被疑者の氏名が明らかでない場合には，人相，体格その他被疑者を特定するに足りる事項でこれを指定しなければならず（刑訴規則142条2項），被疑者の年齢，職業又は住居が明らかでないときは，その旨を記載すれば足りる（同条3項）。実務上，氏名不詳者であっても，他人と区別できる程度に特定されていれば，令状が発付されており，被疑者の身体・体格・顔色・入れ墨等の身体的特徴のほか，被疑者の写真を添付すれば，被疑者の特定として十分である。また，罪名を記載するに当たって罰条まで記載

する必要はなく，「窃盗」，「暴行」等と記載するところ，罪名のない特別法犯については，一般に，「○○法違反」とだけ記載すればよい。

逮捕状の請求先は，原則として当該請求者が所属する官公署の所在地を管轄する地方裁判所又は簡易裁判所の裁判官である。ただし，やむを得ない事情があるときは，最寄りの下級裁判所の裁判官に対して請求することもでき，また，少年事件については家庭裁判所の裁判官に請求することもできる（刑訴規則299条）。当該事件の土地管轄，事物管轄のいかんを問わない。

なお，逮捕状請求書を記載するに当たっては，特に次の2点について注意する必要がある。

(ア)　「引致すべき官公署又はその他の場所」

引致すべき場所は，あらかじめ特定して記載する必要がある。引致場所を「A警察署」と記載して逮捕状を請求し，逮捕状の発付を受けておきながら，別のB警察署で逮捕し，同署でA警察署司法警察員に引致することは違法である。実務上は，「○○警察署又は逮捕地を管轄する警察署」と記載することが多い。

(イ)　「被疑者に対し，同一の犯罪事実又は現に捜査中である他の犯罪事実について，前に逮捕状の請求又はその発付があったときは，その旨及びその犯罪事実並びに同一の犯罪事実につき，さらに逮捕状を請求する理由」

第199条第3項は，「検察官又は司法警察員は，第1項の逮捕状を請求する場合において，同一の犯罪事実についてその被疑者に対し前に逮捕状の請求又はその発付があつたときは，その旨を裁判所に通知しなければならない。」と規定している。これを受けて，刑訴規則第142条第1項第8号は，「同一の犯罪事実又は現に捜査中である他の犯罪事実についてその被疑者に対し前に逮捕状の請求又はその発付があつたときは，その旨及びその犯罪事実」を記載しなければならないとしており，「8号要件」と呼ばれている。この記載を欠いた場合，不当な逮捕の蒸し返しとして勾留請求が却下される可能性があるので，注意が必要である。

「現に捜査中である他の犯罪事実」とは，被疑者が既に他の犯罪事実で指名手配されている場合，あるいは被疑者を他の犯罪事実で逮捕・勾

第5章　逮　　捕　**89**

留の上，取調べ中のところ，新たに判明した余罪事実で再逮捕しようとする場合等をいうが，令状が発付されていない現行犯逮捕の事実についても，本号の趣旨に鑑み，記載することが望ましい。

　※被疑事実の要旨の記載に当たっては，犯罪事実が特定され，他の犯罪事実との識別が可能でなければならないことに十分留意しつつ，当該事案において，再被害防止への配慮の必要性が高いかどうかを検討し，
　①　被疑者に知られていない被害者の氏名ではなく，被疑者が了知している旧姓，著名な芸能人や作家等の通称名等を用いること。
　②　被疑者に知られていない被害者等の住所，居所を記載しない，又は「○○県内において」等の概括的な表記にとどめること。
等，その表記方法について事案に応じて柔軟に検討する。
　また，被害者等の意向への配慮については，被害者等が自己に関する情報について被疑者に知られたくない旨の意向を示した場合には，上申書，供述調書，捜査報告書等において当該意向を記録化すること等により，部内において確実に周知するとともに，検察官や裁判官に伝達するなどの配慮をすることが必要である（「再被害防止への配慮が必要とされる事案における逮捕状の請求等について」平成24年12月20日付け警察庁丁刑企発239号参照）。

　※逮捕状発付後，被疑事実の罪名に変更がある場合，両事実に日時，場所，方法等の基本的事実関係の同一性が認められる場合には逮捕の継続が認められる。ただし，逮捕の効力は逮捕の基礎となっている被疑事実についてのみ及び，逮捕状に記載されていない被疑事実については，被疑者を逮捕して取調べをする場合には別途逮捕状が必要となることから，例えば，暴行罪から傷害罪に変更するような場合には，暴行罪の逮捕状を返還し，傷害罪の逮捕状を取り直すこととなる。
　なお，この際，前に暴行罪の逮捕状の発付があった旨の「8号要件」を記載するほか，7日間の有効期限内に逮捕状の執行ができなかったことによる同一被疑事実についての再請求の場合に準じ，「再請求」の表記をした上で，有効期限を1か月として請求をして差し支えない。

　※令和5年の刑事訴訟法等の改正により第201条の2が新設された。これにより，秘匿措置が必要と認められる事件においては，逮捕状の請求と同時に，裁判官に対し，被疑者に示すものとして，個人特定事項，つまり，氏名及び住所その他の個人を特定させることとなる事項の記載のない，逮捕状に代わるものの交付を請求することができるようになった。
　逮捕状に代わるものの交付を受けた事件においては，逮捕状ではなく，逮捕状に代わるものを被疑者に示して逮捕することとなる。また，逮捕状の緊急執行をする場合も，事後速やかに逮捕状に代わるものを被疑者に示すこととなった。
　性犯罪に係る事件，個人特定事項が被疑者・被告人に知られることで，被

害者やその親族の身体・財産に害を加える行為がなされるなどのおそれがある事件の被害者の個人特定事項及び，被害者以外の者で，個人特定事項が被疑者・被告人に知られることで，その者やその親族の身体・財産に害を加える行為がなされるなどのおそれがあるものの個人特定情報が保護の対象となる。

　なお，逮捕状以外には，勾留状，勾引状，鑑定留置状，監護状及び同行状についても，同様の規定が設けられた。

(4)　逮捕状の発付

　逮捕状の請求を受けた裁判官は，逮捕の理由及び必要性を吟味する。この際，必要と認めるときは，逮捕状の請求をした者の出頭を求めてその陳述を聴き，又はその者に対し書類その他の物の提示を求めることができるとされていることから（刑訴規則143条の2），逮捕状請求に出頭する者は，その事件の捜査に当たっており，事件の内容について熟知している者でなければならない。

　裁判官は逮捕の理由及び必要性の存在を認めれば，逮捕状を発する。逮捕状によって許可されるのは，一回限りの被疑者の身柄の拘束である。したがって，一度逮捕行為を完了すれば，その時点で当該逮捕状の効力は消滅するものと考えられ，仮に引致段階で被疑者が逃走したとしても，同一逮捕状に基づき再度の逮捕を行うことは許されず，改めて逮捕状を請求する必要がある。

　なお，逮捕に着手したがその目的を遂げなかった場合，例えば，逮捕行為に対する被疑者の抵抗，第三者の妨害等により，被疑者を逮捕し得なかった場合には，逮捕行為は完了しておらず，逮捕状の効力に変化はない。

(5)　通常逮捕の実行

ア　逮捕権者

　通常逮捕の逮捕権者は，検察官，検察事務官及び司法警察職員である。検察事務官及び司法巡査は通常逮捕状の請求権者には含まれていないが，これらの者も逮捕それ自体は独自の権限として行い得るのであり，検察官又は司法警察員の補助者として活動するのではない。私人は通常逮捕を行うことができず，したがって，逮捕状が発付されている被疑者を発見した場合でもこれを逮捕することは許されない。ただし，捜査機関の行う逮捕行為を事実上補助することは当然に行い得る。

　※逮捕状は，勾留状のような裁判官の命令状ではなく，許可状の性質を持つものであるから，逮捕状の発付を受けたとしても，捜査機関が逮捕状を執行す

第5章　逮　　捕　**91**

る必要性が消滅したと判断するときは，これを執行する必要はなく，この場合，逮捕状はその有効期間内であっても，直ちに裁判官に返還しなければならない（犯捜規103条）。

イ　通常逮捕の方法

通常逮捕に当たっては，逮捕状を被疑者に示さなければならない（201条1項）。逮捕状提示の時期は逮捕の直前であることが原則と考えられるが，逮捕時の状況によっては逮捕と同時に，又は逮捕の直後に提示しても適法である。

提示とは，被疑者に対し逮捕状の閲覧の機会を与えることである。したがって，被疑者が逮捕状の記載内容を一応理解し得る程度に示す必要があるが，逮捕状を手渡し，又はそのコピーを手交する必要はない。

逮捕状を提示することは，逮捕を実行する上で不可欠の要件である。したがって，逮捕状が逮捕前に滅失又は紛失しており，事実上これを示せない場合には，逮捕できないことになる。

よって，逮捕状を示さない逮捕は違法であり（最判平15.2.14），その違法な執行を排除するために執行者に暴行脅迫を加えても公務執行妨害罪は成立しないとする裁判例がある（大阪高判昭32.7.22）。

※犯捜規第233条第1項においては，外国人であって日本語に通じない者に対し，当該外国人の理解する言語に通じた警察官以外の警察官が逮捕等を行う場合においては，通訳人を介してこれを行うが，現行犯逮捕，緊急逮捕その他の直ちに通訳人を付することが困難であるときは，この限りでないとしている。
また，犯捜規第236条は，外国人に対し逮捕状その他の令状により処分を行い，又は外国人から差し押さえた物件若しくはその承諾を得て領置した物件に関して押収品目録交付書を交付するときは，なるべく翻訳文を添付しなければならないが，当該外国人の理解する言語に通じた警察官がこれを行い，又は通訳人を介して行うときは，この限りでないと規定している。

ウ　逮捕状の緊急執行

逮捕状を所持しないためこれを示すことができない場合において，急速を要するときは，被疑者に対し被疑事実の要旨及び逮捕状が発せられている旨を告げて，これを逮捕することができる（201条2項，73条3項）。ただし，逮捕状は，逮捕後できる限り速やかにこれを示さなければならない。

これを逮捕状の緊急執行という。

逮捕状の緊急執行の要件は，逮捕状を所持しないためこれを提示できないこと及び急速を要することである。逮捕状を現在請求中であったり，逮捕状を紛失した等の理由から緊急執行を行うことはできない。

急速を要するとは，逮捕状の到着を待っていたのでは逮捕の目的を達し難い場合を指す。東京地判（平15.4.16）は，逮捕の前日に所在が判明した指名手配被疑者を逮捕するに際し，逮捕当日の午前2時ころから被疑者方の張り込みを実施し，同日午前9時40分に逮捕状の緊急執行を行った事案につき，「被告人の所在を確認した後，被告人の逮捕に向けた行動をとるまでに逮捕状を取り寄せる時間的余裕も十分存在したのであって，それを困難にする事情は全く認められないのであるから，逮捕状を取り寄せる努力を怠り，ただちに，緊急執行の手続で被告人を逮捕した本件逮捕手続は，「急速を要するとき」の要件を満たしておらず，違法とみる余地がある」と判示している。

逮捕状の緊急執行に当たっては，被疑事実の要旨及び逮捕状が発せられている旨の告知を行わなければならない（201条2項，73条3項）。

被疑事実の要旨の告知とは，被疑者に理由なく逮捕するものでないことを一応理解せしめる程度に逮捕状記載の被疑事実の要旨を告げることをもって足り，必ずしも逮捕状記載の被疑事実の要旨一切を逐一告知することを要しないと解されている。罪名を告げただけで被疑事実の内容が了知し得る状況にある場合には，罪名の告知をもって被疑事実の告知があったものと考えられるが，一般には罪名の告知のみでは被疑事実の告知として不十分である（福岡高判昭27.1.19）。

逮捕後は，できる限り速やかに被疑者に逮捕状を提示しなければならない。遅くとも勾留請求時までには提示する必要があるとするのが通説である。逮捕後釈放したときも同様であり，任意取調べのために出頭した際に示せばよい。

なお，警察官は，刑事訴訟に関する法律により逮捕されている者については，その身体について凶器を所持しているかどうかを調べることができる（警職法2条4項）。

2 緊 急 逮 捕

⑴ 緊急逮捕の意義

　検察官，検察事務官又は司法警察職員は，死刑又は無期若しくは長期3年以上の懲役若しくは禁錮に当たる罪を犯したことを疑うに足りる充分な理由がある場合で，急速を要し，裁判官の逮捕状を求めることができないときは，その理由を告げて被疑者を逮捕することができる（210条1項）。この規定に基づいて行われる逮捕を緊急逮捕という。

　緊急逮捕は，逮捕し得る罪種に制限がある点で通常逮捕及び現行犯逮捕と異なるほか，逮捕状が逮捕の実行後に請求・発付される点，犯罪の嫌疑の一層の高度性が要求される点等で通常逮捕と異なり，また，後述するようにそれが令状による逮捕の一種として行われる点，逮捕権者に制限がある点等で現行犯逮捕と異なる。

逮捕の比較

	逮捕できる罪	嫌疑の程度	逮捕状の要否	逮捕権者	軽微犯罪	その他
通常逮捕	制限なし	罪を犯したことを疑うに足りる相当な理由	あらかじめ逮捕状請求の必要あり（請求権限は，検察官と指定司法警察員）	検察官，検察事務官，司法警察職員	定まった住居を有しない場合又は正当な理由なく出頭の求めに応じない場合	
緊急逮捕	死刑又は無期若しくは長期3年以上の懲役若しくは禁錮にあたる罪	罪を犯したことを疑うに足りる充分な理由	逮捕後，直ちに逮捕状請求（刑訴法上は，請求権者の制限はないが，実務上は，指定司法警察員が行うことが望ましい。）	同　上	不　可	急速を要し，あらかじめ逮捕状を求めることができないことが必要

現行犯逮捕	制限なし	犯罪の客観的明白性（現行犯人であること）	不　要	何人も	住居，氏名が明らかでない場合又は逃亡のおそれがある場合	犯行の現行性・時間的接着性が必要

(2)　緊急逮捕の合憲性

　憲法第33条は，「何人も，現行犯として逮捕される場合を除いては，権限を有する司法官憲が発し，且つ理由となつてゐる犯罪を明示する令状によらなければ，逮捕されない。」と規定し，憲法上の逮捕の類型として令状逮捕及び現行犯逮捕の2種類を定めている。しかるに，緊急逮捕においては，逮捕時点ではいまだ令状が発付されておらず，逮捕後の請求によって初めて令状が発付されることとなるため，その合憲性については従来から争いがある。

　最大判（昭30.12.14）は，緊急逮捕について，「かような厳格な制約の下に，罪状の重い一定の犯罪のみについて，緊急已むを得ない場合に限り，逮捕後直ちに裁判官の審査を受けて逮捕状の発行を求めることを条件とし，被疑者の逮捕を認めることは，憲法33条規定の趣旨に反するものではない」と述べ，その合憲性を明らかにしている。この判例が，緊急逮捕を憲法上の令状逮捕の一種としているのか，それとも現行犯逮捕の一種としているのかは，必ずしも明白ではないが，緊急逮捕を令状逮捕の一種とした原審の判断を否定していないことから，実務上もこの見解に従うべきであろう。

(3)　緊急逮捕の要件

緊急逮捕の要件

①重罪性	「死刑又は無期若しくは長期3年以上の懲役若しくは禁錮にあたる罪を犯した」場合
②嫌疑の充分性	通常逮捕の「相当な理由」よりも嫌疑の程度の高い場合
③緊急性	「急速を要し，裁判官の逮捕状を求めることができない」場合
④必要性	通常逮捕と同程度の必要性がある場合

　ア　重罪性

　　緊急逮捕できる犯罪は，死刑又は無期若しくは長期3年以上の懲役若し

くは禁錮に当たる罪（未遂や，教唆・幇助を含む。）に限られる。これは処断刑ではなく法定刑を指す。刑法に規定されている犯罪で緊急逮捕できないものは次表のとおりであるが，主なものとしては，凶器準備集合罪（刑法208条の2第1項，2年以下の懲役又は30万円以下の罰金），遺棄罪（刑法217条，1年以下の懲役），脅迫罪（刑法222条，2年以下の懲役又は30万円以下の罰金），遺失物等横領罪（刑法254条，1年以下の懲役又は10万円以下の罰金若しくは科料）等がある。

※緊急逮捕はあくまで緊急逮捕可能な犯罪事実についてのみ行われなければならず，たとえ，緊急逮捕の要件に該当しない罪も併せて犯していたとしても，該当する罪で緊急逮捕すべきである。

イ　嫌疑の充分性

アに述べた罪を犯したことを疑うに足りる充分な理由が存在しなければ緊急逮捕できない。「充分な理由」とは，通常逮捕に要求される「罪を犯したことを疑うに足りる相当な理由」よりも嫌疑の程度の一層強いものと解されている。しかしながら，それは単なる捜査機関の主観的理由では足りず，客観的資料に基づいた合理的な理由でなければならないことは当然である。

裁判例には，被疑者の自宅にあったメモ用紙1枚から，被疑者には勝馬投票類似行為をさせて利を図った充分な嫌疑があるとして緊急逮捕した事実につき，この緊急逮捕には特定の犯罪の充分な嫌疑がなく，かつ，緊急性の要件を満たしていないとして違法としたものがある（神戸地決昭46.9.25）。

この「充分な理由」は逮捕時に存在しなければならない。

ウ　緊急性

緊急逮捕を行うには，急速を要し，裁判官の逮捕状を求めることができない場合でなければならない。これには，通常逮捕状の請求及びその発付を待っていたのでは，逮捕の実行が著しく困難化すると認められる場合を指す。要急性が認められた判例として，集団暴行犯人が逮捕に備えて防御態勢を整えている状況下で，その動向を探知した警察が緊急逮捕の決定までに2時間余りを費消したとしても，裁判官の逮捕状を求める余裕があったとはいえず，緊急逮捕を適法としたものがある（最判昭32.5.28）。

刑法上の非緊急逮捕罪名

○外国国章損壊等罪

○証人等威迫罪

○騒乱不和随行罪

○多衆不解散罪（首謀者を除く。）

○自己所有建造物等以外放火罪

○放火予備罪

○失火罪

○過失激発物破裂罪（業務上，重過失の場合を除く。）

○過失建造物等（同以外）浸害罪

○水利妨害及び出水危険罪

○往来妨害（同致死傷を除く。）罪

○過失往来危険（業務上の場合を除く。）罪

○信書開封罪

○秘密漏示罪

○あへん煙等所持罪

○浄水汚染罪

○偽造通貨収得後知情行使等罪

○免状等不実記載罪

○不実記載免状等行使罪

○無印私文書偽造罪

○偽造無印私文書行使等罪

○不正指令電磁的記録取得・保管罪

○公然わいせつ罪

○わいせつ物頒布等罪

○（わいせつ目的で）16歳未満の者に対する面会要求罪

○（わいせつ目的で）16歳未満の者に対する面会罪

○（わいせつ目的で）16歳未満の者に対する性交等姿態映像送信要求罪

○重婚罪

○賭博罪

○富くじ発売罪

○富くじ取次罪

○富くじ授受罪

○礼拝所不敬罪

○説教等妨害罪

○墳墓発掘罪

○変死者密葬罪

○公務員職権濫用罪

○殺人予備罪

○現場助勢罪

○暴行罪

○凶器準備集合罪

○過失傷害罪

○過失致死罪

○堕胎罪

○同意堕胎罪

○遺棄罪

○脅迫罪

○身の代金目的略取等予備罪

○侮辱罪

○強盗予備罪

○遺失物等横領罪

○信書隠匿罪

第5章　逮　　捕　**97**

エ　逮捕の必要性

　緊急逮捕においては，通常逮捕と異なり，その必要性を要求する明文の規定は置かれていないが，一般に，通常逮捕と同様の必要性が要求されるものと考えられている。すなわち，少なくとも逃走のおそれ又は罪証隠滅のおそれが存在しなければならない。

(4)　**緊急逮捕の実行**

ア　逮捕権者

　緊急逮捕をなし得る主体は，検察官，検察事務官及び司法警察職員である。通常逮捕と同様，私人に緊急逮捕の権限はなく，したがって緊急逮捕の要件を具備した被疑者を発見した場合であっても，これを逮捕することは許されない。ただし，捜査機関の行う緊急逮捕を事実上補助することは可能である。

イ　逮捕の方法

　緊急逮捕の実行に当たっては，被疑者に「その理由」を告知しなければならない（210条1項）。

　「その理由」とは，逮捕の理由（被疑者が罪を犯したことを疑うに足りる充分な理由）のみではなく，急速を要する事情をも含むものと解されている。

　要求される告知の程度は必ずしも明らかではないが，逮捕の理由については逮捕状の緊急執行の際の被疑事実の要旨の告知と同程度の告知が必要であると一般に考えられている。すなわち，被疑者に対し，理由なく逮捕するものではないことを一応理解せしめる程度に告知すれば足り，必ずしも被疑事実の要旨一切を告げる必要はないが，罪名のみの告知では一般に不十分である。

(5)　**緊急逮捕後の令状請求**

ア　請求を要する場合

　被疑者を緊急逮捕した場合には直ちに裁判官の逮捕状を求める手続をしなければならない（210条1項後段）。

　この請求は，緊急逮捕が成功し，被疑者の身柄が現に捜査機関の支配下に置かれている場合はもとより，逮捕後に何らかの理由で被疑者を釈放した場合，逮捕後の引致の途中で被疑者が逃走した場合及び緊急逮捕に着手

したが被疑者の抵抗等により逮捕が失敗した場合であっても，逮捕行為それ自体の適法性を確保するために必要となるものと考えられている。

なお，緊急逮捕状が発せられるためには，逮捕時に緊急逮捕の要件が存することのほか，さらに，緊急逮捕状発付時にも，逮捕の継続を認めるに足る理由がなければならず，少なくとも通常逮捕の要件が備わっていなければならない。

イ　請求権者

緊急逮捕状の請求権者は，通常逮捕と異なり刑訴法上限定がない。したがって，緊急逮捕の権限を有する者であれば誰でも請求者たり得る。これは緊急逮捕においては事後の逮捕状請求が「直ちに」行われる必要があるためである。逮捕者と請求者が同一である必要はない。

なお，犯捜規第120条第1項は，「刑訴法第210条第1項の規定による逮捕状……の請求は，指定司法警察員又は当該逮捕に当たつた警察官がこれを行うものとする。ただし，指定司法警察員がいないときは，他の司法警察員たる警察官が請求しても差し支えない。」と規定しており，実務上はできる限り指定司法警察員が請求することが適当である。

ウ　請求の時期

緊急逮捕状の請求は逮捕後直ちに行われなければならない。この「直ちに」の解釈を巡っては，「即刻」と同程度の短時間であるとの見解もみられるが，法は不可能を要求するものではないから，事件の複雑性，逮捕地点と警察署及び警察署と裁判所の距離，交通事情，裁判所の受付体制等を考慮の上，逮捕状請求が「できる限り速やかに」行われることを要求した趣旨であると解するべきである。また，疎明資料を作成するために必要と認められる時間の費消は当然に許容されるものと考えられる。

下級審裁判例のうち，大阪高判（昭50.11.19）は，被疑者を緊急逮捕した後，弁解の録取，実況見分及び供述調書の作成を行ってから約6時間40分後に緊急逮捕状の請求を行った事実について，「直ちに」の要件が欠けていることは明らかであり緊急逮捕手続は違法であると判示している。

他方，京都地決（昭52.5.24）は，「緊急逮捕がなされた場合には，捜査機関は直ちに裁判官の逮捕状を求める手続をしなければならない（刑事

第5章 逮 捕 **99**

訴訟法210条1項）が，他方，逮捕状の請求にあたって捜査機関は緊急逮捕の要件（逮捕の必要性を含む。）と逮捕の継続を認めるに足りる事情を疎明しなければならないから，これらの点について裁判官が判断するのに最小限必要な疎明資料および逮捕状請求書を整えるために要する合理的な時間は逮捕状の請求のために当然必要であり，この時間を超えて右請求が遅延しない限り，法の定めた時間的制約は遵守されたものと解すべきである」と判示して，被害者等が緊急会議に出席していたことから，同人に対する取調べの開始の遅れたことなどのため，緊急逮捕後6時間半経過してなされた緊急逮捕状の請求を適法とした。また，広島高判（昭58.2.1）は，被疑者及び被害者が捜査に非協力的であったことから，疎明資料を収集し整理するのに時間を要し，緊急逮捕後約6時間後に逮捕状の請求を行った事例を適法と判示している。

エ 疎明資料の範囲

　緊急逮捕状の請求に際し，逮捕の要件の存在を疎明するために使用し得る資料は，逮捕前の段階で存在していたものに限られる。既に述べたように，緊急逮捕状は，第一に，先行する逮捕行為それ自体の適法性を追完する性質をもつ令状であるから，その請求の際の逮捕の要件の疎明資料も当該逮捕行為が逮捕時点において適法であったことを明らかにするためのものに限られることは当然である。したがって，逮捕後判明した事実，例えば逮捕後の身体捜検によって発見された盗品等をもって逮捕の要件の疎明資料とすることは許されない。逆に，逮捕前に逮捕者にとって認識されていた事実であれば，それが逮捕後書面化されたものであっても，かかる疎明資料として用いることはできる。最判（昭25.6.20）は，緊急逮捕の要件は当該逮捕の時点までに存していた事由を基に判断すべきであるとし，当該逮捕時点以降に生じた被疑者の自供を内容とする書類を除いて緊急逮捕の要件を判断している。

　次に，緊急逮捕状は，先行する逮捕行為の適法性の追完という性質に加えて，発付後，被疑者の身柄の留置継続を許可するという性質を有する令状であると考えられるが，この留置の継続の必要性を疎明する資料は，逮捕後に収集されたものであっても差し支えない。したがって，前述したよ

うな逮捕後に発見された盗品等であっても，これを留置継続の必要性の疎明資料として使用することは許される。

なお，緊急逮捕の実行後，被疑事実が変更した場合，例えば傷害の事実で緊急逮捕後，逮捕状請求までの間に被害者が死亡したことにより，被疑事実が傷害致死になったような場合であっても，逮捕状は逮捕時点での被疑事実（傷害）について請求すべきである。また，逮捕時に強盗事件と判断して緊急逮捕し，逮捕状を請求したところ，裁判官が強盗ではなく恐喝と判断し，恐喝罪の逮捕状を発付したとしても，当該逮捕状の請求手続は適法であり，身柄を釈放する必要はない。

オ　請求が却下された場合の措置

逮捕状の請求が却下された場合には，直ちに被疑者を釈放しなければならない（210条 1 項後段）。却下の理由としては，当該逮捕が法定の要件を満たしておらず違法であると判断された場合のほかに，当該逮捕は適法であるが留置継続の必要がないと判断された場合などが考えられる。いずれの場合にも釈放が必要である。

なお，第220条の規定に基づき緊急逮捕に伴う差押えが行われた場合に，逮捕状が得られなかったときは，差押物を直ちに還付しなければならない（同条 2 項）。この規定は，違法な逮捕に伴って行われた差押えは違法であり，かかる違法な手続による押収物の占有を継続させることは適当でないとの趣旨に基づくものと考えられる。したがって，そこでの「逮捕状が得られなかつたとき」とは，緊急逮捕が違法であるとして逮捕状が発せられなかった場合を指すものと考えられる。よって，緊急逮捕自体は適法であるが，逮捕状請求時には逮捕の要件がなくなったとして逮捕状の発付がなかったときには，還付の必要はない。

③　現行犯逮捕

(1)　現行犯逮捕の意義

第212条第 1 項は，現に罪を行い，又は現に罪を行い終わった者を現行犯人とし，同条第 2 項は，犯人として追呼されている等の一定の要件に当たる

者が，罪を行い終わってから間がないと明らかに認められる場合に，これを現行犯人とみなしている。これらの現行犯人は，何人でも，逮捕状なくしてこれを逮捕することができる（213条）。この規定に基づいて行われる逮捕を現行犯逮捕という。

憲法第33条は，「何人も，現行犯として逮捕される場合を除いては，権限を有する司法官憲が発し，且つ理由となつてゐる犯罪を明示する令状によらなければ，逮捕されない。」と定め，現行犯逮捕を令状主義の射程外に置いた。その理由は，現行犯逮捕にあっては，司法官憲の判断を要するまでもなく犯人であることの嫌疑が明白であり，誤逮捕のおそれもなく，かつ，一般的に急速な逮捕の必要性が認められるためと解されていることである。このような現行犯逮捕に認められる特性は，他方で，逮捕権者たり得る資格の広範な許容に結び付く。この結果，第213条は，現行犯逮捕の権限を何人にも付与したものと考えられる。

(2) 現行犯逮捕の要件

ア　犯行の現行性・時間的接着性

「現に罪を行い」とは犯罪の実行行為を行っている場合を指し，「現に罪を行い終つた」とは犯罪の実行行為を終了した直後を指す。準現行犯の要件である「罪を行い終つてから間がない」との文理的な対比の上から，ここでの「現に罪を行い終つた」とは実行行為の終了時点及びこれに極めて接着した時間的段階を意味すると考えられている。

ところで，犯行の現行性ないし時間的接着性はいずれも時間的概念であるが，犯行後の時間的経過に伴って犯人は場所的に移動することが多く，その移動量の増加によって犯人の特定の明白性は希薄化するから，この要件は同時に犯人と犯行現場との場所的接着性をも合わせて要求しているものと解される。これらの要件の存否は，具体的状況下における諸般の事情

に照らして判断されるべきものである（一概に言えないが，判例上，時間的観点からは30〜40分以上経過，場所的観点からは200〜300メートル以上離れての逮捕については，違法とされることがあり得る。）。

判例等には，時間的接着性につき，暴行等の犯行から30〜40分後の逮捕を適法とするもの（最決昭31.10.25），公然わいせつの犯行から約1時間5分後の逮捕を違法とするもの（大阪高判昭40.11.8）等があり，場所的接着性につき，窃盗の犯行現場から約400〜500メートル地点での逮捕を適法とするもの（札幌高函館支判昭37.9.11）等がある。

※共謀者，教唆者及び幇助者の逮捕については，実行行為者に「現に罪を行い，又は行い終つた」という要件を備えていることに加え，共謀行為，教唆行為及び幇助行為それぞれに現行性が認められなければ，逮捕することはできない。また，未遂の場合については，実行の着手があればよい。

イ　犯罪と犯人の客観的明白性

現行犯逮捕を行い得るためには，犯罪及び犯人が客観的に明白でなければならない。この犯罪と犯人の客観的明白性については，それが外見上明白であることを要するか否かの争いがある。

東京高判（昭41.6.28）は，「現行犯について常人逮捕が許される所為は，一般的にいえば，何人が見ても犯罪実行中であることが明瞭であることによるものであるけれども，競馬における呑み行為や又は賭博行為の如く隠密のうちに行われる犯罪の場合においては，事情の内偵，張り込み等によつて得た客観的資料に基づく知識を有しない通常人には現行犯であるということは認知できない場合であつても，警察官はそれらの資料に基づく知識によつて容易に現行犯の存在を認知し得る場合があるということを理解すべきであり，このような場合に同様資料を警察官でない通常人に供給すれば，その者は直ちに現行犯逮捕の要件があるということを認知し得る場合が多々存するというべきである」と判示し，競馬におけるのみ行為の現行犯逮捕に際し，警察官が事前の内偵，逮捕当日の犯人の動静の看視，のみ行為の客に対する職務質問等によって入手した情報と現場の状況とを総合して現行犯の要件を認定した事案について，逮捕の要件は逮捕者にとって明白であれば足り，要件の存在が外見上明白でなくとも，当該逮捕者が

事前に有する知識・情報と現場の状況とを総合的に考慮し，犯罪と犯人とが明白であるならば，逮捕権を行使し得るとする立場からその適法性を認めている。

また，東京高判（昭60.4.30）は，犯罪の存在及び被疑者の特定をすべて被害者の記憶に基づく面通しを含む供述によって被疑者を現行犯逮捕した事案につき，「犯行を現認したのと同一視できるような明白性は存在しなかつたといわなければならない」として，違法と判示している。他方，警察官が挙動不審者を職務質問して追及した結果，「罪を行い終つてから間がない」犯人であることが明らかになるような，いわゆる「たぐり捜査」は，明白性の要件を満たさない。この場合，現行犯逮捕でなく，緊急逮捕をすべきである。

これに関し，東京地判（昭42.11.9）は，「職務質問（一種の任意の取調べと解される。）等によってはじめて犯罪が明らかになった場合には，緊急逮捕の手続により，犯罪の嫌疑の有無等について裁判所の審査を受けさせるのを相当とする。ただ，客観的状況からみて，罪を行い終ってから間がない疑いがきわめて高い場合，簡単な，いわば確認的な職務質問を行い，その結果罪を行い終ってから間がないことが明らかと認められるに至ったときは，準現行犯逮捕が許されると解される余地がないでもない。」と判示し，「警察官が被疑者を呼び止めて職務質問を開始した際には，深夜（午後11時45分頃）ではあるが，被疑者は単に土工風の姿で，ボストンバッグを肩にかけて派出所前を歩いていたというにすぎず，直ちに罪を行い終って間がないことが明らかであるとはいえないばかりでなく，その疑いもそれほど高いものとはいえず，それ以後の一連の職務質問に対する被疑者の供述等によってはじめて銅線窃取の事実が明らかとなったにすぎない」事案につき，準現行犯逮捕は許されないとしている。

ウ　逮捕の必要性

現行犯逮捕について，通常逮捕及び緊急逮捕と同様に逮捕の必要性が要件とされるのか否かについては議論があるが，必要性が要件であるとする考え方が学説上，有力である。

大阪高判（昭60.12.18）においても，「現行犯逮捕も人の身体の自由を

拘束する強制処分であるから，その要件はできる限り厳格に解すべきであって，通常逮捕の場合と同様，逮捕の必要性をその要件と解するのが相当である」と判示し，運転手から免許証の提示を拒否されただけで，直ちに道路交通法違反（踏切侵入違反）で現行犯逮捕したのは，逮捕の必要性の要件を欠くとしている。

なお，犯捜規第219条は，「交通法令違反事件の捜査を行うに当たつては，事案の特性にかんがみ，犯罪事実を現認した場合であつても，逃亡その他の特別の事情がある場合のほか，被疑者の逮捕を行わないようにしなければならない。」としている。

エ　現行犯逮捕の要件の認定資料と認定時期

現行犯逮捕の要件については，逮捕者が犯罪の実行行為を目撃していなくとも，直接覚知した現場の状況に関係者の供述，事前の知識等を加味して合理的に判断することにより，その存在を認定してよい。単に被害者からの通知があっただけでは，その内容の真実性が客観的に担保されているとはいえないから，直ちに現行犯逮捕を行うことは許されないが，現場に赴いた上でその状況，特に被疑者の挙動・状態・証跡を自ら覚知し，現行犯の要件を認定して逮捕することは許される。

現行犯逮捕の要件は，逮捕着手の直前において存在することを要する。さらに時間が隔たれば，もはや現行犯としては逮捕できない。

(3)　準現行犯逮捕の要件

ア　個別的要件

次の各号のいずれかに該当することを要する。

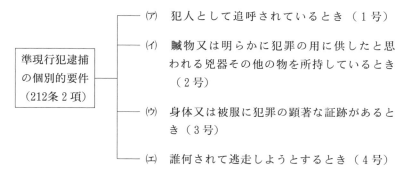

㋐　犯人として追呼されているとき（1号）

　「犯人として追呼されている」とは，「その者が犯人であることを明確に認識している者により逮捕を前提とする追跡ないし呼号を受けている場合を意味する」（仙台高判昭44.4.1）と解されている。追跡又は呼号の少なくとも一方があればよい。追呼の主体は被害者に限られず，目撃者その他の第三者であってもよい。追呼は必ずしも連続的に行われている必要はなく，追呼に中断があっても，犯人の逃走経路の状況，中断の時間等からみて，犯人の同一性が客観的に担保されていると認められれば，追呼に当たると考えられる。

　被害者が犯行直後に現場に到着した警察官に対し，現場付近で犯人を指示した場合に，これを追呼と評価し得るかはひとつの問題であるが，犯人の発見が犯行現場と近接した地点でなされ，時間的にも犯行とさほど隔たりがなく，かつ，被害者自身が追呼の意思を十分有している者と認められる場合には，かかる指示は追呼に当たるものと解する。なお，東京高判（昭53.11.25）は，「犯行を現認した被害者が，犯行後110番する等逮捕を求めて通報し，すぐ近くの現場に赴いた警察官に犯人を指示した時には，当該犯人が犯人として追呼されているときに当る」と判示している。

　前述の仙台高判（昭44.4.1）は，駅のホームで暴行を受けた被害者がいったん犯人を追呼したが他の者に妨害されたため，鉄道公安職員を伴って別のホームに行き，そこにいた被疑者を事件発生から約25分後，準現行犯逮捕として逮捕した事実につき，「追呼」に当たらないと判示している。また，東京高判（昭60.4.30）は，深夜，住居侵入（のぞき）の被害者からの被害申告により，犯人の特徴を知った警察官が，犯行から20分後，現場から250メートル離れた路上を，被害申告による特徴にほぼ一致した人相着衣の者を発見し職務質問し，同人は犯行を否認したものの，被害者が面通しの結果，その者を犯人であると供述したので現行犯逮捕した事案につき，第一審判決が，前述の東京高判（昭53.11.25）を引用して，「犯人として追呼されているときに当る」としたのに対し，「すべて被害者の記憶に基づくいわゆる面通しを含む供述に頼っていた

のであるから，犯行を現認したのと同一視できるような明白性は存在しなかったといわなければならない。したがって，逮捕当時の被告人を同条一項の現行犯人ということはできない」とし，さらに，準現行犯逮捕につき，「被害者甲女は，犯人の顔を目撃後，玄関の扉を開けて犯人を確認することすらしておらず，全く犯人を追いかけていない。警察官が連れて来た被告人を犯人と認めたからといって，これを「追呼」と解することはできない。また本件では，警察官が被害者と連繋して犯人を追呼したと見ることもできない。犯行現場と被告人との連続性が欠けているからである」とした上で，「被告人は犯人として追呼されていた者とはいえないし，逮捕当時警察官にとって客観的な証跡等に基づく被告人が犯人であることの明白性は存在せず，誤認逮捕のおそれがないとはいえない状況であったのであるから，被告人は準現行犯人にもあたらない」と判示した。

(イ)　贓物又は明らかに犯罪の用に供したと思われる兇器その他の物を所持しているとき（2号）

「贓物」とは，刑法上のそれと同義であったが，平成7年の刑法改正で贓物は「盗品その他財産に対する罪に当たる行為によって領得された物」と改められている。「財産に対する罪」とは，窃盗，横領，詐欺，強盗等であり，賭博や収賄により得た財物はこれに当たらない。

「兇器」とは，人を殺傷し得る器物を指す。いわゆる用法上の凶器も含まれるが，この場合，社会通念上人をして危険感を抱かしめるに足りるものでなければならない。

「その他の物」とは，窃盗罪におけるドライバー等の侵入用具，賭博罪における賭具，ひき逃げ事件における血痕や衝突痕のある車両等，例示である凶器と同様，明らかに犯罪の用に供したと思われるものを指す。

「所持」とは現実にこれを携帯する等の方法により，身辺に極めて接着させた状態で保管していることを意味する。自宅に保管しているなど，単にその支配力を及ぼし得る場所に置いている場合は，ここでの所持には当たらない。所持は逮捕の要件の認定時点において行われていれば足り，逮捕時において所持していることは必要でない（最判昭30.12.16）。

第 5 章　逮　　捕　　**107**

㈡　身体又は被服に犯罪の顕著な証跡があるとき（3号）

　「身体又は被服に犯罪の顕著な証跡があるとき」とは，特定の犯罪を行ったことが外部的かつ客観的に明らかに認められるような証跡が身体又は被服に認められるときをいい，これに該当する例としては，身体の負傷，被服の破損，血痕の付着等がある。放火罪における石油の被服への付着もこれに当たるとみて差し支えない。一方，単に被疑者の人相，着衣が犯人のそれと一致するのみでは，この要件には該当しないと解する。

　下級審裁判例には，酒気帯び運転の被疑者について，呼気1リットルにつき0.35ミリグラムのアルコールが検出された場合も本号に当たるとしたものがある（名古屋高判平元.1.18）。

　なお，犯罪の顕著な証跡であるか否かの判断に際し，手配等によって得た情報を利用することは，当然に許される。

㈢　誰何されて逃走しようとするとき（4号）

　「誰何」とは，文言上は姓名を問いただすことであるが，ここでの誰何はこれに限らず，相手方に対し，現場的に接触を求めようとする行為を広く含んだ概念である。警察官が職務質問等を行う目的で相手方を呼び停めようとする行為は，一般に誰何に該当するが，犯人に向けて懐中電灯を照らしたり，警笛を吹鳴したりする行為も含まれる。最決（昭42.9.13）は，警察官が懐中電灯で照らし，警笛を吹いた行為を誰何に当たるとしている。誰何の主体は私人でもよい。

　「逃走しようとするとき」とは，逃走を企画した状況が外見からうかがい得る場合を指すが，現実に逃走した場合も含まれることはもちろんである。

イ　一般的要件

　アに述べた要件のいずれかに該当する者が，罪を行い終わってから間がないと明らかに認められることが，準現行犯の第二の要件である。「罪を行い終つてから間がない」とは，「現に罪を行い終つた」よりも時間的接着性が緩和された概念であり，判例上は，3～4時間を超えると違法とされているケースが多い。また，場所的接着性についても，現行犯逮捕に比

してやや緩和された程度で，一定の限界が存する。前述した個別的要件のうち，追呼については，継続して行われている限り犯人の明白性が保たれているから，時間的・場所的接着性も他の要件の場合に比べて許容範囲が広がるものと考えられる。

　なお，最決（平8.1.29）は，警察内部の無線情報を受けて逃走犯人を警戒又は検索中の警察官が，被疑者Aについては，犯行から約1時間経過後，犯行現場から約4キロメートル離れた交番附近を通りかかったところを職務質問したところ，Aが逃げ出したので，約300メートル追跡して追い付き，その際，Aが腕に籠手を装着しているのを認めたなどの事情があったため，Aを準現行犯逮捕（212条2項2号又は4号に当たると解される。）し，被疑者B及びCについては，犯行から約1時間40分経過後，犯行現場から約4キロメートル離れた路上で発見され，職務質問されて逃走したことから数十メートル追跡して追い付き，その際BとC共に髪がべっとりぬれて靴は泥まみれであり，Cについては新しい傷跡があり血の混じった唾を吐いているなどの事情があったため，BとCを準現行犯逮捕した（212条2項3号又は4号に当たると解される。）のを適法としている。

　犯罪と犯人との客観的明白性，逮捕の必要性，準現行犯の要件の認定資料及びその時期については，現行犯のそれと基本的に同じである。

⑷　**軽微事件の特則**

30万円（刑法，暴力行為等処罰に関する法律及び経済関係罰則の整備に関する法律の罪以外の罪については，当分の間2万円）以下の罰金，拘留又は科料に当たる罪の現行犯については，犯人の住居若しくは氏名が明らかでない場合又は犯人が逃亡するおそれがある場合に限り，現行犯逮捕を行うことができる（217条）。これは，軽微な犯罪の犯人に対して逮捕という強制手段を用いることを原則的に回避しようとした趣旨である。

⑸　**現行犯逮捕の実行**

　ア　逮捕権者

　　現行犯逮捕の逮捕権者には制限がなく，したがって私人でもこれを実行し得る（214条）。私人による逮捕行為は捜査ではなく，捜査の端緒となるにすぎない。また，それは公務員の職務の執行として行われるものではな

いから，犯人がこれに対し暴行又は脅迫を加えても，公務執行妨害罪は成立しない（もっとも，暴行・脅迫の各罪が成立することはいうまでもない。）。

特別司法警察職員は，法律によって定められた特別の事項についてのみ司法警察職員として職権を行使し得るのであり，したがって法的に捜査権限を有しない犯罪の現行犯逮捕については，捜査機関としてではなく，私人として逮捕権を行使することになる。

なお，一般司法警察職員たる警察官の場合は，一般の職権行使には土地管轄の制約が伴うが，現行犯人の逮捕に関しては，いかなる地域においても警察官としての職権を行うことができる（警察法65条）。したがって，逮捕に際しては第220条に基づき令状なくして捜索，差押え及び検証を行うことができ，また，この逮捕行為に対し暴行又は脅迫が加えられれば，公務執行妨害罪が成立することもある。

イ　実力行使の程度

現行犯逮捕に際し，犯人から抵抗を受けた場合には，逮捕者は，「警察官であると私人であるとをとわず，その際の状況からみて社会通念上逮捕のために必要かつ相当であると認められる限度内の実力を行使することが許され，たとえその実力の行使が刑罰法令に触れることがあるとしても，刑法35条により罰せられない」（最判昭50.4.3）とされている。

ただし，東京高判（昭37.2.20）は，一般人による逮捕行為につき，逮捕の職責を有する捜査機関に要求されると同程度の節度を期待できないことを理由として，実力行使の限度を緩和している。

ウ　現行犯逮捕の方法

現行犯逮捕は，逮捕者において犯人の身体の自由を強制的に拘束し，身柄を自己の支配下に置くことで完了する。逮捕の要件その他の告知義務はない。現行犯人が逮捕された場合には，第199条の規定により被疑者が逮捕された場合に関する規定を準用する（216条）。

エ　告訴意思が不明な場合の現行犯逮捕

親告罪における告訴は訴訟条件であり，捜査着手の条件ではない。よって，親告罪にかかる事件の被疑者が現行犯人としての要件を満たしていれ

ば，捜査機関は，告訴がなくとも任意捜査はもちろん，現行犯逮捕を含め
た強制捜査を行うことができる。

オ　私人による現行犯逮捕が行われた後の措置

　私人が現行犯人を逮捕した場合には，直ちにこれを地方検察庁若しくは
区検察庁の検察官又は司法警察職員に引き渡さなければならない（214条）。
ここでの「直ちに」とは，第210条の「直ちに」よりも時間的許容範囲の
一層狭い概念であり，即刻に近い意味である。私人による犯人の取調べ等
によって，この引渡しが遅延することは許されない。私人が逮捕した犯人
を自らの判断で釈放し得るか否かについては争いがあるが，刑事事件上の
人身の措置について，私人の処分権を認めるのは妥当でないことや，逮捕
権の濫用を防ぐ見地から，消極と解すべきである。

　司法巡査が私人から現行犯人の引渡しを受けた場合には，逮捕者の氏名，
住居及び逮捕の事由を聴取した上で，速やかにこれを司法警察員に引致し
なければならない。必要があるときは，逮捕者に対し共に官公署に行くこ
とを求めることができる（215条）。

　※私人が現行犯人を逮捕してから警察官に引き渡すまでに相当な時間を要し
た場合，当該逮捕行為が違法となるばかりでなく，その拘束の時間・目的・態
様いかんによっては，当該私人が逮捕・監禁罪の刑責を問われることがある
（東京高判昭55.10.7）。

4　再　逮　捕

(1)　問題の所在

　ある被疑事実で逮捕・勾留した被疑者を同一の被疑事実で重ねて逮捕・勾
留することは原則として認められない。これを「一罪一逮捕の原則」という。
同一事件についての逮捕の繰返しや重複を無条件に許せば，身柄拘束に関す
る時間制限を定めた刑事訴訟法第203条以下の規定の存在意義が失われかね
ないからである。

　しかしながら，第199条第3項は，「検察官又は司法警察員は，第1項の逮

捕状を請求する場合において，同一の犯罪事実についてその被疑者に対し前に逮捕状の請求又はその発付があつたときは，その旨を裁判所に通知しなければならない。」と同一事実による再逮捕を予定した規定となっており，刑訴規則第142条第1項第8号で，同一の逮捕事実について前に逮捕状の請求又はその発付があったことが，逮捕状請求書の記載事項の一つとされていることから，どのような場合がその例外として許されるかが問題となる。

(2) 逮捕・勾留中の被疑者が逃走した場合

逮捕・勾留中に被疑者が逃走した場合は，身柄拘束が全く不合理な理由で中断されたことから，不当な逮捕の蒸し返しとはいえず，再逮捕を正当とする合理的な理由があると解される。

(3) 一旦釈放後，事情変更が生じた場合

一旦釈放後，新証拠を発見したり，新たに逃亡，罪証隠滅のおそれが生じた場合等，再逮捕に合理的な理由があり，逮捕の不当な蒸し返しにならない場合は再逮捕も許されると解される。このような場合，絶対的に再逮捕が許されないとすると，事案の真相が不明となり，刑事訴訟法が目的とする公共の福祉の維持（1条）も全うできなくなるからである。下級審では，5件の爆発物取締罰則違反事件により逮捕・勾留して捜査し，勾留期間満了により釈放された被疑者につき，その後，1件について新証拠により犯罪の嫌疑が濃厚となった事案について，再逮捕・勾留は「先行の勾留期間の長短，その期間中の捜査経過，身柄釈放後の事情変更の内容，事案の軽重，検察官の意図その他の諸般の事情を考慮し，社会通念上捜査機関に強制捜査を断念させることが首肯し難く，また，身柄拘束の不当なむしかえしでないと認められる場合に限るべきであると思われる」と判示し，本件について，再び勾留することが身柄拘束の不当な蒸し返しにならない例外的な場合に当たり適法であるとした裁判例もある（東京地決昭47.4.4）。

(4) 先行逮捕が違法である場合

先行逮捕が違法であるという理由で，勾留請求前に被疑者を釈放したり，勾留請求したがこれが却下されたような場合，つまり捜査機関側にミスがあり，被疑者側には原因がないのに，同一事実により再逮捕し得るかが問題となる。

浦和地決（昭48.4.21）は，緊急逮捕後の令状が「直ちに」の要件を欠いて却下された後の再逮捕につき，「『直ちに』といえると考えられる合理的な時間を超過した時間が比較的僅少であり，しかも右の時間超過に相当の合理的理由が存し，事案が重大であって治安上社会に及ぼす影響が大きいと考えられる限り，右逮捕状請求が，却下された後，特別の事情変更が存しなくとも，なお前記した再逮捕を許すべき合理的な理由が，存するというべく」と判示し，通常逮捕状に基づく再逮捕は適法であるとした。本判決は，先行逮捕が違法である場合の再逮捕は，先行逮捕の違法性の程度と捜査における再逮捕の必要性とを比較衡量することによって判断すべきであることを明らかにしたものといえよう。

⑸　**被疑事実の同一性と再逮捕の要否**

　甲という被疑事実で逮捕し取り調べたところ，実は乙という被疑事実であることが分かったような場合には，直ちに被疑者を釈放し，改めて乙被疑事実の逮捕状の発付を受けて逮捕するか，場合によっては緊急逮捕しなければならないことがある。ただし，このような場合でも，甲被疑事実と乙被疑事実の間に同一性があれば，逮捕の繰り返しをする必要はなく，送致のときに罪名を変更すれば足りる。また，例えば，建造物侵入罪と現住建造物等放火罪が牽連犯の関係に立つ場合のように，科刑上一罪については，同時処理することが不可能ないし著しく困難であるのでない限り，一罪一逮捕一勾留の原則から，一回で逮捕すべきである。よって，上記のような場合，建造物侵入罪で逮捕した後，現住建造物等放火罪で再逮捕するようなことは通常認められない。建造物侵入罪と窃盗罪についても同様である。

⑹　**常 習 一 罪**

　常習一罪の一部をなす事実について逮捕・勾留を経て公訴が提起された後，その逮捕・勾留より前に行われた他の一部の事実が新たに判明した場合，一罪一逮捕の原則の適用を受けるため，当該事実で再逮捕することはできない。例えば，集合犯である常習累犯窃盗で起訴された場合，同種手口の他の窃盗事実が判明しても，既に起訴された事実とともに一個の包括一罪としての常習累犯窃盗が成立するため，これを再逮捕することはできない。

⑤ 余 罪 捜 査

　逮捕中の被疑者を逮捕事実以外の事実について取り調べること自体は，これを認めないとすれば余罪ごとに逮捕・勾留されることになって被疑者にも不利益になることから，違法とする学説はほとんどない（なお，大阪高判昭47. 7 .17参照）。もっとも，身柄拘束は本罪について逮捕・勾留の理由と必要があることを前提になされていることから，取調べの許される程度が問題となる。

　逮捕・勾留事実について被疑者は，取調べのための出頭，滞留義務（取調受忍義務）を負っている。このことは第198条第 1 項で「…被疑者の出頭を求め，これを取り調べることができる。但し，被疑者は，逮捕又は勾留されている場合を除いては，出頭を拒み，又は出頭後，何時でも退去することができる。」と規定されていることから明らかである。この取調受忍義務の範囲について学説は分かれているが，社会的に密接な関連のある事実に及ぶことには異論は少ない。その他の場合については，取調受忍義務はなく，それを担保するために，捜査官側に被疑事実とそれについての供述拒否権及び弁護人選任権を告知することと併せて，取調受忍義務のないことを告知することを義務付け，この告知があったことと，取調べの程度が逮捕事実についての程度に至らないものであることを余罪取調べを適法とする要件とすべきであるとする学説が多く，この立場に立って取調べを違法とした裁判例がある。

　富士高校放火事件（別件窃盗，本件放火）の第一審である東京地判（昭50. 3 . 7 ）ではこの考えをとっている。

　しかし，第二審である東京高判（昭53. 3 .29）では，「刑事訴訟法198条 1 項但書は，取調を受ける被疑者が逮捕又は勾留されているという状態に着目して規定されたものであって，特定の犯罪事実ごとに取調の限界を定めた規定と解するのは相当ではない」としてこの見解を否定している。第198条第 1 項ただし書は，第223条第 2 項によって参考人の取調べにも準用されているが，参考人が当該被疑事実について逮捕されていることはあり得ないから，この点からいっても取調受忍義務は余罪についてもあり，別件逮捕において，

本件を取り調べるときも同様である。したがって，余罪についての取調べの態様を特に逮捕事実の取調べについてと別にする必要はない。

　なお，起訴後勾留中の余罪の取調べについては，任意の取調べである旨の告知・説明が必要であり，かつ，当然のことながら，供述拒否権の告知も明確に行わなければならない。

第6章　逮捕後の手続等

> **学習の指針**
>
> 　警察官が逮捕状により，又は緊急逮捕，現行犯逮捕により被疑者を逮捕したとき，あるいは，私人が逮捕した現行犯人を受け取ったときは，当該警察官が司法巡査である場合，これを司法警察員に引致しなければならない（202条，211条，216条）。このように刑事訴訟法は逮捕後の手続について警察官を司法警察員と司法巡査に分けてその扱いを区別している。
>
> 　この章では，司法巡査が被疑者を逮捕した場合及び司法警察員が自ら被疑者を逮捕した場合（いずれも私人が逮捕した現行犯人を受け取った場合を含む。）に分けてそれぞれの手続を述べた後，引致後の司法警察員の手続等について説明する。

逮捕後の手続

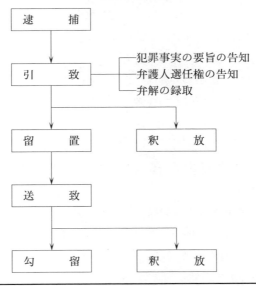

① 司法巡査が被疑者を逮捕した場合

司法巡査が逮捕状により被疑者を逮捕した場合，又は緊急逮捕若しくは現行犯逮捕により被疑者を逮捕した場合，「直ちに」司法警察員に引致しなければならない（202条，211条，216条）。また，私人が逮捕した現行犯人を受け取った場合（214条），「速やかに」司法警察員に引致しなければならない（215条１項）。ここでいう「直ちに」とは，通常，被逮捕者を引致場所まで連行するのに必要な最小限度の時間という意味であるとされているが，「速やかに」はそれよりも緩やかなものを意味するとされている。

刑事訴訟法は，司法巡査に被疑者を逮捕する権限や私人から現行犯人の引渡しを受ける権限を与えたものの，被逮捕者の身柄の措置，すなわち後述する被逮捕者を釈放するか留置するかを決定する権限を与えていないので，これらの権限を有する司法警察員に身柄を引き継ぐ必要がある。これを引致と呼んでいる。

この場合，逮捕者と引致者は必ずしも同一である必要はない。例えば逮捕した司法巡査が逮捕の際に負傷して入院した場合を考えると，逮捕者が司法警察員に被逮捕者を引致するのは不可能な場合もあり得るが，法は不可能を強いるものではなく，逮捕者から被逮捕者の身柄を受け取った司法巡査が司法警察員に引致すればよいと解されている。

また，ここにいう司法警察員は，必ずしも組織上の上下関係にある必要はなく，少なくとも司法警察員の資格を有するものであればよいと解されている。

② 司法警察員が自ら被疑者を逮捕した場合

司法警察員が直接被疑者を逮捕した場合，又は私人が逮捕した現行犯人を司法警察員が受け取った場合，これを他の司法警察員に引致することは可能であろうか。刑事訴訟法はこのことについて何ら規定していないが，第202条及び第214条の趣旨が被逮捕者の取扱いをより厳格に行い，その人権を保

障するという点にあることを考えると，事件をより適切に処理し得る立場にある司法警察員に引致すべきであると解されている。

なお，この場合の引致の根拠も第202条であると考えられる。

逮捕状により被疑者を逮捕した場合は，逮捕状記載の場所に引致しなければならない（ただし，犯捜規第124条は，「逮捕状の発付を受けた後，逮捕前において，引致場所その他の記載の変更を必要とする理由が生じたときは，当該逮捕状を請求した警察官又はこれに代わるべき警察官が，当該逮捕状を発付した裁判官又はその者の所属する裁判所の他の裁判官に対し，書面（引致場所の変更を必要とするときは，引致場所変更請求書）により逮捕状（逮捕状の発付と同時に逮捕状に代わるものの交付がある場合にあつては，逮捕状及び当該逮捕状に代わるもの）の記載の変更を請求するものとする。ただし，やむをえない事情があるときは，他の裁判所の裁判官に対して請求することができる。」と定めており，通常逮捕の前に限って，引致場所を変更できるとしている。）。

　※大阪地決（昭58.6.28）は，逮捕から引致までに約11時間15分を要した事案につき，「司法警察員への引致の遅延，ひいては司法警察員による犯罪事実及び弁護人選任権の告知並びに弁解の機会の付与の遅延は，逮捕に際しての手続上重大な違法と言うべき」として勾留請求を却下している。

また，警察法第65条が，現行犯人の逮捕に関しては，警察官は，いかなる地域においても警察官としての職権を行うことができると規定していることから，某県警の警察官が管轄区域外，すなわち，他県で現行犯人を逮捕することは可能であるが，同条の規定は現行犯人の逮捕に関する権限のみを規定したものであって，逮捕警察官に対してその後の捜査を継続することまで認めたと解することはできないことから，逮捕した被疑者については，原則として直ちに管轄警察署の司法警察員に引致しなければならない。ただし，例外として，管轄区域内で発生した強盗犯人を追尾し，他の管轄区域内で現行犯逮捕した場合のように，管轄区域内の公安の維持に関連して必要があれば，当該警察官が所属する警察に引致することができる（警察法61条）。

③ 逮捕被疑者の引致を受けた司法警察員の措置

　司法警察員は，自ら被疑者を逮捕したとき，又は司法巡査が引致してきた被疑者を受け取ったときは，まず，直ちに犯罪事実の要旨及び弁護人を選任することができる旨を告げた上，弁解の機会を与え，留置の必要がないと思料するときは直ちにこれを釈放し，留置の必要があると思料するときは，被疑者が身体を拘束された時から48時間以内に書類及び証拠物とともにこれを検察官に送致する手続をしなければならない（203条，211条，216条）。

　以下順次説明する。

(1) 犯罪事実の要旨の告知

　第203条にいう犯罪事実の要旨の告知は，憲法第34条前段の規定，すなわち「何人も，理由を直ちに告げられ，且つ，直ちに弁護人に依頼する権利を与へられなければ，抑留又は拘禁されない。」という規定を受けたものである。

　実務上の手続としては，通常逮捕状，緊急逮捕手続書又は現行犯人逮捕手続書に記載，又は添付される被疑事実の要旨を被疑者に告げることとなる。

　犯罪事実の要旨及び次に述べる弁護人選任権の告知に関する事項が，一般に弁解録取書の様式（基本書式例の様式第19号）に不動文字で印刷記載されているが，こうした記載の有無が告知の有無の決定的な証拠にならないのはいうまでもない（最判昭25.12.5）。したがって，印刷された不動文字が記載されていても，告知を行わなければならない。

(2) 弁護人選任権の告知

　弁護人選任権の告知も，憲法第34条前段及びこれを受けた第30条第1項を実質的に保障するものである。平成28年12月1日から刑訴法等一部改正法の一部が施行されたことに伴い，司法警察員等が被疑者等に弁護人選任権を告知するに当たっては，追加的に弁護士，弁護士法人（弁護士・外国法事務弁護士共同法人を含む。第132条において同じ。）又は弁護士会を指定して弁護人の選任を申し出ることができる旨及びその申出先を教示しなければならない（203条3項，犯捜規130条1項3号）こととされた。ただし，被疑者に弁護人の有無を尋ね，既に弁護人があると答えた場合は，従来どおり弁護人選任

権を告げる必要はない（203条2項）。また，弁護人の選任に当たっては，警察官から特定の弁護人を示唆し，又は推薦してはならない（犯捜規133条3項）。

なお，この弁護人選任権の告知は，身柄不拘束被疑者に対しては行う必要はない。

この告知を受けた被疑者は，弁護士又は弁護士会を指定して弁護人の選任を申し出ることができ，申出を受けた警察官は指定された弁護士，弁護士法人又は弁護士会にその旨を通知しなければならない。被疑者が2人以上の弁護士又は2以上の弁護士法人若しくは弁護士会を指定して申出をしたときは，そのうちの1人の弁護士又は1の弁護士法人若しくは弁護士会に通知すれば足りる（209条，78条2項後段）。被疑者の弁護人の選任届は，各被疑者について通じて3人を超えてこれを受理してはならないが，管轄地方裁判所又は簡易裁判所の許可がある場合は，この限りでない（35条，刑訴規則27条1項，犯捜規133条2項）。また，勾留中の被疑者を再逮捕し，弁護人選任権を告知したところ，当該勾留事件で選任している弁護人を選任する旨を被疑者が申し入れた場合でも，当該弁護人に通知しなければならない。これは，弁護人選任行為が個々の具体的事件を単位として行われるものであり，その法的効果が他の事件に及ばないためである。

※簡易裁判所，家庭裁判所又は地方裁判所においては，裁判所の許可を得たときは，弁護士でない者（特別弁護人）を弁護人に選任することができるが，選任することができるのは被告事件になってからのことであり，公訴提起前の被疑者段階では選任することはできない（最決平5.10.19）。

逮捕された被疑者が弁護人選任の申出をした場合において，当該弁護士，弁護士法人若しくは弁護士会又は父兄その他弁護人選任権を有する者にその旨を通知したときは，弁護人選任通知簿に記載して，その手続を明らかにしておかなければならない（犯捜規132条）。

被疑者とは別に，被疑者の法定代理人，保佐人，配偶者，直系の親族及び兄弟姉妹は，独立して弁護人を選任することができる（30条2項）。この場合，「配偶者」には，いわゆる内縁関係にある者は含まれず，「直系親族」とは，自己の祖父母，父母，子，孫等，直系の関係にある6親等内の血族及び

配偶者の祖父母，父母，子，孫等，直系の関係にある3親等内の姻族をいう（民法725条）。また，独立して弁護人を選任できる者は，被疑者が選任した弁護人を解任することはできないが，被疑者は，被疑者以外の者が独立して選任した弁護人を解任することができる。

弁護人の選任については，弁護人と連署した選任届を被疑者又は上述の被疑者から独立して弁護人を選任することができる者から差し出させなければならないとされている（犯捜規133条1項）が，もとより国家公安委員会規則である犯捜規を根拠として弁護人選任権者や弁護人を拘束することはできないことから，被疑者及び弁護人があくまでも口頭により弁護人を選任する旨を主張したときは，これを正式な弁護人の選任として，受理する手続を行うことが妥当である。この場合，被疑者の署名については，戸籍上の氏名に限られるものではなく，自己の同一性を表示するための芸名やペンネーム等も認められるが，被疑者署名の部分に留置番号が書かれている弁護人選任届であっても，被疑者と弁護人が特定され，かつ，選任に関する合意があったと確認されるものであれば，受理してもよい。ただし，被告人の場合は，留置番号のみのものは無効である（最決昭44.6.11）。また，氏名を記載することができない合理的な理由がないのに，署名のない弁護人選任届によってした被告人の弁護人選任は，無効である（最決昭40.7.20）。

　※刑訴規則第17条は，「公訴の提起前にした弁護人の選任は，弁護人と連署した書面を当該被疑事件を取り扱う検察官又は司法警察員に差し出した場合に限り，第一審においてもその効力を有する。」と規定しているが，捜査段階における弁護人の選任については，このような方式に拘束される必要はないと考えられる。

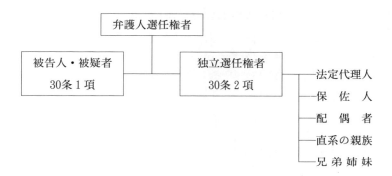

　なお，憲法第37条第3項が保障する国選弁護人の制度は被告人についてのものであって，まだ被疑者の段階にある場合にはその必要はなかったが，刑事訴訟法の改正により，勾留被疑者に対する国選弁護制度が導入され，平成30年6月1日から次のとおり施行されている。
　㋐　被疑者の公的弁護の意義
　　被疑者に対して勾留状が発せられている場合において，被疑者が貧困その他の事由により弁護人を選任することができないときは，裁判官は，その請求により，被疑者のために弁護人を付さなければならない。ただし，被疑者以外の者が選任した弁護人がある場合又は被疑者が釈放された場合は，この限りではない（37条の2第1項）。

　　※国選弁護人選任の効力は事件単位と解されている。そのため，既存の国選弁護人選任の効力は，新たに逮捕された事件に及ばない。つまり，被疑者は，既に選任されている国選弁護人を新たに逮捕された事件につき，再度国選弁護人として指名することはできない。よって，新たに国選弁護人選任手続を行う必要がある。
　　なお，追起訴された事件については，私選弁護人同様，国選弁護人の選任の効力は当該事件にも及ぶ（刑訴規則18条の2）。

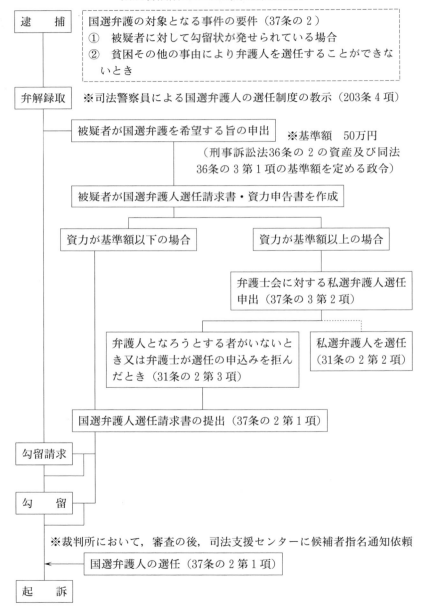

(イ) 私選弁護人選任申出の前置

被疑者が国選弁護人の選任請求をする場合は，資力申告書を提出しなければならない。その資力が基準額「50万円」以上である被疑者が国選弁護人の選任を請求するには，あらかじめ，その勾留の請求を受けた裁判官の所属する裁判所の所在地を管轄する地方裁判所の管轄区域内にある弁護士会に，私選弁護人の選任の申出をしたものの，選任できなかったことを要する（37条の3）。

　※この場合の「資力」とは，当該被疑者に属する現金，預金その他政令で定めるこれらに準ずる資産の合計額をいい，「その他政令で定めるこれらに準ずる資産」とは，「刑事訴訟法第36条の2の資産及び同法第36条の3第1項の基準額を定める政令」第1条に規定されている，
① 小切手法（昭和8年法律第57号）第6条第3項の規定により金融機関が自己あてに振り出した小切手
② 農業協同組合，農業協同組合連合会，漁業協同組合，漁業協同組合連合会，水産加工業協同組合又は水産加工業協同組合連合会に対する貯金
③ 労働基準法（昭和22年法律第49号）第18条又は船員法（昭和22年法律第100号）第34条の規定により管理される労働者又は船員の貯蓄金
④ 国家公務員共済組合法（昭和33年法律第128号）第98条第1項若しくは地方公務員等共済組合法（昭和37年法律第152号）第112条第1項に規定する組合に対する組合員の貯金又は私立学校教職員共済法（昭和28年法律第245号）第26条第1項に規定する事業団に対する加入者の貯金
をいう。

(ウ) 司法警察員による国選弁護制度の教示

司法警察員は，弁護人を選任することができる旨を告げるに当たっては，被疑者に対し，
○ 引き続き勾留を請求された場合において貧困その他の事由により自ら弁護人を選任することができないときは，裁判官に対して弁護人の選任を請求することができる旨
○ 裁判官に対して弁護人の選任を請求するには資力申告書を提出しなければならない旨
○ その資力が50万円以上であるときは，あらかじめ，弁護士会に弁護

人の選任の申出をしていなければならない旨
を遺漏なく教示しなければならない（203条4項）。この旨は，基本書式例
の様式第19号（弁解録取書）の別紙に不動文字で記載されてはいるが，被
疑者に口頭で確実に教示しなければならないことはいうまでもない。また，
この際，資力に含まれる資産の内容や私選弁護人の選任の申出をすべき弁
護士会の名称を併せて教示するほか，国選弁護制度の手続について被疑者
から質問を受けた場合には必要な説明を行うなど，被疑者において本制度
が確実に理解されるようにしなければならない。被疑者から国選弁護人請
求を希望する旨の申出を受けた場合，国選弁護人選任請求書等の作成は留
置施設内で行うこととなることから，その旨を留置担当官に対し確実に引
き継ぐ必要がある。

　なお，裁判所又は裁判官の判断を誤らせる目的で，その資力について虚
偽の記載のある資力申告書を提出した者は，10万円以下の過料に処される
（38条の4）こととなるので，被疑者に虚偽申告した際の罰則について尋
ねられた場合は，この旨教示しても差し支えない。

㈑　留置担当官による国選弁護人選任請求の援助，取次ぎ

　留置中の被疑者から国選弁護人請求を希望する旨の申出があった場合，
国選弁護人選任請求書及び資力申告書を交付するなど，それらの書類の作
成について必要な援助をしなければならない（刑訴規則297条）。

　なお，資力が50万円以上である場合には，前述のとおり，あらかじめ私
選弁護人の選任の申出を弁護士会に伝えておく必要があることから，被疑
者がそれを希望する場合は，私選弁護人選任申出書を作成させなければな
らない。

　被疑者の資力が50万円未満の場合，被疑者が国選弁護人選任請求書及び
資力申告書を作成し，裁判官に請求するには，裁判所書記官の面前で行う
場合を除き，留置担当官を経由することとなるので（刑訴規則28条の3第
1項），留置担当官は，これらの書類を被疑者から受け取ったときは，直
ちに裁判官に送付しなければならない（同規則同条2項）。この場合，ファ
クシミリを利用して送信してもよい（同規則同条3項）。

　なお，勾留請求前の被疑者からこれらの書類を受け取ったときは，当該

被疑者が勾留請求をされた後，直ちにこれらの書類を裁判官に送付しなければならない（同規則同条2項ただし書）。

被疑者の資力が50万円以上の場合，被疑者は弁護士会に私選弁護人選任の申出をすることができ（78条1項），その申出を受け，私選弁護人選任手続書を受け取った留置担当官は，直ちに弁護士会に送付して，被疑者から私選弁護人選任の申出があったことを通知しなければならない（78条2項）。この申出を受けた弁護士会は，速やかに所属する弁護士の中から弁護人となろうとする者を紹介しなければならず（31条の2第2項），これにより，被疑者が弁護人を選任すれば，国選弁護人の選任は不要となる。しかしながら，弁護士会が弁護人となろうとする者を紹介できなかった場合，又は紹介された弁護士が被疑者の申込みを拒んだときは，弁護士会から被疑者に対しその旨を通知しなければならないとされており（31条の2第3項），留置担当官は，これらの通知の書面とともに，国選弁護人選任請求書を直ちに裁判官に送付しなければならない。

(オ) 職権による国選弁護人の選任

裁判官は，被疑者に対して勾留状が発せられ，かつ，これに弁護人がない場合において，精神上の障害その他の事由により弁護人を必要とするかどうかを判断することが困難である疑いがある被疑者について必要があると認めるときは，職権で弁護人を付することができる。ただし，被疑者が釈放された場合は，この限りでない（37条の4）。

また，裁判官は，死刑又は無期の懲役若しくは禁錮に当たる事件について，被疑者に対し弁護人を付する場合又は付した場合において，特に必要があると認めるときは，職権で更に弁護人1人を付することができる。ただし，被疑者が釈放された場合は，この限りでない（37条の5）。

なお，被疑者に国選弁護人を解任する権利は認められていないが，仮に，被疑者が国選弁護人の解任を希望し，それが第38条の3第1項各号の国選弁護人解任要件に該当する場合，裁判官に対し，解任を求める申し出をすることは自由である。

(3) **被疑者に対する接見に関する告知**

弁解録取の際に，弁護人等との接見に関し，取調べ中において弁護人等と

接見したい旨の申出があれば，直ちにその申出があった旨を弁護人等に連絡する旨を被疑者に対し告知しなければならない。

⑷　**弁解の録取**

　刑事訴訟法が被疑者に弁解の機会を与えたのは，被疑者を留置するか否かという身柄の処置を決める一つの資料を得るための，被疑者保護のために設けられた規定の一つである。それゆえ弁解をするか否かは被疑者の自由であるが，捜査機関としては，例えば引致された被疑者が泥酔状態にあり，分別力がなくなった状態であっても，直ちに当該被疑者に犯罪事実の要旨，弁護人選任権及び弁護人等への連絡についての告知をした上で，弁解の機会を与えなければならない。

　なお，実務上は，引致後に直ちにこれを行い，酔いが覚めてからもう一度告知することによって，弁解の機会を二重に付与し，手続の適法性を担保することが望ましい。

　また，遠隔地で被疑者を逮捕した場合で，直ちに手配警察署に引致することができない場合には，遠隔地最寄りの警察署に引致し，弁解録取書を作成することが妥当である。この場合，手配警察署に被疑者が移送された際に，被疑者の防御権等を考慮して，再度弁解の機会を与えることも可能である。

　このように弁解の録取は供述を求める取調べ（198条）とは違うものであり，当然，供述拒否権の告知（198条2項）を必要としない（最判昭27.3.27）。弁解の録取に引き続いて第198条による取調べが行われることがあるが，この場合にはもちろん供述拒否権の告知をしなければならず，弁解の録取に名を借りて被疑者の取調べを行うことが許されないのは当然である。ただし，被疑者が進んで弁解として供述したものが自白を内容としている場合には，これを録取した書面も第322条にいう被告人の供述を録取した書面であり，かつ，同条はその書面が被疑者供述調書であるか弁解録取書であるか区別していないので，同条の規定により証拠となり得る（前掲最判昭27.3.27）。

　なお，犯捜規第134条は，被疑者の弁解を録取するに当たって，その供述が犯罪事実の核心に触れる等，弁解の範囲外にわたると認められるときは，弁解録取書に記載することなく，被疑者供述調書を作成しなければならないとしている。

また，事件の特性（事件の重大性，証拠の内容，供述状況等）から早期に被疑者から初期供述を確保しておくことが有効であると認められる場合，弁解録取手続の冒頭から被疑者に対し，「自己の意思に反して供述する必要がない」旨を告知して弁解録取の機会における供述の証拠保全を図ることや，迅速に取調べに移行することも行い得ると考えられる。

(5)　領 事 通 報

　外国人の身柄を拘束したときは，遅滞なく，その者に対し，

○　当該領事機関に対し，その者の身柄が拘束されている旨を通報することを要請することができること

○　当該領事機関に対し，我が国の法令に反しない限度において，信書を発することができること

を告知しなければならず，当該外国人が通報を要請したときは，遅滞なく，当該領事機関に対し，その者の身柄が拘束されている旨を通報しなければならない（犯捜規232条2項，3項）。

　これは，領事関係に関するウィーン条約第36条が条約加盟国の国民の身柄を拘束した際の領事機関への通報を一般的に規定しているのを受けて規定されたものであるが，同条約非加盟国の国民の場合も条約上の通報義務はないものの，同様の措置を採らなければならない。

　なお，国によっては我が国と個別の二国間条約等を締結しているが，この場合，被疑者に対し，条約に定められているより広い権利が認められることとなる。例えば，平成22年2月16日から，領事関係に関する日本国と中華人民共和国との間の協定が効力を生ずることとなったことに伴い，中華人民共和国（香港特別行政区及びマカオ特別行政区を含む。）の国民（別段の証明がなされる場合を除くほか，自らが中華人民共和国の国民であると主張する者を含む。）を逮捕した場合は，4日以内に領事機関に通報することが義務化されている。

(6)　釈　　　放

　司法警察員は，(1)，(2)，(4)の結果，被疑者の身柄を拘束する必要がないと思料すれば，直ちに身柄を釈放しなければならない。犯罪についての相当な嫌疑のない場合や人違いであることが判明した場合にも，釈放すべきである。

この留置要否の判断基準は，第203条には示されていないが，その趣旨からいって逮捕の要否の判断基準とほぼ同一と考えてよいであろう。犯捜規第130条は，留置要否の判断基準を，刑訴規則第143条の3に準じて定めている。

これらの判断について，司法警察員は警察本部長又は警察署長の指揮を受けなければならない（犯捜規130条）。

(7)　留置後の手続

留置の必要があると判断された場合，被疑者の留置場所が問題になる。この点に関して刑事訴訟法は，勾留が刑事施設（代用刑事施設を含む。）内に拘禁することとなっているのと違って何ら制限されていないが，都道府県警察の警察官が逮捕被疑者を留置する施設として，都道府県警察に留置施設が設置されており（刑事収容施設及び被収容者等の処遇に関する法律14条2項1号），通常はここに留置される。

また引致場所と留置場所は同じである場合が多いと思われるが，これについても刑事訴訟法上何ら規定はない。ただ，引致場所で被逮捕者は弁護人選任権の告知を受けるのであるから，その場所で留置される方が接見交通も容易であり，被疑者の防御権が保障されることになろう。とはいえ，例えば被疑者多数で同一留置施設に留置するのが不可能な場合や，共犯者がいて同一留置施設に留置するのが不適切な場合もあり，必ずしも引致場所と留置場所が同一であることを法が予定しているわけではない。すなわち，逮捕して被疑者を引致したとき，どこを留置場所とするかは捜査機関の裁量であり，被疑者の防御権を著しく侵害するものでない限り，引致場所に留置せずに別の場所に留置しても差し支えないと解する。

※なお，留置施設には，受刑者であって，併せて逮捕・勾留に基づいて勾留されている者としての地位を有する者，死刑確定者等は留置することができない（刑事収容施設及び被収容者等の処遇に関する法律15条1項1・2号）。したがって，受刑者を余罪取調べ等のために留置施設に移送するに当たっては，収容されている刑事施設において逮捕状が執行されていなければならない。

(8) 送　　致

ア　送致の意義

　司法警察員は，捜査をしたときは，速やかに書類及び証拠物とともに事件を検察官に送致しなければならない（246条）。犯罪捜査は，それ自体で完結するものではなく，公訴手続につながるものであるから，警察及び他の司法警察機関が捜査を行い，被疑者の犯罪であることの証拠を収集することができた場合に，その捜査結果を公訴官たる検察官に送ることが必要であるため設けられた規定である。この送致を「事件送致」という。捜査を遂げた後に送致するのであるが，あくまで捜査の一応の締めくくりであり，その後，必要が生じた場合，送致をした後であるという理由でその機関が捜査を行うことができなくなるものではない。

　これに対し，逮捕した場合の身柄の送致（203条），告訴・告発・自首事件の送付（242条，245条）及び少年事件の一部の家庭裁判所への送致（少年法41条）が別に定められている。また，検察官が指定した事件については，事件送致の例外となっている（246条ただし書）。検察官指定事件には，微罪事件，簡易送致事件等がある（本章134頁以降参照）。

送　　致

原則	捜査をしたときは，速やかに書類及び証拠物とともに事件を検察官に送致（246条）
例外	逮捕した場合の身柄の送致（203条） 告訴・告発・自首事件の送付（242条，245条） 少年事件の一部の家庭裁判所への送致（少年法41条） 検察官が指定した事件（微罪処分等，246条ただし書）

イ　事件送致

(ア)　事件送致義務

　司法警察員は，犯罪の捜査をしたときは，速やかに書類及び証拠物とともに事件を検察官に送致しなければならない（246条）。ここにいう「犯罪の捜査をしたとき」とは，「捜査を完了した結果，犯罪の嫌疑があると認められるとき」の意味であり，このような場合には，送致をしな

ければならないが、「罪とならないことが明らかとなった場合」及び「犯罪の嫌疑がないことが明らかとなった場合」についても、社会の耳目を引いた事件等は送致をするのが相当とされる場合もある。

また、強制捜査をした事件等で、一般に送致によって警察捜査の公正性を確保しておく必要がある事件、あるいは未解決ではあるが、還付不能の証拠品がある事件については、公訴時効のおおむね6か月以前に送致しなければならない。

(イ) 送致後の補充捜査

事件送致後の補充捜査については、犯捜規第196条に「警察官は、事件の送致又は送付後においても、常にその事件に注意し、新たな証拠の収集及び参考となるべき事項の発見に努めなければならない（1項）。事件の送致又は送付後において、新たな証拠物その他の資料を入手したときは、速やかにこれを追送しなければならない（2項)。」と規定されている。

捜査によって十分な証拠を収集した後に送致するのであるから、補充捜査を予定してとりあえず送致するべきではないが、その後収集し得たものがあれば追送することは当然である。この点について、事件送致があれば検察が捜査の主体となり、もはや警察は捜査の主体とはならないとすることは正当ではない。送致は、捜査機関の責任を解除し、権限を失わしめるものではないからである。

ウ 逮捕による送致

(ア) 身柄送致の意義

逮捕した場合の送致は、前記の事件送致と異なり、捜査によって嫌疑を明らかにした上で行うものではなく、検察官に勾留請求権があることから、その適正行使のために、とりあえず被疑者の身柄を送り、それと併せてそれまで収集した証拠を送ることとしたものである。この意味で、この送致を「身柄送致」と呼んでいる。

身柄送致は、勾留請求権の適正行使のためのものであるから、その後も警察において責任をもって捜査を行うべきものであることは当然である。

なお，逮捕後48時間以内に身柄を釈放した場合には，その後の捜査により犯罪の嫌疑が明らかになった時点で事件送致を行えばよい。

(イ) 身柄送致の手続

司法警察員は留置の必要があると思料するときは，被疑者が身体を拘束された時から48時間以内に書類及び証拠物とともにこれを検察官に送致する手続をしなければならない（203条1項）。緊急逮捕又は現行犯逮捕の場合にも，同様に処理することとされている（211条，216条）。48時間以内に送致の手続をしないときは，直ちに被疑者を釈放しなければならない（203条5項，211条，216条）。この場合，送致手続を行うのは，被疑者の引致を受けた司法警察員に限られない。

「被疑者が身体を拘束された時」とは，被疑者の身体の拘束が一応完了したときをいい，逮捕に着手した時間とは必ずしも一致しない。また，逮捕状は得ているものの，一応任意で被疑者を同行して取り調べた結果，逃走のおそれがある等の理由で強制捜査の必要が生じたので逮捕に踏み切った場合，その逮捕した時点が48時間の起点となる。ただし，被疑者を任意同行して取り調べる場合であっても，それが実質的には逮捕と同視し得るとされることもあるので（被疑者の任意同行が実質的には逮捕行為に当たり違法とされた事案，東京高判昭54.8.14），実務的には任意同行の時点から起算しても48時間以内に含まれる時間をもって送致している。

48時間以内に書類及び証拠物とともにこれを検察官に送致する手続をしなければならないということは，48時間以内にその手続を行い司法警察員の手を離れる必要があるということであり，必ずしも48時間以内に検察官の手元に到着している必要はない。ただし，送致手続が完了してから検察官の手元に到着するまでの時間は，第205条第2項所定の72時間に算入されることを注意しなければならない。

なお，第206条第1項に，「検察官又は司法警察員がやむを得ない事情によつて前3条の時間の制限に従うことができなかつたときは，検察官は，裁判官にその事由を疎明して，被疑者の勾留を請求することができる。」と規定しており，48時間及び72時間の例外規定を設けている。こ

の場合のやむを得ない事情とは，不慮の天災地変のような突発的事情，不可抗力的な交通・通信業務の混乱又は指名手配によって遠隔地で逮捕したため48時間以内に送致するのが物理的に不可能なものに限定され，事件の複雑性，担当者の疾病・出張等の事情はこれに該当しないものと解される。

　※なお，入管法第65条第1項は，司法警察員は，不法入国・不法上陸・資格外活動・不法残留・不法在留等の罪に係る被疑者を逮捕し，若しくは受け取り，又はこれらの罪に係る現行犯人を受け取った場合には，次の①，②のいずれかに該当し，かつ，その者が他に罪を犯した嫌疑のないときに限り，刑訴法第203条の規定にかかわらず，①，②に定める措置をとることができる（①収容令書が発付されたときは，当該被疑者を書類及び証拠物とともに入国警備官に引き渡す措置，②監理措置決定（入管法第44条の2第7項）がされたときは，当該被疑者を釈放する措置並びに書類及び証拠物を入国警備官に引き渡す措置）と定めている。また，同条第2項は，この場合には，被疑者が身体を拘束された時から48時間以内に，当該被疑者を引き渡し，又は釈放する手続をしなければならないと定めている。これら被疑者は退去強制事由に該当する外国人であり，このような者に他の犯罪の嫌疑がない場合は，刑事手続を進めるより退去強制の速やかな実現を図る方が国益に合致することがあり得ることを考慮して設けられたのが，この制度である。
〔編注　第65条は，令和5年6月16日法律第56号により改正され，公布の日から1年を超えない範囲内において政令で定める日から施行〕

エ　告訴事件等の送付

　司法警察員は，告訴又は告発を受けたときは，速やかにこれに関する書類及び証拠物を検察官に送付しなければならない（242条）。告訴又は告発が取り消されたときも同様である（243条）。また，自首についても同様に扱うべきものとされている（245条）。

　「送致」と「送付」を区別した意義については，捜査上両者を区別する実益に乏しく，送付と送致は同じ意味をもつものであるが，通常の事件送致と特に区別するために，本条の場合『送付』という言葉を使っているにすぎない。

　「速やかに」とは，時間的近接性を表すものであるが，「直ちに」より

急迫性の弱いことを意味する。告訴・告発に係る事件であっても，一般の事件と同様に，第一次捜査機関として，独自の判断に基づき，当面必要な捜査を早急に行った上で，「できるだけ早く」送付すべきである。

もともとは送付すべき事件である告訴事件につき被疑者を逮捕して捜査した場合は，送致手続に吸収されると解されるので，48時間以内に検察官に送致する手続をとることが必要である。したがって，送致手続のほかに送付手続をとる必要はない。もっとも，逮捕してから送致するまでの間に釈放した場合は，原則に戻って第242条の送付手続による。告訴・告発がなされている余罪事件についても同様に，第242条の（追）送付手続によることとなる。

また，本条の送付後においても，検察官の補助的機関としてではなく，第一次捜査機関としての責任において更に必要な捜査を継続し，新たな証拠の収集及び参考となるべき事項の発見に努め，新たな証拠物その他の資料を入手したときは，速やかに追送しなければならない。

なお，少年事件の告訴事件で，その犯罪が罰金以下の刑に当たるものであるときは，家庭裁判所に送致することとなる（次項参照）。

※親告罪に係る犯罪につき捜査を行い，事件を検察官に送付した後，告訴人から告訴の取消を受けたときは，直ちに，その旨を検察官に通知し，必要な書類を追送しなければならない（犯捜規71条）。

オ　少年事件の送致

刑事訴訟法は，送致（付）は全て検察官に対してなすべきものとしているが，少年法第41条は，「司法警察員は，少年の被疑事件について捜査を遂げた結果，罰金以下の刑にあたる犯罪の嫌疑があるものと思料するときは，これを家庭裁判所に送致しなければならない。」と規定し，送致について，第246条の適用を除外し，重要な特例を設けた。

少年事件の送致は原則として次のように行われる（犯捜規210条）。

○　その犯罪が罰金以下の刑に当たるものであるときは，家庭裁判所に送致する。

○　その犯罪が禁錮以上の刑に当たるものであるときは，検察官に送致

（付）する。

○ 上記のうち，18歳以上の少年によるものであるときは，刑の軽重にかかわらず，検察官に送致（付）する。

○ 送致（付）に当たり，18歳未満の少年の被疑者について，罰金以下の刑に当たる犯罪と禁錮以上の刑に当たる犯罪があるときは，これらを共に一括して検察官に送致（付）する。

少年法第41条は，第246条の特別規定にすぎないから，当然，第203条の時間の制限に従うことになる。

カ　微罪処分

第246条は，司法警察員から検察官への事件送致を規定するとともに，そのただし書において「検察官が指定した事件については，この限りでない。」と規定し，これに基づいて微罪不送致ということが行われている。

現行の微罪処分制度は，検事総長の決めた枠内で，各地方検察庁検事正が第193条第1項による一般的指示として，その管轄区域内の警察に対して示している。それによると，司法警察員は，その捜査した少年事件以外の事件（非少年事件）につき，犯罪事実が軽微で，刑罰を必要としないと明らかに認められるようなときは，送致の手続をとることを要せず，ほかの同一の取扱いをした事件とともに，その処理年月日，被疑者の氏名，年齢，職業，住居及び犯罪事実の要旨を毎月一括して検察官に報告すれば足りるとしている。

ただし，第199条（通常逮捕）又は第210条（緊急逮捕）の規定によって被疑者を逮捕した事件，告訴・告発若しくは自首のあった事件，法令が公訴を行わなければならないことを規定している事件及び検事正が特に送致すべきものと指示した事件についてはこの限りでない。

キ　簡易送致

ある種の軽微で，かつ，複雑でない犯罪については，第193条第1項に基づく検察官の一般的指示権により簡単な送致書その他関係書類による送致が認められているが，これによる送致方式を簡易送致という。簡易送致のうちには少年事件以外の事件（非少年事件）を対象とするものと，少年事件を対象とするものがある。

④ 勾　　留

⑴　勾留の意義

　勾留とは，刑事訴訟手続において，逃走等の防止のため被告人又は被疑者を拘禁する裁判及びその執行をいう。勾留には，公訴提起前の被疑者に対する勾留と，起訴後の被告人に対する勾留とがある。刑事訴訟法では第60条以下で被告人の勾留について規定し，第207条で「勾留の請求を受けた裁判官は，その処分に関し裁判所又は裁判長と同一の権限を有する。」と規定して被疑者の勾留の規定を準用している（この規定は直接「準用する」とは表現されていないが，ほかに特則のない限り準用するという趣旨であると解されている。）。

　なお，勾留の理由や必要性については，身柄を拘束されている被疑者を基準として判断すべきとの考え方（人単位説）もあるが，実務では勾留状に記載されている犯罪事実を基準として判断されている（事件単位の原則）。

　以下では，起訴前の被疑者の勾留について述べる。

⑵　勾留の目的

　公訴提起前の被疑者を勾留する目的は，被疑者の罪証隠滅又は逃亡を阻止することである。取調べを行うことは，それが勾留の要件とされてはいないので，勾留の直接的目的ではない。

⑶　勾留の手続

　ア　検察官の請求と逮捕前置主義

　被疑者の勾留は，検察官の請求により，裁判官が勾留状を発して行う。検察官の勾留請求は，司法警察職員が逮捕したときは，司法警察員から被疑者の送致を受けたときから24時間以内に，検察官又は検察事務官が逮捕したときは，逮捕のときから48時間以内に行わなければならない（204条1項，205条1項）。逮捕していない被疑者について勾留請求をすることはできない（このことを「逮捕前置主義」という。）。逮捕手続を先行させなければならないとした理由は，被疑者に対する嫌疑及び身柄拘束の必要性の有無は，身柄拘束の初期の段階では流動的なものであり，短期間に犯罪の嫌疑又は身柄拘束の必要性が希薄化又は消滅することが少なくないこと

から，最初から10日間という長期の拘束を行うとすべきではなく，まず逮捕という短期間の身柄拘束を先行させ，その間に被疑者からの弁解を聴く等の捜査をさせ，それでもなお身柄拘束の必要な場合にのみ長期10日間の拘束を認めることが人権保護の目的に適合するからである。

逮捕が手続上，実質的に重大な瑕疵のある違法なものであれば，その後の勾留請求はできない（場合によって，同一事実による再逮捕を行った上での勾留請求は認められ得る。）。逮捕の基礎となった被疑事実以外の事実のみによって勾留請求することは，この逮捕前置主義に反し許されない。

※同一の事実について別の罪名で勾留請求することはでき，例えば，強盗致傷の容疑で逮捕したが，その後被害者が死亡した場合は，強盗致死で送致することとなる。また，逮捕事実に別の事実を加えて勾留請求することは差し支えなく，例えば，住居侵入で逮捕した後，窃盗の余罪が判明した場合，被疑者の利益を図るなどの観点から住居侵入に加えて窃盗を送致することや，現行犯逮捕事実の恐喝未遂罪が，先行して行われた恐喝既遂罪と包括一罪となる場合，前者に後者を含めて送致することもできる。

検察官は，身柄拘束の必要性がないと判断したときは勾留請求を行わない。請求権者は検察官のみであり，この請求がない限り被疑者を勾留することはできない。

なお，被告人の勾留については，裁判所の判断で行うものであって，逮捕を先に行う必要はなく，検察官の請求も不要である（起訴前勾留がなされていない被疑者又は処分保留で釈放された被疑者について起訴の際，「求令状」として検察官から勾留を求めることが行われるが，これは被告人の勾留について裁判所の職権発動を促すにすぎない行為である。）。

イ　勾留状の発付手続

被疑者を勾留する場合には，裁判官は事前に被疑者に対して被疑事件を告げてこれに関する陳述を聴かなければならない（207条，61条）。通常「勾留質問」と称される。勾留状は，勾留の裁判を記載した裁判書である。勾留は，勾留状を発してこれをしなければならない（207条，62条）とされている。勾留状については，一定の形式が定まっており，被疑者の氏名，住居，罪名，被疑事実の要旨，勾留すべき刑事施設，有効期間等を記載し

なければならない（207条，64条1項）が，被疑者の氏名が明らかでないときは人相，体格，その他被疑者を特定するに足りる事項で被疑者を示すことができる（207条，64条2項）。勾留状には有効期間が記載されているが，これは勾留期間ではなく，勾留状の執行に着手できる期間である。被疑者の勾留は逮捕前置主義が採られており，実務上，逮捕に引き続いて勾留されるため問題は生じないといえる。

なお，被疑者，弁護人，法定代理人，保佐人，配偶者，直系の親族（119頁参照），兄弟姉妹その他利害関係人は，裁判官に対し，勾留理由の開示を請求することができる（207条1項，82条）。

(4) **勾留の要件**

ア　勾留の実質的要件

勾留の実質的要件としては，被疑者が罪を犯したことを疑うに足りる相当な理由（207条，60条）があって次のいずれか一つに当たることである。

○　定まった住居を有しないこと
○　罪証を隠滅すると疑うに足りる相当な理由があること
○　逃亡し又は逃亡すると疑うに足りる相当な理由があること

ただし，これらの要件を満たしても，勾留の実質的な必要性がなければ，勾留が認められないことがある。

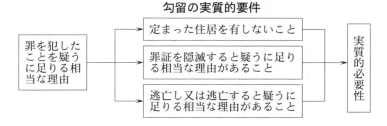

(ア)　罪を犯したことを疑うに足りる相当な理由

被疑者を勾留するためには，まず，被疑者が罪を犯したことを疑うに足りる相当な理由があることを必要とする。ここでいう「相当な理由」とは，捜査の段階的，発展的構造を考慮して，被疑者の人権保護を全うしようとする前記の逮捕前置主義の趣旨に鑑み，第199条の通常逮捕に要求される「相当な理由」や，第210条の緊急逮捕に要求される「充分な理由」より実質的に程度が高くなければならないとされており，その嫌疑は，

具体的な資料に基づき，客観的に認められるものでなければならない。

(イ)　定まった住居を有しないこと

　被疑者が定まった住居を有しないとは，住所はもちろん居所すら定まっていないことを意味する。「住所」とは，生活の本拠（民法22条）であり，一般に生活関係の中心をなす場所を指し，「居所」とは，人の生活の本拠ではないが，人が多少の期間継続して居住する場所であるとされている。どの程度であれば定まった住居を有しないといえるかは，一概にいえないが，定まった住居を有しないときは，逃亡の危険が大であるから勾留の理由の一つとされているのであり，定まった住居があるかどうかは形式的にではなく，住居の種類，居住期間，住民登録の有無等住居自体の安定性，被疑者の地位，職業の有無，家族関係等生活の安定性等を実質的に検討して決せられる。

(ウ)　罪証を隠滅すると疑うに足りる相当な理由

　罪証を隠滅するというのは，積極的に，犯罪の痕跡を破壊し，虚偽の反対証拠を作為し，証人，共犯者を圧迫して偽証なさしめ，若しくはその取調べを不能ならしめるなど，事案の真相の究明を困難ならしめる一切の行為をいう。隠滅の対象となる罪証は，物証に限らず人証も含む。したがって，罪証を隠滅すると疑うに足りる「相当な理由」があるかどうかは，被疑者の年齢，境遇，犯罪の軽重，態様，証拠収集の進展状況，被疑事実との関係等，諸般の事情を考慮して決せられるべきものである。

(エ)　逃亡し又は逃亡すると疑うに足りる相当な理由

　逃亡すると疑うに足りる「相当な理由」があるというのは，単に抽象的，一般的に逃亡するおそれがあるだけでは足りず，合理的な理由があることを意味するとされている。しかし，十分な理由があることまでは必要としない。例えば，具体的に逃亡計画を作成したとか，住居を変更したという事実の存在まで必要とするものではなく，事案の軽重，被疑者の境遇等によって決せられる。

(オ)　勾留の実質的必要性

　前記(ア)の罪を犯したことを疑うに足りる相当な理由と前記(イ)〜(エ)のいずれか一つが存在するとき，さらに勾留の実質的必要性が必要か否かに

ついては見解に争いがある。㈡～㈢はいずれも勾留の必要性を示すものであり、これらを満たすとしてもなお勾留の必要性がないとされることは少ないが、実質的必要性が要件であるとする説に基づく勾留の却下事例も見られる。㈡～㈢に形式的に該当しても、明らかに勾留が不要であるものについて裁判官がこれを却下する権限はあるというべきである。

イ　手続的適法性

先行する逮捕手続が適法であり、かつ、勾留請求までの期間が法の定めた期間内に行われなければ勾留は認められない。逮捕手続の違法性は原則として却下事由であるが、軽微で形式的なものであって、被疑者の利益を実質的に侵害していないものについては認められる。法定期間を過ぎたことについては、「やむを得ない事情のある場合」に限り認められる。ここでいう「やむを得ない」とは、当該司法警察員等の病気、多忙など捜査機関の都合によるものは含まれず、交通の不便、被疑者の発病、自然的不可抗力によるものに限られる。

ウ　例外規定

㈠　軽微犯罪

30万円（刑法、暴力行為等処罰に関する法律及び経済関係罰則の整備に関する法律以外の罪については当分の間2万円）以下の罰金、拘留又は科料に当たる罪の事件については被疑者が定まった住居を有しない場合に限ってこれを勾留することができる（207条、60条3項）。

㈡　少年

少年の被疑者の勾留については、勾留の必要があっても、原則として観護措置をとらなければならず（少年法43条1項）、第60条の勾留要件のほか、さらに「やむを得ない場合」でなければ勾留状を発することができない（同法43条3項、48条1項）。

⑸　**被疑者の勾留期間**

勾留期間というのは、勾留状の有効期間のことではなく、現実に被疑者の身柄を勾留できる期間のことである。被疑者の勾留期間は原則として勾留を請求した日から10日間と定められている（208条）。ここで注意しなければならないのは、勾留請求をした日から10日間ということであり、勾留状が発せ

られた日から10日間ではないということである。さらに，裁判官において
「やむを得ない事由がある」と認められるときは，検察官の請求により通じ
て10日を超えない範囲で勾留期間を延長することができる（208条2項）と
されている。さらには内乱，外患，国交に関する罪，騒乱の罪等の犯罪につ
いては5日を超えない範囲で勾留を延長することができる（208条の2）と
されている。したがって，内乱罪等の特定の犯罪は最大限25日間，その他の
犯罪は最大限20日間の勾留期間が許容される。最初の被疑者の勾留期間は原
則として勾留請求をした日から10日間とされ，これより短い期間を定めた勾
留状は発せられない。しかし裁判官は，一旦勾留状を発した後に勾留の理由，
又は勾留の必要性がなくなったと認めるときは，検察官，勾留されている被
疑者若しくはその弁護人，法定代理人，保佐人，配偶者，直系の親族若しく
は兄弟姉妹の請求により，又は職権で決定をもって勾留を取り消さなければ
ならない（207条，87条1項）とされている。検察官も勾留事実を不起訴処
分にしたとき，勾留の必要性がなくなったと認めるときは，勾留中の被疑者
を釈放することができると解され，実務上，検察官の判断で釈放指揮書が出
され釈放されている。したがって，実際には10日に満たない被疑者勾留も存
在することになる。延長の場合には前記のとおり「10日を超えない範囲」で
あるので，それより短い期間の勾留は当然あり得る。

(6)　勾留状の執行

　勾留状は「検察官の指揮によつて，検察事務官又は司法警察職員がこれを
執行する。」（70条1項）とされているが，被疑者は刑事施設（警察の留置施
設を含む）にいるのであるから，勾留状は検察官の指揮によって刑事施設職
員がこれを執行する（70条2項）こととされる。

　また，裁判官は，適当と認めるときは，決定で，勾留されている被疑者を
親族，保護団体その他の者に委託し，又は被告人の住居を制限して，勾留の
執行を停止することができる（207条，95条）が，この場合，急速を要する
場合を除き，検察官の意見を聴かなければならない（刑訴規則88条）。

(7)　勾留請求が却下された場合の被疑者の身柄措置

　検察官から勾留請求又は勾留期間延長の請求を受けた裁判官は，速やかに
勾留状を発しなければならないとされているが，裁判官において勾留の理由

第6章　逮捕後の手続等　***141***

がない，あるいは遅延免責理由がないと認めるときは勾留状を発しないで，直ちに検察官に被疑者の釈放を命じなければならないとされている（207条5項，206条2項）。これが勾留請求の却下である。

　これに対して，第429条第1項第2号は，検察官が準抗告の申立てをすることができることとしている。この場合，準抗告裁判所が準抗告に対する裁判を行うまでの間，適法に被疑者の身柄拘束を継続できると解されている。

　　※なお，弁護人及び被疑者は，勾留や勾留期間延長を認めた裁判に対し，その取消しを求めて準抗告することができる（429条1項2号）。

⑤　接見交通等を巡る諸問題

⑴　弁護人及び弁護人となろうとする者との接見交通権

　ア　意義

　　第39条第1項は，身体の拘束を受けている（逮捕，勾留に限らず，刑事手続によって身体の拘束を受ける場合全てをいう。）被告人又は被疑者は，弁護人又は弁護人を選任することができる者の依頼により弁護人となろうとする者と立会人なくして接見し，又は書類若しくは物の授受をすることができる旨を定めているが，このような接見交通権の保障は，被疑者にとって憲法に由来する基本的な権利であるとともに，弁護人の固有権として最も重要なものである。

　　なお，任意取調べ中の被疑者に対し，弁護士が面会を申し出た場合，被疑者に取り次ぎ，被疑者が希望すれば，直ちに取調べを中断して，面会する機会を与えなければならない。

　　ところで，このような接見交通権も，いかなる場合においても無制限であるというわけではなく，以下のような制限を受けることになる。

　イ　接見交通権の制限

　　㋐　法令による制限

　　　第39条第2項は，法令（裁判所の規則を含む。）で，被疑者の逃亡，

罪証の隠滅又は戒護に支障のある物の授受を防ぐため，必要な措置を規定することができるとしている。これに基づき，刑事収容施設及び被収容者等の処遇に関する法律第145条及び刑訴規則第30条において，接見及び授受を制限する規定がおかれている。

なお，被留置者の留置に関する規則第23条は，被留置者の弁護人等から当該被留置者との面会又は物の授受の申出があったときは，留置主任官は，刑事訴訟法第39条第1項に規定する弁護人等であることを確認しなければならず（1項），また，弁護人等との面会又は物の授受に際し，捜査上の必要があるときは，公訴の提起前に限り，被疑者の防御の準備をする権利を不当に制限しない範囲で，その日時，場所及び時間を指定することができる（2項）。

(イ) 接見指定

検察官，検察事務官又は司法警察職員は，捜査のため必要があるときは，公訴の提起前に限り，第1項の接見又は授受に関し，その日時，場所及び時間を指定することができる（39条3項）。

最大判（平11.3.24）は，第39条第3項について，「この規定は，刑訴法において身体の拘束を受けている被疑者を取り調べることが認められていること（198条1項），被疑者の身体の拘束については刑訴法上最大でも23日間（内乱罪等に当たる事件については28日間）という厳格な時間的制約があること（203条から205条まで，208条，208条の2参照）などにかんがみ，被疑者の取調べ等の捜査の必要と接見交通権の行使との調整を図る趣旨で置かれたものである」と判示している。

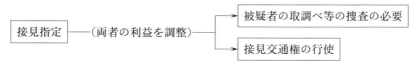

「捜査のため必要があるとき」の解釈については，これを厳格に解し，現に取調べ中に限るとする説もあるが，前掲最大判（平11.3.24）は，「捜査のため必要があるとき」とは，「接見等を認めると取調べの中断等により捜査に顕著な支障が生ずる場合に限られ，右要件が具備され，接見等の日時等の指定をする場合には，捜査機関は，弁護人等と協議して

第6章 逮捕後の手続等 **143**

できる限り速やかな接見等のための日時等を指定し，被疑者が弁護人等と防御の準備をすることができるような措置を採らなければならないものと解すべきである」と判示している。そして，捜査に顕著な支障が生ずる場合については，「弁護人等から接見の申出を受けた時に，捜査機関が現に被疑者を取調べ中である場合や実況見分，検証等に立ち会わせている場合，また，間近い時に右取調べ等をする確実な予定があって，弁護人等の申出に沿った接見等を認めたのでは，右取調べ等が予定どおり開始できなくなるおそれがある場合などは，原則として右にいう取調べの中断等により捜査に顕著な支障が生ずる場合に当たると解すべきである」としている。

　なお，判例は，逮捕直後における弁護人となろうとする者との初回接見は，速やかにその機会を与えるべきであるとしている。最判（平12.6.13）は，上記最高裁判例を引用しつつ，「犯罪事実の要旨の告知等被疑者の引致後直ちに行うべきものとされている手続及びそれに引き続く指紋採取，写真撮影等所要の手続を終えた後において，たとい比較的短時間であっても，時間を指定した上で即時又は近接した時点での接見を認めるようにすべきであり，このような場合に，被疑者の取調べを理由として右時点での接見を拒否するような指定をし，被疑者と弁護人となろうとする者との初回の接見の機会を遅らせることは，被疑者が防御の準備をする権利を不当に制限するものといわなければならない」としている（もっとも，初回接見の重要性を考慮すべきとはいえ，捜査に顕著な支障が生じる場合に，原則として接見指定ができるという前掲最大判（平11.3.24）の判断自体を変更したものではない。）。

　また，起訴後，被告人の弁護人又は弁護人となろうとする者が接見を申し込んできた場合は，本人の余罪について捜査のために必要があったとしても，それを理由に第39条第3項に基づく接見指定はできない（最決昭41.7.26）。起訴後，余罪で逮捕・勾留されている場合は，被告事件について防御権の不当な制限にわたらない限り，弁護人又は弁護人となろうとする者との接見につき，指定権を行使することができる（最決昭55.4.28）。

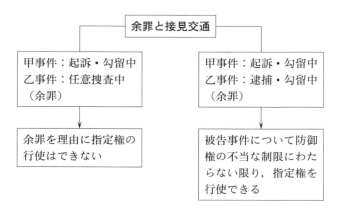

　弁護人又は弁護人となろうとする者との接見交通の日時等を指定できる者は，検察官，検察事務官又は司法警察職員である（39条3項）が，送致前の被疑者については，司法警察職員がこれを行う。送致後であっても，検察官及び検察事務官だけでなく，司法警察職員もこれを行うことができるが，実務上は事件担当の検察官が行っていることが多いことから，勾留中の被疑者について，捜査主任官が接見等を指定する場合には，当該検察官等と協議の上で行うことが妥当である。

※捜査機関が行った接見等の指定に不服のある者は，裁判所にその取消し又は変更を求め，準抗告をすることができる（430条）。

ウ　取調べの適正を確保するための逮捕・勾留中の被疑者と弁護人等との間の接見に対する一層の配慮

　逮捕・勾留中の被疑者とその弁護人又は弁護人になろうとする者との間の接見については，前述のとおり，接見交通権の行使と被疑者の取調べ等の捜査の必要性との合理的な調整を図ろうとする第39条及び判例の趣旨に従い，適正な配慮が必要であるが，これに加え，実務においては以下のような配慮が必要である。

(ア)　取調べ中に被疑者から弁護人等と接見したい旨の申出があった場合の措置

　取調べ中に被疑者から弁護人等と接見したい旨の申出があった場合は，同申出があった旨を直ちに弁護人等に連絡しなければならない。

第6章　逮捕後の手続等　**145**

この連絡は，特段の事情がある場合を除き，直ちに行うこととされているが，弁護人の事務所に連絡したものの当該弁護人が不在であるような場合には，伝言を依頼すれば足りるとされ，連絡方法については，電話等適宜の方法によるものとし，捜査主任官等捜査部門から行うことが望ましいであろう。

実況見分，検証等に被疑者を立ち会わせて捜査を行っているような場合には，直ちに連絡することが困難であったり捜査に顕著な支障を来すことも考えられるが，その場の状況に応じて，できる限り早期に連絡する必要がある。

この連絡に基づき，当該弁護人等から接見の申出があったときには，㈑に従い，接見の機会を与えるよう配慮しなければならない。

なお，連絡をした場合には，その旨，連絡をした日時，連絡の内容等を留置部門に速やかに連絡しなければならない。

㈑　取調べ中の被疑者について弁護人等から接見の申出があった場合の対応

取調べ中の被疑者について弁護人等から接見の申出があった場合は，できる限り早期に接見の機会を与えるようにし，遅くとも，直近の食事又は休憩の際に接見の機会を与えるよう配慮しなければならない。

これは，取調べ中の被疑者と弁護人等との接見について，より一層の配慮を求めるものであるが，刑事訴訟法上の接見指定の要件である「捜査のため必要があるとき」については，前述の最高裁判例（平11.3.24）のとおりである。

取調べに関しては，間近いときに予定があっても，当該取調べが予定どおり開始できる範囲で接見時間の調整が可能な場合にはその機会を与えるよう配慮するほか，現に取調べ中であっても，遅くとも直近の食事又は休憩の際に接見の機会を与えるよう配慮することなど，これまで以上に柔軟な対応が求められている。

もっとも，実況見分，検証等に被疑者を立ち会わせて捜査を行っているような，明らかに状況を異にする場合や，間近いときに実況見分，検証等の予定があるといった場合は，当該捜査の中断や予定変更が困難な

場合が多いと思われることから，このような場合までを対象とするものではない。

なお，接見に関する配慮に当たっては，検察官との調整を要する場合等も考えられるので，必要に応じ，検察官に連絡し，協議を行うことが必要である。

(ｳ)　上記申出があった場合の記録

被疑者又は弁護人等から上記申出があった場合には，その申出及びこれに対してとった措置を当該申出を受けた捜査員が書面に記録し，当該書面を保管しておき，捜査・公判上の必要のため検察官から要請があったときには，証拠化して送致しなければならない。

エ　被留置者と弁護人等との電話連絡の試行

被留置者が弁護士過疎地などの警察署に留置されている場合に，遠方から面会に通う弁護士の負担を軽減すること等を目的として，指定された警察署に赴いた弁護士と，別の警察署に留置されている被留置者との間の電話連絡が，９道県の45警察署で試行されている。これは，第39条第１項の規定に基づく接見交通権の行使とは異なるものであり，通話中は，留置管理担当係員は，弁護士等本人が通話を行っていることを視認により確認し，被留置者側では，事故防止のため看守勤務員が動静監視を行うこととなる。

なお，電話連絡は，弁護人等が持参した携帯電話で被留置者が留置されている警察署に架電することにより行われ，制限時間はおおむね15分程度である。

※鹿児島地判（平20.3.24）は，「刑訴法39条１項が被告人らが弁護人と立会人なくして接見することができると規定しているのは，被告人らが弁護人から有効かつ適切な援助を受ける上では，被告人らが弁護人に必要かつ十分な情報を提供し，弁護人から被告人らに適切な助言をするなど自由な意思疎通が捜査機関に知られることなくなされることが必要不可欠であると考えられることに基づくものであるが，これは接見内容が捜査機関に知られることになれば，これを慮って，被告人らと弁護人の情報伝達が差し控えられるという萎縮的効果が生じ，被告人らが実質的かつ効果的な弁護人の援助を受けることができなくなると解されることによるものである。そうすると，刑訴法39条１項の『立会人なくして』とは，接見に際して捜査機関が立ち会わなければ，これで足りるとするというにとどまらず，およそ接見内容について捜査機関はこれを知るこ

第 6 章　逮捕後の手続等　**147**

とができないとの接見内容の秘密を保障したものといえ，原則的には接見後その内容を捜査機関に報告させることも許されないといえる」と判示している。

⑵　逮捕留置中の被疑者と弁護人等以外の者との接見及び物の授受

　刑事訴訟法上，弁護人等以外の者との接見交通が認められているのは，被告人及び勾留中の被疑者だけで，逮捕留置中の被疑者については，第80条の準用もないことから，弁護人以外の者と接見する権利は規定されていないものの，刑事収容施設及び被収容者等の処遇に関する法律第216条前段は，原則として，逮捕留置中の被疑者を含む未決の被留置者に対し，他の者から面会の申出があったときは，これを許すものと規定している。

　勾留中の被疑者は，弁護人以外の者との接見交通が認められる（207条 1 項，80条）。ただし，刑事収容施設及び被収容者等の処遇に関する法律第145条の制限を受けるのは，弁護人等の場合と同じである。また，裁判所は，逃亡し又は罪証を隠滅すると疑うに足りる相当な理由があるときは，検察官の請求により，又は職権で，勾留されている被疑者と弁護人又は弁護人となろうとする者以外の者との接見を禁じ，又はこれと授受すべき書類その他の物を検閲し，その授受を禁じ，若しくはこれを差し押さえることができるとされている（207条 1 項，81条前段）。これを接見禁止という。実務においては，裁判官が職権で行うことはまずなく，検察官の請求により行われるのが通例である。接見禁止は，起訴前に行われたものは，公訴の提起によりその効力が消滅するが，起訴後に行うことも可能である。また，接見禁止の効力は勾留の執行停止により消滅することから，被疑者が再勾留されたとしても，接見禁止は復活しない。

　留置主任官は，被留置者に対し，弁護人等以外の者から面会の申出があった場合において，刑事訴訟法の定めるところにより面会が許されるかどうか又は被留置者と弁護人等以外の者との間で信書を発受すること若しくは被留置者がその作成した文書図画を弁護人等以外の者に交付することが同法の定めるところにより許されるかどうかについて，捜査主任官の意見を聴くものとされている（被留置者の留置に関する規則24条）。ただし，接見を認める場合でも，便宜供与ととらえられないよう，慎重を期すべきである。

なお，糧食の授受を禁じ，又はこれを差し押さえることはできない（207条1項，81条ただし書）とされているが，実務上は，保健衛生上の理由から，指定業者を通じて差し入れさせるという方法をとっている。

6 公 訴 時 効

(1) 公訴時効期間

公訴時効は，確定した刑の執行を消滅させる刑の時効（刑法31条）と異なり，判決が確定する前にもはや処罰できなくなるという制度である。

公訴時効の期間は，法定刑を基準に定められている（250条）。

公訴時効期間 ［「人を死亡させ た罪」の場合 ］	法 定 刑
25 年 ［時効の制限なし］	死刑に当たる罪
15 年 ［30年］	無期の懲役又は禁錮に当たる罪
10 年 ［10年。ただし， 長期20年の懲役 又は禁錮に当た る罪については 20年 ］	長期15年以上の懲役又は禁錮に当たる罪
7 年 ［10年］	長期15年未満の懲役又は禁錮に当たる罪
5 年 ［10年］	長期10年未満の懲役又は禁錮に当たる罪
3 年 ［10年］	長期5年未満の懲役若しくは禁錮又は罰金に当たる罪
1 年	拘留又は科料に当たる罪

※前記公訴期間は平成16年及び22年の刑事訴訟法改正により，変更された。なお，通常は改正法施行前に犯された罪については，改正前の法が適用されるものの，前記の表［ ］については，22年の刑事訴訟法改正時（4月27日）に公訴時効が完成していないものについても適用される（刑法及び刑事訴訟法の一部を改正する法律（平成22年法律26号）附則3条2項）。

第6章　逮捕後の手続等　**149**

　二つ以上の主刑を併科すべき罪（例えば，刑法第256条第2項の盗品等有償譲受け罪は「10年以下の懲役及び50万円以下の罰金に処する」とされている。）又は二つ以上の主刑中そのいずれかを科すべき罪（例えば，刑法第204条の傷害罪は「15年以下の懲役又は50万円以下の罰金に処する」とされている。）については，その重い刑に従って，前条の規定を適用する（251条）。

　また，刑法により刑を加重し，又は減軽すべき場合（例えば，刑法第43条後段の中止未遂については，「その刑を減軽し，又は免除する」とされている。）には，時効はこれをしない刑に従う（252条）。

　※なお，上記公訴期間が経過しても，後述する公訴時効の停止（150頁）により公訴時効が成立していないことがあり得るので，所要の捜査を行うことができることはいうまでもない。
　公訴時効が完成した後でも，例えば，犯罪捜査規範第10条の3に基づく被害者等に対する通知のため，必要な事項の確認等を行うことは許される。

　令和5年の刑事訴訟法等の改正により，性犯罪について，公訴時効期間を5年延長する（250条3項）とともに，被害者が18歳未満である場合には，その者が18歳に達する日までの期間に相当する期間，さらに公訴時効期間が延長（250条4項）された。
　すなわち，令和5年7月13日以降に発生したものについては，新罪名を適用した上で，

・強盗・不同意性交など（181条（人を負傷させたときに限る。）若しくは241条1項の罪等）→20年（旧強制わいせつ致傷，強盗・強制性交等などは15年）

・不同意性交等など（177条若しくは179条2項の罪又はこれらの罪の未遂罪）→15年（旧強制性交等などは10年）

・不同意わいせつなど（刑法176条若しくは179条1項の罪若しくはこれらの罪の未遂罪等）→12年（旧強制わいせつ，監護者わいせつなどは7年）

と公訴時効を延長する。
　これに加え，令和5年6月23日以降において，公訴時効が完成していない事件については，被害者が18歳未満であるとき，公訴時効期間に加え，被害

150

者が18歳に達する日までの期間に相当する期間をさらに延長することとされた。

(2)　**公訴時効の開始**

　公訴時効は，犯罪行為が終わった時から進行する（253条1項）。この場合，「犯罪行為」とは実行行為とその結果を含めたものである。

　最決（昭63.2.29）は，水俣病公害事件に関して，「公訴時効の起算点に関する刑訴法253条1項にいう『犯罪行為』とは，刑法各本条所定の結果をも含む趣旨と解するのが相当である」と判示し，出生後12年9か月後に死亡した被害者に対する業務上過失致死罪の公訴時効は，「当該犯罪の終了時である同人死亡の時点から進行を開始する」と判示している。

　また，結果の発生時期を異にする各業務上過失致死傷罪が観念的競合の関係にある場合には，「観念的競合の関係にある各罪の公訴時効完成の有無を判定するに当たつては，その全部を一体として観察すべきものと解するのが相当である」と判示し，ある被害者の公訴時効が完成していない以上，関連する他の被害者の公訴時効も完成していないとした。

　最判（昭47.5.30）は，牽連犯について，「目的行為がその手段行為についての時効期間の満了前に実行されたときは，両者の公訴時効は不可分的に最も重い刑を標準に最終行為の時より起算すべきものと解するのが相当である」と判示している。よって，例えば住居侵入（刑法130条，公訴時効期間3年）と窃盗（刑法235条，公訴時効期間7年）の牽連犯の場合，窃盗を基準の公訴時効を考えることとなり，住居侵入のみが先に時効となることはない。

　包括一罪について判例は，3年以上，計76回にわたる麻薬注射を併合罪ではなく包括一罪であると解し，包括一罪の公訴時効は，その最終の犯罪行為が終わった日から進行するとしている（最判昭31.8.3）。

　共犯事件の場合は，最終の行為が終わった時から，共犯者全員に対して時効の期間が進行する（253条2項）。

(3)　**公訴時効の停止**

　公訴時効は，当該事件についてした公訴の提起によってその進行を停止し，管轄違い又は公訴棄却の裁判が確定した時からその進行を始める（254条1

第6章　逮捕後の手続等　**151**

項）。

　共犯の一人に対する起訴による時効の停止は，他の共犯に対してその効力を有するが，この場合，停止した時効は，裁判が確定した時，再びその進行を始める（254条2項）。

　犯人が国外にいる場合又は犯人が逃げ隠れているため，有効に起訴状の謄本の送達若しくは略式命令の告知ができなかった場合には，時効は，その国外にいる期間又は逃げ隠れている期間その進行を停止する（255条1項）。これにつき，最決（平21.10.20）は，「犯人が国外にいる間は，それが一時的な海外渡航による場合であっても，刑訴法255条1項により公訴時効はその進行を停止すると解される」と判示し，単に国外旅行中の場合であっても「国外にいる場合」に当たることを明らかにしている。よって，犯人が現に国外にいる期間（ただし，出国日及び帰国日は，時効の計算につき，被疑者に有利な方法を特別に規定した刑訴法第55条第1項ただし書の趣旨に照らし，国内にいる期間に含まれ，時効の進行した日に算入される。）は，その目的や期間の長短いかんにかかわらず，当然に公訴時効の進行が停止する。

　なお，特別公務員暴行陵虐罪等で告訴した者は，検察官の不起訴処分に対して不服がある場合，付審判請求をすることができるが，その請求に基づき付審判の決定があれば，当該事件につき公訴の提起があったものとみなされる（262条，266条，267条）。

第7章　捜索・差押え

> **学習の指針**
>
> 　捜索とは，証拠物又は没収すべき物，あるいは被疑者等を発見するため，場所，身体又は物について強制力を用いて捜す処分をいう。差押えとは，証拠物又は没収すべき物について強制的にその占有を取得する処分をいい（222条，99条），遺留品や任意に提出された物の占有を取得する領置（221条）と合わせて押収と総称されている。

> 　この章ではまず，令状による捜索・差押えについて説明した上で，令状によらない捜索・差押え，そしてそれらが終了した後の手続について説明する。

① 令 状 主 義

　憲法第35条は，「何人も，その住居，書類及び所持品について，侵入，捜索及び押収を受けることのない権利は，第33条の場合を除いては，正当な理由に基いて発せられ，且つ捜索する場所及び押収する物を明示する令状がなければ，侵されない（1項）。捜索又は押収は，権限を有する司法官憲が発する各別の令状により，これを行ふ（2項）。」と規定し，第218条第1項前段はこれを受けて，「検察官，検察事務官又は司法警察職員は，犯罪の捜査をするについて必要があるときは，裁判官の発する令状により，差押，記録命令付差押え，捜索又は検証をすることができる。」と定めている。

　この令状は場所別，機会別，事件別にそれぞれ別個のものでなければなら

ず，例えば管理権や住居権を異にする数か所の場所を一通の令状で捜索したり，同一の令状で捜索・差押えを何度も実施することはできない。

※ただし，必要性が認められれば，令状を再取得し，同一場所に対する再捜索ができることは言うまでもない。

② 令状の請求

⑴ 請 求 権 者

捜索・差押えの令状を請求できる者は，検察官，検察事務官又は司法警察員である（218条4項）。司法警察員については，通常逮捕状請求の場合と異なり，公安委員会の指定を受けた警部以上の階級にある警察官に限られていない。しかし，犯捜規第137条第1項は，令状の請求はより慎重に行うべきであるとの趣旨から，やむを得ない場合を除き，指定司法警察員が請求するものと定めている。

⑵ 請 求 先

事物管轄に関係なく，請求権者の所属する官公署の所在地を管轄する地方裁判所又は簡易裁判所の裁判官に請求することになっている。ただし，他府県に出張捜査中，捜索・差押えの必要が生じた場合など，やむを得ない事情があるときは，最寄りの下級裁判所の裁判官に請求できる（刑訴規則299条1項）。

なお，裁判官は，捜索・差押えの必要がないと判断した場合，令状を発付しないことができると解されている。

⑶ 請求の要件

ア　強制処分の必要性があること

第218条第1項では，犯罪の捜査をするについて必要のあるときは捜索・差押えを行うことができると規定しているが，これは単に捜査のために必要であるということだけでなく，強制処分としての捜索・差押えを行う必要があることを意味している。すなわち，任意捜査によって犯罪捜査の目

的を達することができる場合には強制処分としての捜索・差押えを行うことはできない。ただし，これは前提として任意捜査を試みることが必要だということではなく，個々の事件についての犯罪の態様，軽重，差し押さえる物の証拠としての価値，重要性，差し押さえる物が隠滅，毀損されるおそれの有無，その他諸般の事情等を総合的に検討して，強制処分としての捜索・差押えの必要性を判断すればよい。

イ　被疑者に犯罪の嫌疑があること

　刑訴規則第156条第1項は，令状の請求に際しては被疑者が罪を犯したと思料されるべき資料を提供しなければならないと規定しており，被疑者が特定の犯罪を犯したことを疎明することが必要である。この嫌疑は，通常逮捕状を得る場合に必要とされる「被疑者が罪を犯したことを疑うに足りる相当な理由」よりは薄くてよいとされている。

ウ　法令の要件を備えていること

　㋐　通信事務等を取り扱う者が取扱中の郵便物等を差し押さえる場合

　　被疑者から発し，又は被疑者に対して発した郵便物，信書便物又は電信に関する書類で法令の規定に基づき通信事務を取り扱う者が保管し，又は所持するものは押収することができるが，通信事務を取り扱う者が保管・所持する上記以外の郵便物等は，当該被疑事件に関係があると認めるに足りる状況がなければ差し押さえることができない（222条，100条，刑訴規則156条2項）。

　㋑　被疑者以外の者の住居等を捜索する場合

　　被疑者の住居等については，当該被疑事件に関係する証拠物等が存在することが推定されるため，特に差し押さえるべき物の存在を認めるに足りる状況があることは必要とされていない。これに対し，被疑者以外の者の住居等については，一般的に証拠物等があることを推定することは困難であるので，被疑者以外の者の身体，物又は住居その他の場所を捜索するための令状を請求するには，差し押さえるべき物がそこにあると認めるに足りる状況を疎明しなければならない（刑訴規則156条3項）。

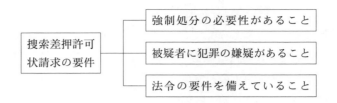

(4) 請求書の記載要件

 令状の請求は書面でしなければならない（刑訴規則139条1項）。請求書に記載しなければならない事項は刑訴規則第155条第1項で定められている（下表参照）。

 なお，被疑者が同一であるが相互に関連しない二つの事件について，同一場所で捜索・差押えを行う場合は，両事件について各別に記載した1通の請求書により捜索差押許可状を請求すれば足りる（なお，捜索差押調書は，必要があれば，事件別に作成することも許される。）。

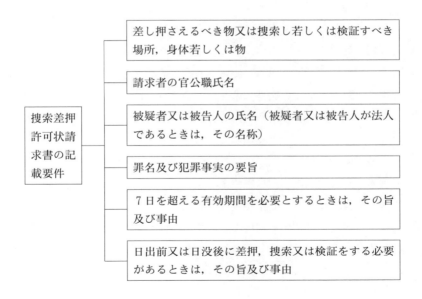

 記載要件で問題となる主なものは次のとおりである。

　ア　差し押さえるべき物

 差押えの対象物は，「証拠物又は没収すべき物と思料するもの」（222条

1項，99条1項）である。「証拠物」には，直接証拠はもとより，間接証拠や情状に関する証拠も含まれる。これらは有体物（着衣の繊維片，皮膚片，汗，体液等のいわゆる微物も含まれる。）に限られ，預金債権等は含まない。また，被疑事実の一部が既に時効完成となっている場合に，時効未完成部分の犯罪事実に関する犯情を証明するため，時効完成部分の証拠物を差し押さえることが可能となる場合があるので注意を要する。

差し押さえるべき物を捜索差押許可状に明示する趣旨は，捜査機関が差し押さえる権限のない物まで差し押さえることを防止し，被処分者の財産権を保護することにある。したがって，差し押さえるべき物は個々具体的に特定することが望ましいが，捜査段階で差し押さえるべき物を完全に把握することは不可能に近く，判例はある程度の概括的，抽象的記載を認めている。ただし，単に「本件に関係ありと思料される一切の文書及び物件」というような記載は許されない。

最決（昭33.7.29）は，「本件許可状に記載された『本件に関係ありと思料せられる一切の文書及び物件』とは，『会議議事録，斗争日誌，指令，通達類，連絡文書，報告書，メモ』と記載された具体的な例示に附加されたものであつて，同許可状に記載された地方公務員法違反被疑事件に関係があり，且つ右例示の物件に準じられるような闘争関係の文書，物件を指すことが明らかであるから，同許可状が物の明示に欠くところがあるということもできない」と判示している。

イ　捜索すべき場所

捜索すべき場所の明示は憲法第35条の要請であり，その趣旨は住居権，管理権の保護にある。したがって，記載に当たっては，住居権，管理権を異にする箇所と区別する程度に記載することが必要である。

捜索すべき場所について，最決（昭30.11.22）は，「刑訴法所定の差押令状又は捜索令状における押収又は捜索すべき場所の表示は，合理的に解釈してその場所を特定し得る程度に記載することを必要とするとともに，その程度の記載があれば足りると解するを相当とする」と判示している。したがって，捜索すべき場所について若干の誤記があった場合でも，合理的に解釈してその場所を特定できれば差し支えないとされている（最判昭

27.2.21等）が，請求書記載に当たっては誤記のないよう慎重な配慮が必要であることはいうまでもない。

　また，被疑者の宿泊しているホテルを捜索する場合，東京地判（昭50.11.7）は，「ホテル全体を捜索する必要がある場合に，捜索場所がその旨明らかにされていれば，各客室の番号を捜索差押許可状に表示することは必要ではない。宿泊客が少ない場合を想定すれば，経営者の単一の管理，占有下にある客室を一通の許可状で捜索することは，何ら差し支えないことである。しかし，宿泊客がある場合は事情を異にする。宿泊客の占有する客室は，経営者及び宿泊客の二重の管理・占有の下にあるから，そのような客室の捜索を許可するのは，押収すべき物がその客室に存在することを認めるに足りる状況のある場合でなければならない（刑事訴訟法102条2項，222条）。宿泊客がいる場合にはその客の平穏な占有やプライバシーを侵害してまで捜索をする必要があるかどうかが十分に考慮されていなければならないのである」と判示し，「ホテル○○内」といった記載では足りず，現に被疑者が使用している部屋（番号）を単位として分割特定しなければならないとしている。ただし，被疑者が部屋を転々としているような場合には，「○○ホテル内の被疑者が宿泊している客室」といったような特定の仕方でもよいと解されており，実務上もそのように運用されている。

　なお，自動車に対する捜索・差押えをする場合には，対象車両が不特定多数の者が通常立ち入ることができないような状態の場所にあり，当該場所の管理者等の承諾が得られない場合には，自動車に対する捜索差押許可状とともに，その所在場所に立ち入るための当該場所に対する捜索許可状を請求することが適当である。また，自動車内にある物を差し押さえるためには，自動車本体に対する差押えと，同車両内に対する捜索差押えを併せた捜索差押許可状が必要である。

ウ　被疑者の氏名

　原則として戸籍上の氏名を記載することが必要であるが，ペンネーム・通称等であってもそれが公知のもので被疑者の特定ができれば，それを記載しても構わない。被疑者の氏名が明らかでない場合には，人相，体格その他被疑者を特定するに足りる事項を記載すればよく（219条3項，64条

2 項），被疑者自体が判明していない場合には「不詳」と記載してもよい。

エ　罪名

　捜索差押許可状の請求書には，「罪名及び犯罪事実の要旨」を記載しなければならない（刑訴規則155条1項4号）が，通常，捜索差押許可状には単に罪名のみを記載すればよく，適用罰条を記載する必要はないとされている（219条1項）。例えば，公職選挙法違反などと記載する必要があるが，「供与」や「○○条違反」などと書くことまでは必要ない。最高裁も前述の決定（昭33.7.29）で，「捜索差押許可状に被疑事件の罪名を，適用法条を示して記載することは憲法の要求するところでなく，捜索する場所及び押収する物以外の記載事項はすべて刑訴法の規定するところに委ねられており，刑訴法219条1項により右許可状に罪名を記載するに当つては，適用法条まで示す必要はないものと解する」と判示している。

　また，東京地決（昭33.5.8）は，「捜索差押は逮捕の前提として行われることが多く，しかも捜索差押の場所，物件は必ずしも被疑者の住居，物件等に限られず第三者の住居，物件等のばあいもあり，従つてまた捜査上特に秘密保持の必要があること」から，逮捕状と異なり，捜索差押許可状には被疑事実の記載は不要と判示している。

オ　夜間の制限

　捜索・差押えは，夜間における私生活の平穏を保護するという趣旨から原則として日中に行うべきもので，令状に夜間でも執行できる旨が記載されていなければ，日の出前，日没後に人の住居又は人の看守する邸宅，建造物若しくは船舶内に入って捜索・差押えをすることはできない（222条3項，116条1項）。ただし，日没前に執行に着手したときは，日没後でもその処分を継続できる（222条3項，116条2項）。

　なお，私生活に関係のない場所，すなわち，賭博，富くじ又は風俗を害する行為に常用されるものと認められる場所，若しくは旅館，飲食店その他夜間でも公衆が出入りすることのできる場所等の公開された時間内における処分については，この制限はなく（222条3項，117条），公務所もこれに含まれると解されている。

③ 令状による捜索・差押えの実施

⑴ 令状の提示

ア　趣旨

　令状による捜索・差押えを実施するに当たっては，処分を受ける者に当該令状を示さなければならない（222条1項，110条，犯捜規141条1項）。この規定は，手続の公正さを担保し，処分を受ける者の権利を保護するため，特に刑事訴訟法が定めているものである。令状の提示は，相手方に記載内容を閲読，認識し得るような状態，方法でなされる必要があるが，相手方が閲読を拒絶した場合は，そのまま令状の執行に着手して差し支えない（東京地判昭50.5.29）。また，令状提示の際，被処分者に犯罪事実の告知及び令状のコピーをとることを要求されたとしても，捜査の密行性という観点から，そのいずれにも応じず，捜索・差押えを行って差し支えない。

　他方，令状提示前であっても，執行の準備として現場保存的措置をなし得るだけでなく，処分を受ける者の行動などの状況や事前情報等により，証拠隠滅が行われたり，強力な抵抗が行われる可能性が高い場合などには，令状に基づく捜索・差押えの実効性を確保するための緊急やむを得ない行為として，証拠の隠滅を防止するなどのために必要な措置を採ることが許される場合がある。最決（平14.10.4）は，「捜索差押許可状の呈示は，手続の公正を担保するとともに，処分を受ける者の人権に配慮する趣旨に出たものであるから，令状の執行に着手する前の呈示を原則とすべきであるが，前記事情の下においては，警察官らが令状の執行に着手して入室した上その直後に呈示を行うことは，法意にもとるものではなく，捜索差押えの実効性を確保するためにやむを得ないところであって，適法というべきである」と判示し，令状提示前に必要な処分を行うことを認めている。

　ただし，逮捕状と異なり，令状を所持しない場合の緊急執行は認められていない。

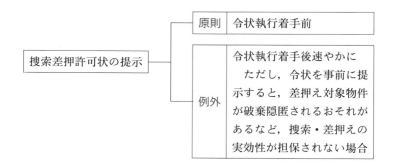

イ 処分を受ける者

処分を受ける者とは，差し押さえるべき物又は捜索すべき場所を直接支配している者をいう。一般的には，公務所の場合「その長又はこれに代るべき者」をいい（114条1項），その他の場合には「住居主若しくは看守者又はこれらの者に代るべき者」をいう（114条2項）。これらの者に代わるべき者とは，公務所の場合，長に支障があったり，あるいは不在のときにその代わりをする者であり，その他の場合は住居主の配偶者，同居の親子，兄弟姉妹，同居人，管理人等を指す。

※捜索・差押えの処分を受ける者が日本語に通じない外国人である場合，逮捕状を執行する場合と同様，可能な限り，その者が理解する言語で，権限ある裁判官が捜索差押許可状を発付した事実を告知するのが適当である（犯捜規236条）。

ウ 処分を受ける者が不在の場合

処分を受ける者が不在で令状を提示することができない場合には，後述する隣人等の立会人に提示して処分を開始してもよいと一般に解されている（犯捜規141条2項）。処分を開始後，処分を受ける者が捜索・差押えの現場に来た場合，そのまま捜索・差押えを続行しても違法ではない。ただし，法の趣旨から，捜索等を妨害されるおそれがあるなど，特別な事情がない限り，改めて処分を受ける者に令状を提示し，同人を立会人とするなどの措置を講ずるのが妥当である。

(2) 立 会 い

　捜索・差押えを行う場合には，処分を行う場所の責任者等を立ち会わせなければならない（222条1項，114条）。また，被疑者には捜索・差押えに立ち会う権利はないが，捜査機関は必要があるときは，被疑者を立ち会わせることができる（222条6項，犯捜規144条）。

　この趣旨は，処分を受ける者の利益の保護と手続の公正さの担保にあり，刑事訴訟法ではこの立会いについて，公務所内における場合と公務所以外の人の住居等における場合とを分けて規定している。

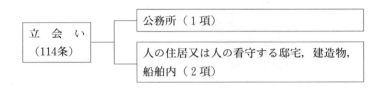

　なお，執行者としては立会いとしての実質を失わせるような態様の執行は避けなければならない。立会いの人数については，5部屋に2名の立会人を配置し，14名の警察官が一斉に捜索に着手したことについて，「立会ということも決して形式的に理解すべきではなくて，実質的に立会人が十分立会の目的を達し得るような情況を与えなければならないものと解すべきところ，その点でも欠くるところがあるから矢張り不当なものと見るべきである」と判示した裁判例（東京地決昭40.7.23）もあるので，十分留意すべきである。

　また，17歳の高校2年生を立会人として捜索・差押えを行った事例について，同人がその意味を十分理解していないとして，差押物についての証拠能力を否定した裁判例（大阪高判昭31.6.19）があるので注意を要する。

　ア　公務所内における場合

　　(ｱ)　公務所

　　　公務所内で捜索・差押えをするときは，長又はこれに代わるべき者を立ち会わせなければならないと定められている（222条1項，114条1項）。本条での公務所とは，刑法第7条第2項でいう公務所とは異なり，公務員がその職務を執行すべき施設そのものを意味し，単に当該官公署の建物だけでなく，社会通念上，当該建物と一体とみなされる附属建物，駐

車場その他官公署の長の管理権が及ぶ全ての範囲をいう。

　また，一つの建物を二つ以上の官公署がそれぞれ分割使用している合同庁舎のような場合には，その管理区分ごとにそれぞれ別個の公務所とみなされることはいうまでもない。

　ここで問題となるのは，公務所内の特定の場所を労働組合その他の団体が事実上排他的に使用している場合である。この点についての裁判例は，営林署庁舎内の労働組合事務局を，庁舎の管理責任は一切署長にあることを理由に公務所に当たるとしたもの（秋田地決昭34. 8 .12）や，公立小学校の敷地内にある教職員組合事務所の建物について，組合活動は公務員の職務でないことを根拠に公務所には当たらないとしたもの（東京地判昭44.12.16）など，まちまちであるが，実務においては，公務所の長の管理権から，個々具体的にどの程度，独立性や排他性を有しているかという観点により判断する必要がある。

(イ)　長又はこれに代わるべき者

　「長」とは，公務所という施設を直接管理する者の中で最上級の者をいい，「これに代るべき者」とは一般的には長に準ずべき地位にある者であり，長の不在又は差し支えのある場合に長の職務の全部又は一部を行うべき者をいう。

　この長に代わるべき者の範囲については，必ずしも当該公務所の内部規則などによる必要はなく，合理的に解釈されるべきものであるとされている。

(ウ)　立会い

　第114条第1項は，公務所内で捜索・差押えをするときは，長又はこれに代わるべき者を立ち会わせなければならないと規定しているが，この趣旨には，

　　○　執行を受ける側の利益の保護と執行の公正の担保

という同条第2項と共通のもののほか，

　　○　公務上の秘密の保護のために認められる押収拒絶権の適切な行使の機会確保

　　○　公務所において行われる公務の執行それ自体の保護

という趣旨が含まれており，そのため，立会人の資格が同条第２項による一般の建造物等での捜索・差押えに比して厳格に制限されている。

立会いは捜索・差押えの単なる開始の条件のみならず，継続の条件と解され，長又はこれに代わるべき者は処分に立ち会い，押収拒絶権の行使等により当該公務所の公務を保護すべき積極的な義務を負うとされている。

㈔　立会いを拒否された場合の措置

公務所の長等が立会いを拒否した場合に立会いなしで捜索・差押えができるかについては議論があるが，実務上は積極説に立ち，捜索等の手続の公正を担保する措置を講じた上で執行すべきである。

そして，実際の運用に当たっては，

a　立会いを求めたときは，公務所の長等の意思を十分に確認し，公務所の長等が立会いを拒否した場合でも，それが終局的に立会いを拒否するのではなく，単に捜索等の時期等について要望しているにすぎないものと認められるときには，当該捜索等の緊急性等を判断して，更に立会いを求めてその意思を確認すること

b　立会いを拒否されたときには，必ずその理由を長又はこれに代わる者に確かめ，緊急やむを得ない場合を除いて監督・指導官庁にその旨を連絡して，当該立ち会うべき者に対する立会い方の指導を強く要請すること

c　公務所の長等が立会いを拒否したため，その立会いなく捜索等を行う場合でも，適切な立会人（当該公務所の職員，監督・指導官庁の職員，地方公共団体の職員等）を置くよう配意すること

d　公務所の長等が立会いを拒否した場合でも，後述する秘密物件の押収拒絶権の行使について，その申立ての機会を与えるよう配意すること

e　捜索・差押えの経過については，事後の紛議に備えて調書等に具体的に記録しておくこと

等，手続の公正さを調書等に具体的に十分に担保する配慮が必要である。

㈺　立会いなく捜索・差押えに着手した後における立会い要求

公務所の長等が正当な事由なくして立会いを拒否したため，手続の公正を担保する措置を講じた上，捜索・差押えに着手したものの，その途中から公務所の長等が立会いを要求してきたときの措置については，法に何ら明文の規定はないが，先に述べた法の趣旨から考えて，中途からでも立会いを認めるのが妥当であろう。

イ　公務所以外の人の住居等における場合

　人の住居又は人の看守する邸宅，建造物，若しくは船舶内で捜索・差押えを行うときは，住居主若しくは看守者又はこれらの者に代わるべき者をこれに立ち会わせなければならない。これらの者を立ち会わせることができないときは，隣人又は地方公共団体の職員を立ち会わせなければならない（222条1項，114条2項）。ここにいう地方公共団体の職員に警察職員が当たるか否かについては，捜索・差押えの公正に関して疑念の生ずるおそれがあるという理由から消極に解されている。

令状による捜索・差押えと立会人の関係

	立　会　人	
公務所内	①　その長又はこれに代わるべき者	②　規定なし。 ただし，解釈により，地方公共団体の職員等に立ち会わせることも許容される。
非公務所内	①　住居主・看守者又はこれらに代わるべき者	②　隣人又は地方公共団体の職員

ウ　公務所及び人の住居等以外の場所における場合

　公務所及び人の住居等以外の場所，例えば人が看守していない空地，山林，道路，公園内等で捜索・差押えを行う場合の立会いについては，法は何ら規定していないが，なるべく第三者の立会いを付けるようにしなければならない。もし，第三者の立会いが得られないときには，他の警察官の立会いを得るようにしなければならない（犯捜規145条）。

エ　女子の身体捜索の場合

　女子の身体について捜索をする際には，女子を立ち会わせるのに時間が

かかり，その間に証拠隠滅されるおそれがあるなど，急速を要する場合以外は，18歳以上の女子をこれに立ち会わせなければならない（222条1項，115条）。立会いは，「急速を要する場合」以外は必ずさせなければならない。捜索を受ける当人が立会いを要しない旨の意思表示をしても，立会いを省略することは許されない。急速を要する場合に該当するかどうかの判断権は，捜索を行う捜査機関側にあるが，被処分者の人権尊重の法意を尊重し，その判断は慎重に行う必要がある。

オ　被疑者等の立会い

令状による捜索・差押えについては，捜査上必要があるときは，被疑者をこれに立ち会わせることができる（222条6項，犯捜規144条）。この必要性の判断は，捜査機関に委ねられている。なお，非拘束の被疑者については，強制する方法はない。

他方，裁判所の行う捜索・差押えについての当事者（検察官，被告人及び弁護人）の立会権を規定した第113条は，捜査機関の行う捜索・差押えには準用されていない（222条1項）ことから，捜査機関が行う捜索・差押えには，被疑者，弁護人ともに立ち会う権利はない。ただし，捜索・差押えの場所の管理支配者が自己の代理人として弁護士を指定した場合，第114条第2項の住居主又は看守者に「代わるべき者」に当たることから，その弁護士を立ち会わせなければならない。

(3) **必要な処分**

刑事訴訟法は，「差押状，記録命令付差押状又は捜索状の執行については，錠をはずし，封を開き，その他必要な処分をすることができる。押収物についても，これをすることができる。」旨規定している（222条1項，111条）。

必要な処分の具体例としては，差し押さえた未現像フィルムを現像すること，電磁的記録媒体の内容を印字すること等がある。また，捜索すべき住居の玄関が施錠されていて中に入れないときには，合い鍵で錠をはずすことはもちろん，やむを得ない理由があれば錠を壊して中に入っても差し支えないが，処分の内容，方法はあくまでも執行の目的を達するため必要かつ妥当なものでなければならない。

前述の最決（平14.10.4）は、被疑者が宿泊しているホテル客室に対する捜索差押許可状を執行するに際し、それを察知されれば、覚醒剤事犯の前科もある被疑者が直ちに覚醒剤を洗面所に流すなど短時間のうちに差押対象物件を破棄隠匿するおそれがあったため、ホテルの支配人からマスターキーを借り受けた上、来意を告げることなく施錠された被疑者のいる客室のドアをマスターキーで開けて室内に入室したことについて、「以上のような事実関係の下においては、捜索差押許可状の呈示に先立って警察官らがホテル客室のドアをマスターキーで開けて入室した措置は、捜索差押えの実効性を確保するために必要であり、社会通念上相当な態様で行われていると認められるから、刑訴法222条1項、111条1項に基づく処分として許容される」と判示している。

また、大阪高判（平6.4.20）は、警察官が来たと知れば直ちに証拠隠滅等の行為に出ることが十分予測される被疑者の住居に対する捜索差押許可状の執行に当たり、警察官が、宅配業者の配達員を装って玄関扉を開けさせて住居内に立ち入ったことについて、「有形力を行使したものでも、玄関扉の錠ないし扉そのものの破壊のように、住居の所有者や居住者に財産的損害を与えるものでもなく、平和裡に行われた至極穏当なものであって、手段方法において、社会通念上相当性を欠くものとまではいえない」と判示している。

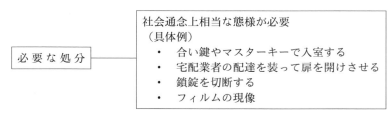

なお、押収しているバイクの中に入っている、押収関係書類に記載されていないガソリンを用いて異同識別を行うような場合は、押収物を利用し、かつ、新たに個人の財産権を侵害することとなるから、新たにガソリンに対して、被疑者から任意提出を受けた上で、鑑定承諾書等を徴するか、差押許可状と鑑定処分許可状の発付を得た上で押収し、鑑定嘱託しなければならない。

(4) **捜索・差押え中の出入禁止**

捜索・差押え中、すなわち執行開始後その終了に至るまでの間は、警察官

の許可を得ない者がその場所に出入りすることを禁止することができる。その禁止に従わない者はその場所の外に退去させることができ，あるいは執行が終わるまで看守者をその者のそばに置くこともできる（222条1項，112条）。

　捜索・差押え執行中における加入電話及び携帯電話の使用禁止処分の根拠については，第112条を根拠とするものと，第111条を根拠とするものの2説がある。捜査員の行った電話の受発信制限に関する国家賠償請求訴訟について，東京高判（平12.6.22）は，「捜索差押えの最中における立会人等による外部の第三者との電話の受発信に関しては，刑事訴訟法規上の規定はないが，刑事訴訟法222条，112条において捜索差押えの執行中の現場への人の出入りの禁止ができるとする規定の趣旨に照らし，人の出入り等と同等の捜索差押えの目的を阻害する行為あるいは通謀して他所の証拠を隠匿するおそれのある行為と評価し得る電話による外部者との連絡は，同条の禁止処分としてこれをすることができるものと解するのが相当である」と判示し，捜査員の行った電話の受発信制限は違法ではないとした。本判決は，最高裁が決定（平15.6.12）で原告の上告を棄却したことから，最高裁においても是認されたものといえる。

　他方，福岡高判（平24.5.16）は，覚醒剤取締法違反の被疑事実で暴力団員の自宅の捜索・差押えを執行する際，警察官が被疑者による携帯電話機での外部者への連絡を制限した行為につき，「被告人に対して，携帯電話機で外部の者と通話することを許せばK会関係者が被告人方に押しかけてきて捜索を妨害する行為に出る可能性があると判断したことには相当の理由があるから，被告人の携帯電話機による通話を制限する必要があったと認めることができる」と判示し，これを第111条第1項の「必要な処分」に当たるとした。本判決についても，最高裁が決定（平26.3.5）で被告人の上告を棄却している。

　ただし，これらの事例は，外部との連絡を認めれば捜索・差押えに支障を来すことから，当該行為の妨害排除の必要性が特に高いとして認められたものである。いずれの説を採っても，加入電話及び携帯電話の使用禁止処分が常に許されるというわけではないことに注意が必要である。

　なお，名古屋高判（平27.12.17）は，自宅の捜索に立ち会った被疑者に対

して警察官が弁護士への連絡等を認めなかった行為について，「本件当時覚せい剤使用の嫌疑が認められるとして強制採尿令状の請求手続も開始していたのであるから，警察官が，捜索差押中は法的に弁護士も含めて電話は一切できない旨を被告人に申し向け，被告人の弁護士に対する電話連絡を制止した行為（以下「本件行為」ともいう。）については，本件捜索差押えに際して必要な処分として是認されないばかりか，被告人の有する被疑者としての弁護人依頼権を侵害した違法の疑いがあるといわざるを得ない」とした上で，本件当時，被疑者は，特定の弁護士の名前や連絡先を知っているという説明をしたり，それらを告げて代わりに連絡することを求めるなどの具体的な要求行為には出ていないなど「の諸事情に照らすと，本件行為は違法の疑いがあるが，その違法の程度は重大ではないし，本件行為とは別個に取得された強制採尿令状に基づいて適法に行われた採尿とその尿の鑑定の各手続に係る本件各証拠との間に関連性があるとは認められないから，警察官の違法行為の結果収集された証拠として本件証拠の証拠能力を否定することはできない」と判示している。

(5) 写 真 撮 影

捜索・差押えの際に，捜査機関が，証拠物の証拠価値を保存するために，証拠物をその発見された場所，発見された状態において写真撮影することや，捜索・差押えの手続の適法性を担保するためその執行状況を写真撮影することは，捜索・差押えに付随するものとして許されるものと解すべきである（東京地決平元. 3 . 1 ）。

しかし，これらの範囲を超えて，捜索差押許可状に記載されていない物件を写真撮影するようなことは許されない。東京地判（平 4 . 7 .24）は，捜索・差押えの際に，令状記載の「差し押さえるべき物」に該当しない印鑑，ポケット・ティッシュペーパー，電動ひげそり機，洋服タンス内の背広について写真を撮影したことについて，「捜索差押許可状によって実施することが許される範囲を超えた違法な行為」と判示している。

(6) その場に居合わせた者の身体・所持品に対する捜索

場所に対する捜索令状は，人の身体までは対象としていないため，原則として別の令状が必要である。しかしながら，捜索・差押えの現場に居合わせ

第7章 捜索・差押え **169**

た者に対する身体の捜索については，東京高判（平6.5.11）で，「場所に
対する捜索差押許可状の効力は，当該捜索すべき場所に現在する者が当該差
し押さえるべき物をその着衣・身体に隠匿所持していると疑うに足りる相当
な理由があり，許可状の目的とする差押を有効に実現するためにはその者の
着衣・身体を捜索する必要が認められる具体的な状況の下においては，その
者の着衣・身体にも及ぶものと解するのが相当である」と判示しており，例
外としてこれを肯定している。

　他方，捜索場所に存在する「物」は，原則として「場所」の概念に含まれ，
場所に対する捜索令状によって，その物の内部まで捜索することができると
解される。よって，その場に居合わせた者の所持品に対する捜索につき，最
決（平6.9.8）は，場所に対する捜索差押許可状によって，そこに同居す
る者がその場で携帯していたボストンバッグについて捜索できる旨を明らか
にしている。

　なお，京都地決昭46.4.30は，「差押は，被疑者以外の第三者の物につい
ても捜査の必要上これをなしうるものと解せられる。そして，その場合に，
第三者の，所有者または保管者として当然に保有する利益は，被疑者のそれ
より重く保護されなければならず，しかも，その物を差し押えることによっ
て，第三者の右のような利益と衝突することも免れ難いのであるから，それ
らの利益を具さに較量し，第三者の物を被疑事実の証拠として差し押えるこ
とにつき必要性が十分認められるのでなければ，その差押処分は許容されな
いものと解すべきである。」と判示していることに注意が必要である。

　また，最決（平19.2.8）は，「警察官が，被告人に対する覚せい剤取締
法違反被疑事件につき，捜索場所を被告人方居室等，差し押さえるべき物を
覚せい剤等とする捜索差押許可状に基づき，被告人立会いの下に上記居室を
捜索中，宅配便の配達員によって被告人あてに配達され，被告人が受領した
荷物について，警察官において，これを開封したところ，中から覚せい剤が
発見されたため，被告人を覚せい剤所持罪で現行犯逮捕し，逮捕の現場で上
記覚せい剤を差し押さえたというのである。所論は，上記許可状の効力は令
状呈示後に搬入された物品には及ばない旨主張するが，警察官は，このよう
な荷物についても上記許可状に基づき捜索できるものと解するのが相当であ

る」と判示し，捜索中に被疑者宛に配達され同人が受領した荷物についても，新たな居住権・管理権の侵害が存在しないことから，新たな令状を必要とすることなく捜索することができるとしている。

(7)　公務上の秘密又は業務上の秘密

公務員又は公務員であった者が保管し，又は所持する物について，本人又は当該公務所から職務上の秘密に関するものであることを申し立てたときは，当該監督官庁の承諾がなければ，押収をすることはできない。ただし，当該監督官庁は，国の重大な利益を害する場合を除いては，承諾を拒むことができない（222条1項，103条）。

また，衆議院若しくは参議院の議員又はその職に在った者については，その院，内閣総理大臣その他の国務大臣又はその職に在った者については内閣の承諾がなければ，当該本人が職務上の秘密に関するものであることを申し立てたときは，本人が保管し，又は所持する物を押収することはできない（222条1項，104条1項）。この場合，衆議院，参議院又は内閣は，国の重大な利益を害する場合を除いては，承諾を拒むことができない（222条1項，104条2項）。

医師，歯科医師，助産師，看護師，弁護士（外国法事務弁護士を含む。），弁理士，公証人，宗教の職に在る者又はこれらの職に在った者は，業務上委託を受けたため，保管し，又は所持する物で他人の秘密に関するものについては，押収を拒むことができる（222条1項，105条前段）。ただし，本人が承諾した場合，押収の拒絶が被告人のためのみにする権利の濫用と認められる場合（被告人が本人である場合を除く。），その他裁判所の規則で定める事由がある場合は，この限りでない（222条1項，105条ただし書）。

(8)　令状記載物以外の証拠物を発見した場合の措置

捜索差押許可状によって差し押さえることができるものは，当該令状に記載されている「差し押さえるべき物」に限られることは前述のとおりであるが，これ以外に，犯罪に関係あると思料される物を発見し，押収する必要があるときには，次の三つの方法のうちのいずれかの方法により押収しなければならない。

①　その証拠物により被疑者を逮捕することができれば，逮捕して，逮捕

の現場における捜索・差押えを行う（220条1項2号，220条3項）。

② 被疑者の任意提出を受けて領置する（221条）。

③ 令状の発付を得て，令状に基づく捜索・差押えを行う（犯捜規154条）。

(9) **捜索・差押えの中止と必要な処分**

差押状又は捜索状の執行を中止する場合において必要があるときは，執行が終わるまでその場所を閉鎖し，又は看守者を置くことができる（222条1項，118条）。

(10) **捜索差押許可状の再請求**

捜索・差押えと逮捕を同時に行おうとしたところ，被疑者の逮捕ができないため捜索差押許可状の有効期間が経過するような場合，原則として捜索差押えを先行するか，被疑者に捜査機関の動きを察知されるおそれがあれば，一旦捜索差押許可状を返還するべきであり，逮捕状と異なり，捜索差押許可状の再請求を行うことは妥当ではない。

なお，返還した場合，被疑者を確保し自供を得たりした後，改めて捜索差押許可状の請求をすることとなる。

ただし，前記のように実施すると，被疑者に捜査機関の動きを察知され逃亡されたり，他の共犯者を通じて証拠品を隠匿されたりするおそれ等，真にやむを得ないという合理的な理由がある場合，それらを疎明して再請求することも例外的に認められることがある。

(11) **公訴提起後の捜索・差押え**

捜索・差押えについては，通常，公訴提起前に行うべきところ，その後に必要が生じた場合については，できる限り第1回公判期日以前に実施すべきである。なお，第1回公判期日以後に捜索・差押えの必要がある場合には，捜査機関は原則として，検察官を通じて裁判所に申し出て証拠調べとして行うべきである。

4 電磁的記録物

情報処理の高度化等に対処するための刑法等の一部を改正する法律（平成

23年法律74号）により，刑事訴訟法の以下の内容等が新設され，平成24年6月22日から施行されている。「電磁的記録」とは，「電子的方式，磁気的方式その他人の知覚によっては認識することができない方式で作られる記録であって，電子計算機による情報処理の用に供されるもの」（刑法7条の2）をいうが，電磁的記録は，有体物ではないので，「証拠物又は没収すべき物」には該当せず，差押えの対象物とはならない。そこで，この法改正により，以下の規定が整備された。

なお，電磁的記録物に対する従来の捜索・差押え手段はそのまま存続している。よって，それができない場合，(1)以下の手段を実施することになる。

※フロッピーディスク等を差し押さえる場合，本来であれば，必要な処分として捜索・差押えの現場でその内容を確認し，令状に記載されている「差し押さえるべき物」のみ差し押さえるべきところ，最決（平10.5.1）は，「令状により差し押さえようとするパソコン，フロッピーディスク等の中に被疑事実に関する情報が記録されている蓋然性が認められる場合において，そのような情報が実際に記録されているかをその場で確認していたのでは記録された情報を損壊される危険があるときは，内容を確認することなしに右パソコン，フロッピーディスク等を差し押さえることが許されるものと解される」と判示している。この場合，捜索・差押えの後，その内容を確認した結果，事件との関係のない物であることが判明した場合は，速やかに還付すべきことは言うまでもない。

(1) **電気通信回線で接続している記録媒体からの複写の導入（218条2項，219条2項）**

検察官，検察事務官又は司法警察職員は，差し押さえるべき物が電子計算機であるとき，当該電子計算機に電気通信回線で接続している記録媒体であって，当該電子計算機で作成・変更をした又は変更・消去ができる電磁的記録を保管するために使用されていると認めるに足りる状況にあるものから，その電磁的記録を当該電子計算機又は他の記録媒体に複写した上，これを差し押さえることができる（218条2項）。つまり，差押対象物たるコンピュータで作成したメールを保管しているメールサーバや，当該コンピュータで作成した文書ファイルを保管しているリモートストレージサービスのサーバ等物理的に離れた様々な場所にある記録媒体から，当該コンピュータにデータを複写してこれを差し押さえることができる。

第7章　捜索・差押え　*173*

この場合，裁判官の令状が必要である。よって，逮捕の現場において無令状で行うことはできない。また，令状には，電子計算機のほか，電磁的記録を複写すべき記録媒体の範囲を記載しなければならない（219条2項）。

対象となる記録媒体は，当該電子計算機に電気通信回線で接続している記録媒体であって，①当該電子計算機で作成若しくは変更をした電磁的記録，又は②当該電子計算機で変更若しくは消去をすることができることとされている電磁的記録を保管するために使用されていると認めるに足りる状況にあるものである（218条2項）。

「電気通信」とは，有線，無線その他の電磁的方法により，符号，音響又は影像を送り，伝え，又は受け取ることをいう。「電気通信回線」とは，電気通信を行うために設定される回線をいい，有線，無線を問わない。「電子計算機に電気通信回線で接続している記録媒体」とは，電気通信回線設備と結合して，電子計算機からの電気通信が可能な状態に構成されている記録媒体をいう。差押え時に実際に電子計算機が電気通信回線と接続していたかどうかは問題とならない。「作成若しくは変更をした電磁的記録」とは，差押対象物たる電子計算機を用いて，記録媒体上に実際に電磁的記録を存在するに至らしめる（作成）又は記録媒体上に存在している電磁的記録に改変を加えること（変更）をした電磁的記録をいう。

「変更若しくは消去をすることができることとされている電磁的記録」とは，差押対象物たる電子計算機を用いて，記録媒体上に存在している電磁的記録に改変を加え（変更）又は記録媒体上に存在している電磁的記録を消す（消去）ことをする権限が認められている電磁的記録をいう。「保管するために使用されていると認めるに足りる状況にある」とは，当該電子計算機の使用状況等に照らし，その記録媒体が当該電子計算機で作成・変更した電磁的記録等を保管するために使用されている蓋然性が認められることをいう。

捜査機関又は裁判所は，電磁的記録を当該電子計算機又は他の記録媒体に複写することができるが，移転，つまり，電磁的記録は他の媒体に移した後，元の媒体からは消去することはできない。

なお，サイバー犯罪に関する条約第32条では，①そのデータが公に利用可能な蔵置されたものである場合，又は②コンピュータ・システムを通じてそ

のデータを開示する正当な権限を有する者の合法的かつ任意の同意がある場合には，契約国が他の契約国の許可なしに，そのデータにアクセスすること等ができるとする。これに照らせば，電磁的記録を複写すべき電磁的記録媒体が他国の領域内にあることが判明した場合の措置について，第218条第2項及び第99条第2項により，外国の領域内にある記録媒体から電磁的記録を複写した上で差し押さえることができるか否かについては，前述①，②に該当しない限り，一般には，当該他国の同意を取り付けるか，捜査共助の要請によるべきと解されている。

　これに関し，刑事訴訟法第218条第2項に規定するリモートアクセスとは異なる形で海外から収集した証拠の証拠能力を認めた判例（最決令3.2.1）があるが，都道府県警察の捜査において，対象となる電磁的記録のリモートアクセスを行う必要がある場合には，同記録が記録されている記録媒体が日本国内に所在しているかどうかを踏まえて，捜査を進める必要がある。

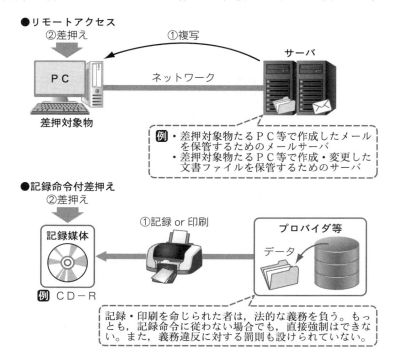

第7章 捜索・差押え　175

⑵　記録命令付差押えの新設（218条1項）

　検察官，検察事務官又は司法警察職員は，電磁的記録の保管者等に命じて，証拠として必要な電磁的記録を記録媒体に記録等させた上，当該記録媒体を差し押さえる記録命令付差押えができる。つまり，プロバイダ等をしてサーバコンピュータ等から必要なデータをCD－R等に記録等させて，これを差し押さえることができる。この場合も，裁判官の令状が必要である。よって，逮捕の現場において無令状で行うことはできない。

　記録命令付差押えの対象となるのは，令状を執行して被処分者が記録をするときまでに存在する電磁的記録である。記録命令付差押えの相手方となるのは，「電磁的記録を保管する者」又は「電磁的記録を利用する権限を有する者」である。「電磁的記録を保管する者」とは，電磁的記録を自己の実力支配内に置いている者をいい，「電磁的記録を利用する権限を有する者」とは，適法に，記録媒体にアクセスして当該電磁的記録を利用することができる者をいう。

　記録命令付差押えにおいて命じることができるのは，電磁的記録を記録媒体に「記録させ，又は印刷させ」ることで，移転を命じることはできない（99条の2）。電磁的記録を記録媒体に「記録」させるとは，ある記録媒体に記録されている電磁的記録をそのまま他の記録媒体に複写させることや，暗号化された電磁的記録を複合化させた上，これを他の記録媒体に記録させることのほか，複数の記録媒体に記録されている電磁的記録を用いて必要な電磁的記録を作成させた上，これを他の記録媒体に記録させることなどが含まれる。また，「印刷」させるとは，ある記録媒体に記録されている電磁的記録を出力し，用紙にプリントさせることをいう。

　記録命令付差押許可状及び記録命令付差押状には，記録させ又は印刷させるべき電磁的記録及びこれを記録させ又は印刷させるべき者を記載しなければならない（219条1項・107条1項）。

　記録命令付差押えは，押収の一種であり，検察官，検察事務官又は司法警察職員による記録命令付差押許可状の執行については，裁判所の行う記録命令差押状の規定が準用される（222条1項・3項）。なお，裁判所の記録命令付差押状の執行の場合には，訴訟当事者は立ち会うことができる（113条1項）。

記録命令付差押えのための令状の場合も，「正当な理由」に基づくことが必要である（憲法35条1項）ことは，差押えの場合と変わりない。

検察官，検察事務官又は司法警察職員による記録命令付差押えでは，記録命令をするのはこれらの者であり，裁判官の発する令状は，これらの者が記録命令付差押えをすることを許可するものである。なお，第220条第1項第2号は，記録命令付差押えを規定していないので，緊急逮捕の現場において令状なしの記録命令付差押えをすることはできない。

なお，記録命令付差押えの令状の請求は，原則として，指定司法警察員がこれを行うものとする（犯捜規137条1項）。記録命令付差押令状を請求するに当たっては，記録させ若しくは印刷させるべき電磁的記録及びこれを記録させ若しくは印刷させるべき者のほか，差し押さえるべき電子計算機に電気通信回線で接続している記録媒体であって，その電磁的記録を複写すべきものの範囲を明確にして行わなければならない（犯捜規138条2項）。

記録命令付差押許可状には，「被疑者若しくは被告人の氏名」，「罪名」，「記録させ若しくは印刷させるべき電磁的記録」，「これを記録させ若しくは印刷させるべき者」，「有効期間及びその期間経過後は記録命令付差押えに着手することができず令状はこれを返還しなければならない旨」，「発付の年月日」及び「その他裁判所の規則で定める事項」を記載する（219条1項，刑訴規則155条1項）。「記録させ若しくは印刷させるべき電磁的記録」は，証拠として「必要な電磁的記録」である。

証拠としての必要性は，電磁的記録とそれにより証明しようとする事実との関係について判断されるが，被処分者に記録・印刷を命じるという処分の性質上，被処分者において，何を記録・印刷すればよいのかが判断できる程度に特定されなければならない。

⑶　**電磁的記録に係る記録媒体の差押えの執行方法の整備（110条の2，222条1項）**

検察官，検察事務官又は司法警察職員は，差押対象物が電磁的記録に係る記録媒体であるとき，電磁的記録の記録媒体の差押えに代えて，電磁的記録を他の記録媒体に複写等して，これを差し押さえることができる。つまり，コンピュータ等の差押えに代えて，必要なデータを複写，印刷又は移転した上で，これを差し押さえることができる。ここでいう「複写」とは，電磁的

第7章　捜索・差押え　**177**

記録をＣＤ－Ｒ等の記録媒体にコピーすること，「印刷」とは，電磁的記録を紙媒体にプリントアウトすること，「移転」とは，電磁的記録を他の媒体に移し，元の媒体からは消去することをいう。

　なお，第110条の2の規定は，検察官，検察事務官又は司法警察職員が第218条又は第220条の規定によってする押収について準用される（222条1項）。したがって，逮捕の現場において，無令状で第110条の2の処分を行うことも可能である。また，第110条の2の処分が原則となるものでなく，記録媒体自体の差押えに代えて行うか否かは処分者の判断に委ねられている。

　なお，捜査機関が準備した他の記録媒体に電磁的記録を複写又は印刷して，これを差し押さえた場合，被処分者が他の記録媒体を準備した場合とは異なり，被処分者の財産権を直接に侵害するものではないが，押収する機関がどのような処分を行ったのかを明らかにし，捜索・差押えの終了を示すために押収目録を交付する（120条，222条1項）。

　また，電磁的記録を移転し，又は移転させた上で差し押さえた記録媒体で留置の必要がないものである場合，差押えを受けた者と，当該記録媒体の所有者・所持者・保管者とが異なるときは，被告事件の終結を待たないで，検察官及び被告人又は弁護人の意見を聴き，決定で，当該差押えを受けた者に対し，当該記録媒体を交付し，又は当該電磁的記録の複写を許さなければならない（123条3項，4項，犯捜規154条の2）。

⑷　**通信履歴の電磁的記録の保全要請の規定の整備（197条3項，4項，5項）**

　検察官・検察事務官・司法警察員が，差押え又は記録命令付差押えをするため必要があるときは，通信事業者等に対し，業務上記録している通信履歴の電磁的記録のうち必要なものを特定し，30日を超えない期間（特に必要があり，延長する場合には，通じて60日を超えない期間）を定めて，これを消去しないように書面で求めることができる（197条3項，4項）。つまり，プロバイダ等が業務上保管している通信履歴（通信の送信先，通信元，通信日時などであり，通信内容は含まない。）のデータについて，暫定的に残しておくよう求めるものであり，当該データを入手するためには，別途，裁判官の令状が必要となる。なお，保全要請を行う場合において，必要があるときは，みだりにこれらに関する事項を漏らさないよう求めることができる（197条5項）。

　警察において，保全要請及び期間延長をするときは，警察本部長又は警察

署長の指揮を受けて行わなければならない（犯捜規101条の2第1項）。また，通信履歴の電磁的記録を消去しないことの求め，当該求めの取消し及び期間の延長は，司法警察員たる警察官が行わなければならない（同条2項）。

通信記録の保全要請及び捜査関係事項照会は，その性質上，密行性が強く求められるため，これを受ける者に対して，これらに関する事項をみだりに漏らしてはならない法律上の義務を負わせる必要がある場合があることから，守秘義務が設けられている（197条5項）。したがって，保全要請を受けたプロバイダや捜査関係事項照会を受けた金融機関等は，その顧客等からこれらの要請に関する事項について問われても，みだりにこれに答えてはならない。

なお，保全要請については，相手方がこれを拒否したとしても，罰則等の制裁規定はない。

(5)　**電磁的記録に係る記録媒体についての差押状の執行を受ける者等に対する協力要請（111条の2，142条，222条1項）**

差し押さえるべき物が電磁的記録に係る記録媒体であるときは，差押状又は捜索状の執行をする者は，処分を受ける者に対し，電子計算機の操作その他の必要な協力を求めることができる。これは，被処分者の中には，当該記録媒体に記録されている電磁的記録について権限を有する者との関係で，これを開示しない義務を負っている者もあることから，このような者等に協力を可能とする法的根拠を明確にしたものである。

なお，本条は，第222条第1項により，捜査機関が行う押収及び検証にそれぞれ準用される。

⑤　令状によらない捜索・差押え

(1)　はじめに

憲法第35条第1項は，「何人も，その住居，書類及び所持品について，侵入，捜索及び押収を受けることのない権利は，第33条の場合を除いては，正当な理由に基いて発せられ，且つ捜索する場所及び押収する物を明示する令状がなければ，侵されない。」と捜索・差押えについての令状主義の原則を定めつつ，一方で令状主義の例外として憲法第33条の場合があることを規定している。

そして，これを受けて第220条第1項は，被疑者を逮捕する場合又は現行

犯人を逮捕する場合において「必要があるとき」は，令状なくして，

①　人の住居又は人の看守する邸宅，建造物若しくは船舶内に入り被疑者の捜索をすること（1号）

②　逮捕の現場で差押え・捜索又は検証をすること（2号）

の処分が，それぞれできることを定めている。

なお，令状によらない捜索・差押えは，次の点において令状による捜索・差押えの手続と異なっている。

○　被疑者を捜索する場合において急速を要するときは，第114条第2項（責任者の立会い）の規定によることを要しないこと。

○　夜間執行の制限がないこと（222条1項は，116条及び117条を準用していない。）。

その他の手続については，令状による捜索・差押え等と同様に，第222条第1項等によって裁判所の行う押収・捜索に関する規定が準用されている。

(2)　処 分 権 者

第220条に基づいて捜索・差押え及び検証のできる者は，捜査機関である検察官，検察事務官又は司法警察職員に限られている。したがって，私人が犯人を現行犯逮捕しても，逮捕の現場で捜索・差押え等の処分を行うことはできない。

また，私人が現行犯逮捕した身柄を捜査機関が引き継いだ場合にも，捜査機関が逮捕行為を行ったのではないから，たとえ，いかに時間的・場所的に接着していても，捜査機関が捜索等の処分を行うことは許されない。このような場合，もし差し押さえるべき物があれば，被疑者に任意提出を求めて領置するか，あるいはそれが拒否された場合には，令状の発付を得て差し押さえなければならない。

※また，第220条第4項により，勾引状又は勾留状の執行の場合にも，令状によらない捜索・差押えを実施することができるとされている。

(3)　被疑者を逮捕するための捜索

ア　必要があるとき

「必要があるとき」とは，被疑者を逮捕するため，人の住居又は人の看守する邸宅，建造物若しくは船舶に入って被疑者を捜索する必要があると

きを意味し，被疑者が人の住居等に現存するという高度の蓋然性が必要である。したがって，必要性の判断は客観的見地からなされなければならず，捜査機関の単なる主観に基づく判断によって，他人の住居等に入って被疑者を捜索することは許されない（札幌高函館支判昭37.9.11）。

イ　令状の提示

　被疑者を逮捕するため，令状なくして他人の住居等に入って被疑者を捜索する際，逮捕状提示が必要か否かについては，大阪高判（昭39.5.21）は，「刑訴法220条は，現行犯人逮捕の場合及び緊急逮捕の場合はもちろんのこと，本件のごとく逮捕状によって被疑者を逮捕する場合においてもまた同様に，捜索令状なくして人の住居又は人の看守する邸宅建物等に入り被疑者の捜索をすることを許した規定であるから，そのいずれの場合においても同法110条を準用する余地はなく，捜索令状はもちろん逮捕状の呈示もその必要がないものといわなければならない」と判示し，最高裁もこの点については触れずに被告人の上告を棄却していることから（最決昭40.9.16），判例上は提示を要しないとしているといえる。

　もっとも実務においては，このような捜索は少なからず住居権の侵害を伴うものであるから，捜索の正当性と受忍義務を住居主等に理解，納得させるため，次のような措置をとることが適当である。

①　逮捕状を所持している場合には，逮捕状の存在を知らせる程度に逮捕状を提示する。

②　現行犯逮捕，緊急逮捕，逮捕状の緊急執行の場合のように，逮捕状を提示することができない場合には，その要旨を告げる。

　ただし，これらの措置をとっていては被疑者に逃走されるおそれがあるなどの場合には，必ずしも事前にこれらの措置をとる必要はなく，捜索開始後にこれらの措置をとればよい。

ウ　立会い

　第220条第1項第1号の規定により被疑者を捜索する場合には，第222条第1項によって第114条（立会い）の規定が準用されるので，立会人を置かなければならない。

　しかし，第222条第2項の規定により，急速を要する場合には第114条第2項の規定によることを要しないとされているので，公務所以外の人の住

居等において被疑者の捜索を行う場合で急速を要するとき，例えば立会人を得るため捜索を遅らせればその際に被疑者に逃走されてしまうおそれがあるときには，立会人なくして捜索を行うことができる。

　一方，第222条第2項は，第114条第1項の規定については言及していないので，公務所内において被疑者を捜索する場合には急速を要するときでも，その長又はこれに代わるべき者を立ち会わせなければならない。ここで問題となるのが，深夜・休日等に，公務所内に逃げ込んだ被疑者を捜索する場合で，長又はこれに代わるべき者の到着を待っていたのでは被疑者に逃走されてしまうおそれがあるときに，当該公務所の宿直員を立ち会わせて捜索するということができるかということであるが，この点について，物の捜索・差押えと異なり，公務所の秘密を侵害する可能性が低いため，できると解すべきである。

第220条第1項第1・2号と立会人の要否

	被疑者の捜索（1号）	逮捕の現場での捜索・差押え（2号）
公務所	必要	必要
非公務所	急速を要するときは不要	必要

エ　被疑者捜索調書

　逮捕のため，捜索許可状なく住居内に立ち入り，被疑者を逮捕したときは，捜索した旨を逮捕手続書に記載する。他方，逮捕できなかった場合は，被疑者捜索調書を作成しなければならない。

(4)　逮捕の現場での捜索・差押え

ア　趣旨

　被疑者を逮捕する場合，逮捕の現場には逮捕事実に関連する証拠物が存在する蓋然性が高く，一般に令状発付の要件を充足しており，逮捕という重大な人権の制約に附随して捜索・差押えを許容しても新たな権利制限の程度は小さく，事前の司法審査を経る必要がないことから，第220条第1項第2号が定められている。

　なお，一般私人が逮捕した現行犯人の引渡しを受けた警察官は，自ら逮捕行為を行ったわけではないから，逮捕行為と引渡しがいかに時間的，場所的に接着していたとしても，令状なしで犯人の身体を捜索し，証拠物を

差し押さえることはできない。

　また，私人が現行犯逮捕のため，他人の住居に侵入することは認められない（名古屋高判昭26.3.3）。

イ　逮捕する場合

　「逮捕する場合」とは，単なる時点よりも幅のある逮捕する際をいい，逮捕との時間的接着を必要とするけれども，逮捕着手時の前後関係は，これを問わない（最判昭36.6.7）。ただし，逮捕着手前の捜索・差押えの場合，被疑者を現実に逮捕し得ることが確実な状況がなければならないと解されている。また，逮捕行為に着手しさえすれば，逮捕に成功したかどうかは関係なく，たとえ逮捕に失敗した場合でも，捜索・差押え等を行うことができる。

　なお，「逮捕行為に着手する」とは，単に逮捕しようと考えて被疑者や現行犯人に近づいていくだけでは足りず，客観的にも被疑者や現行犯人の身柄を拘束するのに必要な行為を始めたときをいう。したがって，被疑者を逮捕するため人の住居等に行ったところ，既に気配を察知して被疑者が逃走してしまっていたというような場合には，いまだ逮捕行為の着手があったわけではないから，令状なしに捜索・差押え等の処分を行うことは許されない。

ウ　逮捕の現場

　「逮捕の現場」とは，逮捕行為に着手した場所から逮捕を完了した場所までをいい，逃走した被疑者を追跡の上，逮捕したような場合には，追跡した場所はもちろん，もし被疑者が逃走途中に凶器や盗品等の証拠物を投げ入れている家屋や庭があれば，そこも逮捕の現場に含まれる。

　逮捕の現場の範囲がどこまで及ぶのかについては，逮捕の場所と直接接続する極めて限られた範囲内の空間に限るとされており，一般的には次のように考えられている。

　○　被疑者の住居内で逮捕した場合

　　→被疑者の住居内全部

　○　アパートの一室で逮捕した場合

　　→他人の居住している部屋は含まない。

　○　居宅から逃げ出してきた被疑者を玄関先で逮捕したような場合

第7章　捜索・差押え　**183**

　　　→居宅を含む。

　○　官公庁，会社の事務室で逮捕した場合

　　　→他の部屋等は含まない。

　ただし，自宅近くを歩いている被疑者を逮捕した場合は，どんなに自宅が近くとも，自宅を被疑者の逮捕の現場とは解すことはできない。また，逃走中の被疑者が逮捕の直前に何らかの所持品を塀越しに民家の庭へ投棄した場合，その民家の庭も，「逮捕の現場」に含まれる。

　なお，集団暴力事件等で，逮捕した被疑者の奪還を防止するなどのため，逮捕後直ちに被疑者を逮捕場所から少し離れたところまで連れてきて，その場所で身体を捜索して証拠物を押収するということを実務上行っているが，社会通念的に見て，その場所が逮捕場所と接続していると見られる近くの場所で，しかも逮捕の時点と時間的に接続しているならば，その場所も「逮捕の場所」に当たると考えてよい。最高裁（最決平8.1.29）も，「逮捕現場付近の状況に照らし，被疑者の名誉等を害し，被疑者らの抵抗による混乱を生じ，又は現場付近の交通を妨げるおそれがあるといった事情のため，その場で直ちに捜索・差押えを実施することが適当でないときには，速やかに被疑者を捜索・差押えの実施に適する最寄りの場所まで連行した上，これらの処分を実施することも，同号にいう『逮捕の現場』における捜索・差押えと同視することができ，適法な処分と解するのが相当である」と判示し，被疑者らを逮捕した後，各逮捕の場所から約500メートルないし3キロメートル離れた警察署に連行した後に行った捜索・差押えについて適法としている。

エ　立会い

　第220条第1項第2号の規定により逮捕の現場での捜索・差押えを実施する場合，第222条第1項によって第114条（立会い）の規定が準用されるので，立会人を置かなければならない。この場合，被疑者の捜索の際の「急速を要するとき」（222条2項）のような例外はない。

　被疑者の立会いについては，前述（**③**(2)オ）のとおり，令状による捜索・差押えの場合は，捜査上必要があるときに認められている（222条6項が準用する113条）。他方，令状によらない捜索・差押えにはこの規定がないが，直ちに引致する旨を定めた202条の趣旨を考慮した上で，短時間

であれば可能であると解されている。

オ　捜索の範囲

　捜索の範囲は，当該逮捕現場としての場所，逮捕現場内にある物及びその場所内にいる人の身体であるが，被疑者以外の第三者の物，身体，住居等については，差し押さえるべき物の存在が認められる状況がなければ，捜索をすることができない（222条1項，102条2項）。そして，この状況は，単に逮捕者の主観的推測だけではなく，被疑者の自白，目撃者の証言，その他の資料によって客観的に認められなければならない。

カ　捜索等の対象物

　捜索等の対象となる物は，逮捕理由となっている被疑事実に関する証拠に限られる。当該被疑事実と関係のない犯罪に関する証拠物を発見し，押収する必要があるときは，令状記載物以外の証拠物を発見した場合の措置と同様の方法によることとなる。

　　※なお，捜索等の対象物には，逮捕時に危害を加えるおそれのある凶器のほか，自動車等，被疑者の逃走の手段となり得る物件も含まれる。

キ　逮捕状が却下された場合

　被疑者を緊急逮捕したが，違法な逮捕であるとして逮捕状が却下された場合には，逮捕の現場で差し押さえた物は直ちに還付しなければならない（220条2項）。

　もし，還付した証拠物を再度押収する必要があれば，令状の発付を得て差し押さえるか，あるいは任意提出を受けて領置しなければならない。

⑸　承諾による捜索

　第220条で規定している令状によらない捜索等とは若干問題は異なるが，実務においては，人の住居等の任意の捜索ということも考えられる。この点については，法は何ら規定していない。この点，相手方の真意の承諾が得られることは一般的に考えにくく，しかも事後において承諾を巡って争いの生ずるおそれがあるため，犯捜規第108条は，「人の住居又は人の看守する邸宅，建造物若しくは船舶につき捜索をする必要があるときは，住居主又は看守者の任意の承諾が得られると認められる場合においても，捜索許可状の発付を受けて捜索をしなければならない」と人の住居等の任意の捜索を禁止している。

6 捜索・差押え終了後の措置

　捜査機関は，捜索をした場合において証拠物又は没収すべきものがないときは，捜索を受けた者の請求により，速やかにその旨の証明書を交付しなければならない（222条1項，119条，犯捜規150条）。

　また，差押えをした場合には，その目録を作り，所有者，所持者若しくは保管者（112条の2の規定による電磁的記録に係る記録媒体の差押えの処分を受けた者を含む。）又はこれらの者に代わるべき者にこれを交付しなければならない（222条1項，120条）。この規定に基づいて作成される押収品目録交付書は，被押収者の請求の有無にかかわらず，押収した場合には必ず交付しなければならない。よって，被押収者が立会いを拒否した場合も交付する必要があり，また，被押収者が受け取りを拒否した場合でも，押収品目録交付書は作成し，被押収者にいつでも交付できる状態にしておく必要がある。

　※なお，司法警察職員のした押収若しくは押収物の還付に関する処分に不服がある者は，その司法警察職員の職務執行地を管轄する地方裁判所又は簡易裁判所にその処分の取消し又は変更を請求することができる（430条2項）。

7 押収物の措置

(1) 押収物の保管

　押収した証拠物については，これを事件とともに速やかに検察官に送致（付）するのが原則である（246条，242条）。事件の送致後においても，捜査の必要性等の理由で警察署等で保管することがあるが，押収物の保管については，善良なる管理者の注意義務（物又は事務を管理する場合に，当該職業，地位にある者として普通に要求される程度の注意義務）が要求されることから，その喪失又は破損を防ぐため相当の処置をしなければならない（刑訴規則98条）。

　なお，運搬又は保管に不便な押収物については，看守者を置き，又は所有者その他第三者の承諾を得て，保管させることができる（222条1項，121条1項）。

爆発物のような危険を生ずるおそれのある押収物は，廃棄することができる（222条1項，121条2項）。また，密漁に係る魚類等没収することができる押収物で滅失若しくは破損のおそれがあるもの，又は船等保管に不便なものについては，これを売却してその代価を保管（換価処分）することができる（222条1項，122条）。

司法巡査は廃棄を行うことはできるが，換価処分については行うことができず，司法警察員が行うこととなっている（222条1項ただし書，121条2項，122条，犯捜規112条4項）。「保管に不便」とは，社会通念上押収物がそれ自体の性質として，保管に不便であることを意味する。

⑵　還付・仮還付

ア　還付

押収物は留置の必要がなくなれば，事件の終結を待たないで，還付しなければならない（222条1項，123条1項）。還付は被押収者に対して行うことが原則であり，最高裁も「刑訴法222条の準用する同法123条1項にいう還付は，押収物について留置の必要がなくなった場合に，押収を解いて原状を回復することをいうから，被押収者が還付請求権を放棄するなどして原状を回復する必要がない場合又は被押収者に還付することができない場合のほかは，被押収者に対してすべきであると解するのが相当である」と判示している（最決平2.4.20）。また，捜査機関による押収処分を受けた者が捜査機関に対して押収物の還付を請求することの可否については，最高裁は還付請求権を認めている（最決平15.6.30）。

押収物が盗品等で留置の必要がないものは，被害者に還付すべき理由が明らかなときに限り，被告事件の終結を待たないで，検察官及び被告人又は弁護人の意見を聴き，決定でこれを被押収者でなく被害者に還付しなければならない（222条1項，124条1項）。ここでいう被害者とは，直接の被害者だけでなく，被害者に保険金を支払った保険会社等，正当な財産上の権利義務を有する者も含まれる。ただし，捜査機関が捜査段階で押収物を還付する場合は，裁判所が行う押収物の還付の場合と異なり，捜査としての行為であることに鑑み，被疑者やその弁護人の意見を聴く必要はなく，捜査機関の独自の判断で行うことができると解する。これらの処分につい

第7章 捜索・差押え **187**

ても，司法巡査は行うことができず，司法警察員が行うこととなっている（222条1項ただし書）。

なお，還付等の処分に当たっては，司法警察員は警察署長等の指揮を受ける（犯捜規112条1項）。

※捜査機関が行う押収物の還付の効力の発生時期は，還付を受ける者に押収物を現実に引き渡した時点ではなく，司法警察員が押収物の還付を決定し，還付を受ける者に通知した時点である（東京地決昭48.4.21）。

※押収物の還付を受けるべき者の所在が分からないため，又はその他の事由によって，その物を還付することができない場合には，検察官は，その旨を政令で定める方法によって公告しなければならない（499条1項）とされていたが，平成22年度の刑事訴訟法の改正により，司法警察員も還付の公告を行うことができるとされた（なお，当該規定は，平成22年10月25日に施行された。）。

公告をしたときから6か月以内に還付の請求がないときは，その物は，国庫に帰属し，当該期間内でも，価値のない物は，これを廃棄し，保管に不便な物は，これを公売してその代価を保管することができる（同条3項及び4項）。

※なお，第123条第3項は，「押収物が第110条の2の規定により電磁的記録を移転し，又は移転させた上差し押さえた記録媒体で留置の必要がないものである場合において，差押えを受けた者と当該記録媒体の所有者，所持者又は保管者とが異なるときは，被告事件の終結を待たないで，決定で，当該差押えを受けた者に対し，当該記録媒体を交付し，又は当該電磁的記録の複写を許さなければならない。」と規定し，第222条第1項により検察官，検察事務官及び司法警察職員が行う差押えにもこの規定が準用される。

イ　押収物の具体的な還付先

押収物の還付先は，原則として被押収者に，例外としてその物が盗品等であるときで被害者に還付すべき理由が明らかなときは被害者に還付することは前述のとおりである。しかし，このほかにも押収物の還付先に関する各規定があり，それらを踏まえて検討した上で，還付先を決定しなければならない（犯捜規115条）。

例えば，押収物が恐喝・詐欺事件の被害品である場合，民法上，瑕疵ある意思表示は取消権者の取消しがあるまでは有効なものとして取り扱われることから，取消権者である被害者の取消し意思を確認するなどした上で，

被害者に押収物を還付することが可能となる。ただし，民法第96条第3項が，「前2項の規定による詐欺による意思表示の取消しは，善意でかつ過失がない第三者に対抗することができない。」と規定されていることから，被押収者が被疑者ではない善意でかつ過失がない第三者である場合，被害者に還付することができない。

　また，窃盗，強盗及び遺失物横領罪の被害品の還付先については，民法，古物営業法及び質屋営業法の規定により，次の表のとおりとなる。

　※関連する条文は次のとおり。
　　民法第192条，第193条，第194条
　　古物営業法第20条
　　質屋営業法第22条

被押収者		押収物の入手先	被害・遺失からの年月	被害者から被押収者に対しての代価弁償	還付先
被疑者					被害者
悪意取得者					被害者
善意取得者		被疑者 悪意取得者 善意取得者 （下段の場合を除く）	2年以内		被害者
			2年以上		被押収者
	古物商・質屋	公の市場 競売（私的競売を含む） 商店等	1年以内		被害者
			1年以上 2年以内	する	被害者
				しない	被押収者
			2年以上		被押収者
	上記以外	同上	2年以内	する	被害者
				しない	被押収者
			2年以上		被押収者

第7章　捜索・差押え　**189**

　なお，動産のうち，登記・登録をもって所有権移転の対抗要件としている自動車（道路運送車両法5条，自動車抵当法5条），船舶（商法687条），航空機（航空法3条の3，航空機抵当法5条），建設機械（建設機械抵当法7条1項）については，占有をもって所有権の対抗要件とする即時取得に関する民法第192条等の規定は適用されない（ただし，未登録，未登記のものや，登録・登記による所有権移転の対抗要件が存在しない軽自動車，小型特殊自動車，二輪の小型自動車，原動機付自転車等については，通常の動産として取り扱うことになる。）。

　有価証券については，手形法第16条第2項（為替手形），同法第77条（約束手形），小切手法第21条（小切手），会社法第131条第2項（株券）に，それぞれ即時取得の特別規定がある。つまり，取得者に悪意又は重大な過失がない限り，直ちに，取得者がその所有権等の権利を取得することとなり，被害者は返還請求できない。

　現金は，金銭的価値を具現しているものの，それ自体では物としての個性を有しないものであるから，特段の事情がない限り，占有の移転とともに，現金の所有権も移転するものと解されている（最判昭39.1.24）。このため，被害現金が特に区別されて保管されている場合はともかく，犯人の所持金と混同した場合が問題となるが，犯人から押収した現金金額のうち，被害額相当分の現金を被害者に還付することは可能であると解されている（長野地諏訪支判昭33.7.31）。

　※押収物の一部に被疑者の所有物が統合し，容易に分離させることができない場合，民法第243条「所有者を異にする数個の動産が，付合により，損傷しなければ分離することができなくなったときは，その合成物の所有権は，主たる動産の所有者に帰属する。分離するのに過分の費用を要するときも，同様とする。」により，そのまま被疑者に還付することとなる。

ウ　仮還付

　押収物は，所有者，所持者，保管者又は差出人の請求により，仮に還付することもでき（222条1項，123条2項），これを仮還付という。仮還付とは，押収物について留置の必要が全くなくなったわけではないものの，一時的に留置を解いても捜査上又は公判維持上支障がないという場合に，

将来必要があるときには再び留置の状態に戻すことを留保して，所有者等の請求に基づき一時的に押収物を返還する処分である。

仮還付した証拠品を，捜査の必要性から再度提出を受ける場合，改めて領置手続をとる必要はなく，書類にその旨を明らかにすれば足りる。ただし，再提出を相手方が拒んだ場合には，（捜索）差押許可状の発付を受けて，これを差し押さえる必要がある。

仮還付を受けた場合，押収の効力は失われないので，仮還付を受けた者は，これを保管する義務を負い，これを不法に処分すれば横領罪や毀棄罪に問われることになる。先に仮還付した物について，さらに還付の処分をする必要があるときは，還付通知書を交付して行う（犯捜規112条2項）。

還付同様，仮還付についても司法巡査は行うことができず，司法警察員が行うこととなっている（222条1項ただし書）。また，還付と同様，司法警察員は，警察署長等の指揮を受けなければならない（犯捜規112条1項）ことは還付と同様である。

(3) 所有権放棄

警察が証拠物を押収した場合，その所有者がその物の所有権を放棄する旨の意思表示をしたときには，任意提出書にその旨を記載させ，又は所有権放棄書の提出を求めなければならない（犯捜規109条2項，151条）。

※所有権放棄は，その押収物の所有権者及び所有権者から代理権を付与されている者でなければできないことから，所有権放棄書を求める際には，その者が当該押収物につき，所有権を放棄する権限を有している者であるかどうかを確認する必要がある。

※押収物の所有権が放棄された場合，それが動産であるときは，検察官の占有によって国庫に帰属する（民法239条1項）。国庫に帰属する時期は，警察署等で所有権放棄された証拠品の場合には，検察官が当該証拠品の送付を受けて占有の移転があったときと解されている。

第8章　検証・鑑定　*191*

第8章　検証・鑑定

> **学習の指針**
>
> 　検証とは，事実確認のため，場所，物又は人について，その存在，形状，作用を人の五官の作用によって感知することをいい，鑑定とは，特別の知識経験を有する者が，専らその知識経験によってのみ知り得る実験法則及びこの法則を適用して得た意見判断の報告をいう。
>
> 　この章では，検証及び鑑定について説明するとともに，特に，身体検査，強制採尿・強制採血，通信傍受について詳述する。

①　検　　　　証

(1)　検証の要件

　検証とは，事実確認のため，場所，物又は人について，その存在・形状・作用を人の五官の作用によって感知することをいう。刑事訴訟法は第218条により許可状の発付を受けて行う場合（令状による検証）と，第220条により逮捕時に行われる場合（令状によらない検証）の二つを規定しているが，このような強制処分として行う場合以外に任意の検証も考えられるわけであり，これを実況見分と呼んでいる（犯捜規104条，第4章参照）。また，検証の一方法として身体検査があるが，これについては，身体の自由に対する侵害を意味するのみならず，名誉など個人の尊厳にかかわる問題であるので，刑事訴訟法は通常の検証とは区別して令状発付について特に厳重な要件を定めている。

　　ア　令状による検証

　　検察官，検察事務官又は司法警察職員は，犯罪の捜査をするについて必要があるときは，裁判官の発する令状により検証することができる（218条1項前段）。すなわち，捜査上強制処分としての検証をしなければその

目的を達することが困難であるとき，検察官・検察事務官・司法警察員は，検証すべき場所・身体・物，請求者の官公職氏名，被疑者の氏名，罪名及び犯罪事実の要旨，7日を超える有効期間を必要とするときはその旨及び事由，日の出前又は日没後に検証をする必要があるときは，その旨及び事由を記載した「検証許可状請求書」並びに被疑者が罪を犯したと思料されるべき疎明資料を，当該請求者の所属する官公署の所在地を管轄する地方裁判所又は簡易裁判所（やむを得ない事情があるときは，最寄りの下級裁判所）の裁判官に提出して令状を請求し（218条，刑訴規則155条1項，156条1項，299条1項），裁判官の検証許可状の発付を得て検証を行うことができる。

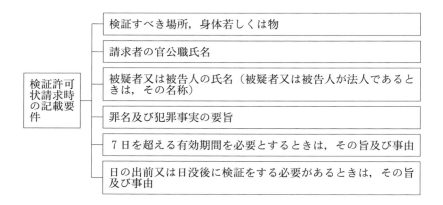

イ 令状によらない検証

検察官・検察事務官・司法警察職員は，被疑者を逮捕する場合において必要があるときは，令状がなくても，逮捕の現場で検証することができる（220条1項2号，3項）。また，身体の拘束を受けている被疑者について，必要があるときは，その指紋，足型を採取し，又は写真を撮影することができる（218条3項）。

(2) **検証における処分の内容**

検証については，身体の検査，死体の解剖，墳墓の発掘，物の破壊その他必要な処分をすることができる（222条1項，129条）。

身体の検査とは，生きている人の身体について，その形状・状態を認識す

第 8 章 検証・鑑定 **193**

る処分である。対象は被疑者でもそれ以外の第三者でもよい。身体につき，日常の状態のまま，ただ単に外部から観察するのは通常の検証であって，ここにいう身体検査ではない。

なお，検証としての身体検査は，特別の知識経験によらないで身体の形状を認識する処分であるという点で，鑑定のための身体検査（225条1項，168条1項）と異なっている。

検証のための死体の解剖も，鑑定のための死体の解剖（225条1項，168条1項）と異なり，特別の知識経験に基づく判断を要しない事実認識のためのものであるから，その方法や程度もおのずから制限されることになるが，検証のための死体の解剖は実務上，ほとんど行われていない。

なお，死体の解剖と後述の墳墓の発掘処分に当たっては，礼を失わないように注意し，配偶者・直系の親族・兄弟姉妹があるときは，これに通知しなければならない（刑訴規則101条，犯捜規156条）。

物の破壊とは，例えば，爆発物を爆発させるように検証そのものとして行われたり，建物の内部を検証するために扉の錠を壊すなど検証の準備的手段として行われるものである。いずれも相手の所有権に対する侵害であるので，慎重に行わなければならない。

その他必要な処分とは，例えば，携帯電話の通信事業者の協力の下での暗証番号の設定の解除，工事・営業等の一時中断，交通の一時停止，工作物の除去あるいは写真撮影等がこれに当たるが，当該検証の目的を達するため必要最小限度の処分に限られ，その方法も社会通念上妥当なものでなくてはならない。

※なお，エックス線検査を行う場合も検証としての強制処分に当たる。最決平21.9.28は，宅配業者の承諾を得て実施された任意捜査での5回にわたるエックス線検査につき，「本件エックス線検査は，荷送人の依頼に基づき宅配便業者の運送過程下にある荷物について，捜査機関が，捜査目的を達成するため，荷送人や荷受人の承諾を得ることなく，これに外部からエックス線を照射して内容物の射影を観察したものであるが，その射影によって荷物の内容物の形状や材質をうかがい知ることができる上，内容物によってはその品目等を相当程度具体的に特定することも可能であって，荷送人や荷受人の内容物に対するプライバシー等を大きく侵害するものであるから，検証としての性質を有する強制処分に当たるもの

解される。そして，本件エックス線検査については検証許可状の発付を得ること
が可能だったのであって，検証許可状によることなくこれを行った本件エックス
線検査は，違法である」と判示している。

他方，いわゆるGPS（移動追跡装置）を用いた捜査については，最大判（平29.
3.15）は，「刑訴法197条1項ただし書の「この法律に特別の定のある場合」に当
たるとして同法が規定する令状を発付することには疑義がある。GPS捜査が今後
も広く用いられ得る有力な捜査手法であるとすれば，その特質に着目して憲法，
刑訴法の諸原則に適合する立法的な措置が講じられることが望ましい。」と判示し
ており，注意を要する。

② 身 体 検 査

(1) 令状による身体検査の要件

検察官，検察事務官又は司法警察職員は，犯罪の捜査をするについて必要
があるときは，裁判官の発する身体検査令状により身体検査をすることがで
きる（218条1項後段）。身体検査の被検査者の人的範囲については制約がな
く，被疑者だけでなく第三者に対しても行うことができる。

「犯罪の捜査をするについて必要があるとき」が令状による身体検査の要
件であるが，身体検査の必要性とは，単に捜査のため必要があるということ
ではなく，捜査上，強制処分としての身体検査をしなければ捜査の目的を達
し難いという意味であって，犯人としての身体上の特徴（例：背中に大きな
あざがある。）を確認されまいとして，被疑者がこれを見せるのを拒否した
ような場合がこれに当たる。特定の犯罪の嫌疑の存在が前提となることはも
ちろんであるが，嫌疑の程度は逮捕の場合より低くて足り，「被疑者が罪を
犯したと思料される」程度でよい（刑訴規則156条1項）。

令状の請求については，検察官，検察事務官又は司法警察員は，前述した
「検証許可状請求書」に記載すべき事項のほかに，身体の検査を必要とする
理由及び身体の検査を受ける者の性別，健康状態その他裁判所の規則で定め
る事項を「身体検査令状請求書」に記載し（218条5項，刑訴規則155条2項），
当該請求者の所属する官公署の所在地を管轄する地方裁判所又は簡易裁判所
（やむを得ない事情があるときは，最寄りの下級裁判所）の裁判官に提出し
なければならない（218条4項，5項，刑訴規則299条1項）。裁判官は，こ

の請求について理由があるときは，明らかに身体検査の必要性がない場合を除き，身体検査令状を発するが，この場合，身体検査を行うべき場所，時期，方法等について適当と認める条件を附することができる（218条6項）。

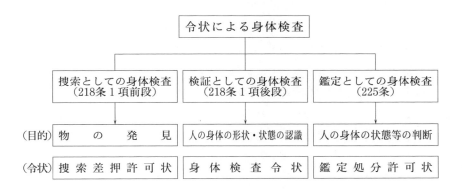

(2) **身体検査と身体捜索との関係**

いわゆる「物の捜索」としての人の身体・物・住居その他の場所の捜索のうち，身体の捜索については，身体検査との関係で若干検討すべき問題がある。そこで，ここでは，全裸にして行う身体の捜索，体腔内の捜索及び胃腸内に飲み込まれている証拠品の捜索の3点について，身体検査との関係を検討する。

なお，警職法第2条第4項は，「警察官は，刑事訴訟に関する法律により逮捕されている者については，その身体について凶器を所持しているかどうかを調べることができる。」と規定しているが，これは自殺等の事故防止という行政目的のための，いわゆる身体捜検であって，刑事訴訟法上の身体の捜索とは異なるものであるから，一般的には，着衣の上からの検査及びポケットや靴の中の検査にとどまり，裸にして検査することまでは許されないであろう。

ア　全裸にして行う身体の捜索

身体の外面あるいは衣服について完全に捜索を行おうとする場合，処分の相手方の身体を全裸又はこれに近い状態にしてまですることが許されるか否か疑義があるところであるが，処分の相手方を全裸にして差し押さえ

るべき物を捜索するのは，物の発見を目的とする捜索と身体の状態を認識する身体検査との両方の性質を合わせもつものであることから考えると，実務的には，令状による必要がある場合には「捜索許可状」に加えて，「身体検査令状」を取っておく方が適当である。したがって，身体検査令状に対して裁判官が付した条件（例えば，女子の陰部の外表付近の検査につき，補助者としての医師をして検査させなければならないとする条件）を遵守しなければならないし，被処分者が女子の場合，必ず医師又は18歳以上の女子を立ち会わせなければならない（222条1項，131条2項）ことになる（なお，女子の身体を捜索する場合には，18歳以上の女子を立ち会わせなければならないが，急速に捜索を行う必要があると警察官が判断したときには，立会いなしでも捜索できる（222条，115条）。）。

イ　体腔内の捜索

　身体の捜索については，体腔（口腔，膣，肛門）内に挿入された疑いのある証拠物の発見を捜索手続によってのみ行うことができるという考えもあるが，身体内部について証拠物を探す手続は，単に相手方を全裸にして身体の外面だけについて捜索するような場合とは異なり，その方法においてはむしろ検証としての身体検査の実質をもつと見るべきである。したがって，実務的には，口腔，膣，肛門のような身体に傷害を与えずに体腔の内部を証拠物発見のために捜索するには，目的の面から「捜索」の，方法の面から「身体検査」の各手続を併用すべきであり，令状によって行わなければならない場合には，「捜索許可状」と「身体検査令状」を取得することが望ましい。

　このようにして，体腔内の証拠物を捜索する場合においては，捜索手続に加えて身体検査手続によることになると，その実行に際しては，単なる捜索手続による場合よりも一層厳格な手続が要求されることになる。例えば，女子の膣内に挿入隠匿された証拠物を発見するためには，身体検査でもある以上は必ず医師又は18歳以上の女子の立会いを必要とする（222条1項，131条2項）。また，身体検査令状によって証拠物を捜索する場合には，裁判官は適当と認める条件（例えば，身体の捜索を受ける者が女性であるときは，捜索をすべき者も女性捜査官に限定する等）を付して令状を

第8章　検証・鑑定　**197**

発付することがあり得る（218条6項）ことに留意すべきである。

ウ　胃腸内に飲み込まれている証拠品の捜索

　単に体腔内に挿入隠匿されているにすぎない証拠物を捜索する場合と異なり，飲み込まれて胃腸内にとどまっている嚥下証拠品を捜索するにはどのようにすべきであろうか。

　まず，身体の「捜索」手続は，その性質上あくまでも身体を直接見たりこれに触れたりする程度の処分であるから，身体の内部に存在する証拠物を発見するためであるとしても，レントゲン照射によって身体の内部の証拠物の所在を確認したり，吐剤・下剤を飲ませて体外に排出させるなど，人の生理的機能にある程度の障害・影響を与える処分を身体の捜索として行うことはできないと解する。また，身体の内部の証拠物の所在の確認は人の五官の作用によって感知し得るものではないので，検証及びその一部である身体検査として行うことはできない（この場合は，後述する鑑定処分にわたる検査を行うこととなる。）。

⑶　**身体検査の拒否と対抗措置**

　裁判所が行う身体検査が拒否された場合の処置についての規定（137条ないし140条）は，第222条第1項により，捜査機関が行う身体検査（令状によると否とを問わない。）にも準用される。したがって，身体検査が拒否された場合にとり得る方法は三つある。

　なお，身体検査を拒否された捜査機関としては，たとえ正当の理由がない拒否であると思われても，拒否の理由を知るように努力し，説得にも努め，検査に応じるよう仕向けるべきである。

ア　間接強制（その1）

　正当な理由なく身体検査が拒否されたときは，裁判所は，決定で10万円以下の過料に処し，かつ，その拒絶により生じた費用の賠償を命ずることができる（222条1項，137条）。身体検査を「拒んだ」というのは，身体検査が現実に行われ，あるいは，少なくとも行われようとしたときにこれを拒否することであって，あらかじめ拒否する意思を表明していただけでは足りない。被検者が正当な理由もないのに身体検査を拒んだときは，請求者の所属の官公署の所在地を管轄する地方裁判所又は簡易裁判所に対し，

過料に処し又は賠償を命ずべき旨の請求を行う（222条7項，刑訴規則158条，犯捜規162条）。

イ　間接強制（その2）

正当な理由なく身体検査が拒否されたときは，いわゆる「身体検査拒否の罪」が成立し，通常の刑事手続を経ることによって，10万円以下の罰金又は拘留に処せられ，情状によってはこの両者が併科されることもある（222条1項，138条）。ひとたび拒否した以上は，後に身体検査に応じたとしても犯罪の成否に影響がない。第137条により過料に処した場合（ア　間接強制（その1））でも，過料は秩序上の制裁で刑罰ではないから，第138条の刑罰を更に科しても違法ではない。

ウ　直接強制

ア及びイの間接強制の手段によって身体検査に応ずる見込みがないと認めるときは，捜査機関はそのまま身体検査を行うことができる（139条）。「そのまま」とは，直接強制によって，すなわち実力を用いても，という意味である。直接強制は身体検査の目的を達するために必要最小限度の妥当な実力を用いて行うべきである。

(4)　令状によらない身体検査

ア　身体拘束中の被疑者の指紋採取等

捜査機関が身体検査を行うには，原則として，身体検査令状によらなければならないことは既に述べてきたとおりであるが，例外的に，身体の拘束を受けている被疑者の指紋若しくは足型を採取し身長若しくは体重を測定し，又は写真を撮影するには，被疑者を裸にしない限り，令状によることを要しない（218条3項）。

これら指紋採取等の行為は，しばしば逮捕された被疑者を特定する上で必要であるのみならず，裸にして行うのでない限りは，人権に対する侵害の程度が比較的小さく，また，そもそも逮捕という処分は，被疑者に対してこの程度の処分を受忍させて証拠を収集することも予定していると考えられることから，これらの行為は逮捕という処分の中に実質的に包含されていると解されるので，令状がなくてもこれを行うことが許されるのである。しかし，そのためには次の三要件が必要となる。

第8章　検証・鑑定　**199**

(ア)　身体の拘束を受けている被疑者に対するものであること

　これには，逮捕，勾留されている被疑者のほか，鑑定留置中（224条）の被疑者も含む。したがって，任意出頭によって取調べを受けているときの被疑者や，被疑者以外の参考人は対象とならないから，これらの者に対して指紋採取等の処分をすることは，その任意の承諾がない限り，令状を要する。

(イ)　指紋・足型の採取，身長・体重の測定，写真の撮影であること

　ここに列挙された各処分は，いずれも，逮捕された被疑者を特定するために，身体の拘束処分の付随処分として令状なくして強制的に行うことを許される身体検査の例示であると解すべきであるから，実質的にこれらと同じ性質をもつ掌紋の採取，歯並び・歯型の検査，あざ・ほくろ・入れ墨等の身体的特徴の検認，胸囲の測定等も，上記に準じてやはり令状なくしてこれを行うことが許される。

(ウ)　被疑者を裸にしないで行うこと

　「裸にする」というのは，全裸にすることだけではなく，着衣を脱がせて通常容易に露出しない部分を露出させることを含む。したがって，男性と女性とでは異なることがあり，また，季節や環境によっても異なるわけであるが，要するに，社会通念上許容される程度まで許されることになる。それゆえ，身体拘束中の被疑者の通常容易に露出しない身体の部分にある入れ墨，あざ，ほくろ等の特徴の検認に際し，被疑者がその部分の着衣を脱することを拒否する以上は，強制的に着衣を脱がせてまでこれを行うことは許されない。裸にすることは，身体検査令状によってのみ強制できる。

　なお，東京地決（昭59.6.22）は，度重なる説得や要請に全く応ぜず，徹底的に指紋採取等に抵抗した逮捕中の被疑者に対し，間接強制によってはその効果がないとして，直接強制したことを適法と判示している。

　※また，被疑者を再逮捕した場合，改めて被疑者写真を撮影し，指掌紋を採取することとなっている（被疑者写真の管理及び運用に関する規則2条1項，指掌紋取扱規則3条1項）。

イ 逮捕現場における身体検査

　捜査機関は，被疑者を逮捕する場合において必要があるときには，逮捕の現場にて令状なしで「検証」することができる（220条1項2号，3項）。そして，この検証には「身体検査」も含まれるから，捜査機関としては，身体検査令状がなくても，逮捕に着手してからその完了前あるいは逮捕直後に逮捕の現場で被疑者の身体を検査することができる。

　この場合の身体検査にも，第222条第1項により第131条が準用される。したがって，逮捕現場における身体検査についても，これを受ける者の性別，健康状態その他の事情を考慮した上，特にその「方法」に注意し，その者の名誉を害しないように注意しなければならない。つまり，身体検査の方法は，健康状態を悪化させず，名誉を傷つけないような穏当なものでなければならず（犯捜規159条），相手方を全裸にしてしまうのは，一般的には妥当を欠くであろう。特に女性の場合は，その点について注意する必要があり，例えば，腹部にあるはずの手術痕の有無を身元確認のため検査する必要がある場合には，その該当部分を外部から認識できるよう露出させて検査することで足り，その限度内の検査が許されるから，ことさら全裸にして検査するのは，必要性の限度を超えているものとみなされ，許されない。

③ 強制採尿・強制採血

⑴ 強制採尿

ア 強制採尿に必要な令状

　覚醒剤使用事件等においては，体内の覚醒剤保有の有無を確認するため，尿を採取し，これを鑑定するのが最も効果的である。この場合，被検査者が任意に排尿し，それを提出することに同意した場合は，自然排尿された尿を採取することとなる。尿はいずれは体外に排泄されるものであり，排泄された尿を採取することはことさら身体の安全などの不利益を伴うものではないので，任意に提出された尿を採取するのに令状は必要ないと解されている（なお，捜索差押令状の発付を得て，被疑者に令状を示して病院

に連れて行こうとしたところ，被疑者が観念し，自ら尿を提出したい旨申し出たとしても，令状によって差し押さえるべきである。)。

　他方，説得にもかかわらず被検査者が排尿自体を拒否したり，錯乱したりしていて説得が不可能な場合，カテーテルを被検査者の尿道から膀胱内に挿入して体内の尿を強制的に採取する強制採尿は実務上広く行われているが，この可否について，最決（昭55.10.23）は「強制採尿が捜査手続上の強制処分として絶対に許されないとすべき理由はなく，被疑事件の重大性，嫌疑の存在，当該証拠の重要性とその取得の必要性，適当な代替手段の不存在等の事情に照らし，犯罪の捜査上真にやむをえないと認められる場合には，最終的手段として，適切な法律上の手続を経てこれを行うことも許されてしかるべきであり，ただ，その実施にあたっては，被疑者の身体の安全とその人格の保護のため十分な配慮が施されるべきものと解するのが相当である」と判示している。

　また，強制採尿の際に必要な令状については，かつて身体検査令状と鑑定処分許可状とが併用されていたが，上記判例は，血液は人体の一部であるのに対し，尿はいわば廃棄物であり，いずれ体外へ排出されるものであるから，採尿を物の捜索・差押えと同視して，捜索差押許可状によるべきであるとした上で，身体検査令状に関する第218条第6項を準用し，医師をして医学的に相当と認められる方法で行わせなければならない旨の条件の記載が不可欠であるとした。これにより実務においては，差し押さえるべき物として「被疑者の尿」，捜索すべき場所として「被疑者の身体」とそれぞれ記載し，かつ「医師をして医学的に相当と認められる方法により行わせること」との条件を付した捜索差押令状によって強制採尿が行われ，採取後は，採尿を実施した医師により当該採尿が医学的に相当と認められる方法により実施されたことを書面上に明らかにしている。実務上，この令状は，「強制採尿令状」とも呼ばれている。

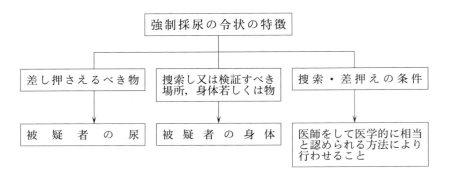

　なお，前述の福岡高判（平24.5.16）は，強制採尿令状を執行中の捜査官らが，携帯電話機で外部の者と連絡を取ろうとした被疑者から強制力を用いて携帯電話機を取り上げ，さらに，被疑者からの携帯電話機の返却要求を拒んだ行為は，いずれも第111条第1項の「必要な処分」には当たらず，違法と言わざるを得ない旨判示していることに注意が必要である。ただし，当該判決においては，被疑者が連絡をとろうとした際，知り合いの弁護士に連絡する意図を有していたか疑問があるし，捜査官らは，被疑者が弁護士に連絡しようとしていたことを知らなかったから，捜査官らが故意に被疑者の弁護人依頼権を侵害したとみることはできない上，捜査官らが取り上げた携帯電話機を返却するまでの時間は多く見積もっても40分程度であったこと，捜査官らの行為は被疑者が携帯電話機で外部の者に連絡し暴力団関係者を呼び寄せて強制採尿令状の円滑な執行を妨害するのを防止するのに必要なものであったこと，ただ，その手段がやや行き過ぎたにすぎなかったことにも照らすと，その違法の程度は重大であるとはいえないだけでなく，捜査官らに令状主義を没却する意思があったともいえないとして，同鑑定書の証拠能力は認められている。

イ　強制採尿令状に基づく採尿場所への連行

　強制採尿を実施するには被疑者を病院等，採尿場所まで同行することが必要であるが，最決（平6.9.16）は「身体を拘束されていない被疑者を採尿場所へ任意に同行することが事実上不可能であると認められる場合には，強制採尿令状の効力として，採尿に適する最寄りの場所まで被疑者を連行することができ，その際，必要最小限度の有形力を行使することがで

きるものと解するのが相当である」と判示している。その理由については，「そのように解しないと，強制採尿令状の目的を達することができないだけではなく，このような場合に右令状を発付する裁判官は，連行の当否を含めて審査し，右令状を発付したものとみられるからである」としている。

なお，同決定は，「令状に，被疑者を採尿に適する最寄りの場所まで連行することを許可する旨を記載することができることはもとより，被疑者の所在場所が特定しているため，そこから最も近い特定の採尿場所を指定して，そこまで連行することを許可する旨を記載することができることも，明らかである」と判示していることから，実務においては，「強制採尿令状」請求の際，裁判官に連行許可の記載を求めるのが相当である。

※医師が治療目的で患者から採取した薬物検査をした尿を，警察が押収したことについて，その入手過程の適否が争われた件につき，最決平17.7.19は当該医療行為を違法とはいえないとした上で，「医師が，必要な治療又は捜査の過程で採取した患者の尿から違法な薬物の成分を検出した場合に，これを捜査機関に通報することは，正当行為として許容されるものであって，医師の守秘義務に違反しない」と判示している。

(2) 強 制 採 血

強制採血は常に身体への傷害を伴うが，検査のために必要な採血量がわずかである場合には，強制的に採血することも許されてよい。もっとも，血液は生命維持に重要な機能を果たす身体の構成要素であり，その採取のためには注射器による採取，耳たぶの切開による採取等，専門的技術的方法による必要性がある上，軽微とはいえ身体に傷害や痕跡を残すこととなり，さらに，採取した血液型等の確定は鑑定の性格をもつことから，実務上，強制採尿とは異なり，後述する鑑定処分許可状と身体検査令状とを併用している。鑑定処分許可状に加えて身体検査令状の発付を受ける理由は，後述するとおり鑑定処分については直接強制を認めた第172条及び第139条は準用されないことから（225条4項），血液採取を拒む者に対する直接強制ができないからである。この場合も，強制採尿と同様に，「医師をして医学的に相当と認められる方法により行わせること」という条件を付すべきである。

なお，血液採取については，たとえ相手が同意していても，鑑定処分許可

状の発付を得て採血することが適当である。

　また，DNA型鑑定資料採取のため身体検査令状の発付を得て強制採血を実施しようとしたところ，被疑者がしぶしぶ口腔内細胞の提出を申し出たとしても，令状により強制採血すべきである。

　※強制採毛についても，強制採血と同様，鑑定処分許可状と身体検査令状とを併用して行われている。

強制採尿と強制採血

	強 制 採 尿	強 制 採 血
身体の侵害度	比較的大きい	量が僅少であれば小さい
心理的屈辱感	大きい	小さい
対象の性質	いずれは排出される物	身体の重要な構成要素
令　　　状	捜索差押許可状 　（強制採尿令状） ただし，「医師をして医学的に相当と認められる方法により行わせること」	鑑定処分許可状と身体検査令状の併用 ただし，「医師をして医学的に相当と認められる方法により行わせること」

(3)　留め置き

　職務質問等で覚醒剤使用の嫌疑が明らかとなった場合，当該被疑者に対する強制採尿令状を請求し，その発付を受けて執行するまでの間，被疑者を留め置かなければならないことがある。

　このような留め置きの任意捜査としての適法性を判断したものに，東京高判平21.7.1がある。同判決は，まず，「純粋に任意捜査として行われている段階と，強制採尿令状の執行に向けて行われた段階（以下，便宜「強制手続への移行段階」という。）とからなっていることに留意する必要があり，両者を一括して判断することは相当でない」とした上で，前者については，要した時間は30分程度であり，その間の留め置きは純粋に任意捜査であるとした。また，後者については，令状請求の準備から令状発付まで約2時間40分であるが，

　　○　覚醒剤の体内残存期間は被疑者に有利に見ても1か月を超えない程度であるが，この程度の期間なら，捜査官との関係で所在をくらませるこ

第8章　検証・鑑定　**205**

とは可能であること

○　令状請求のためには，対象者に対する取調べ等の捜査と並行して，あらかじめ採尿担当医師を確保しておくことが前提となり，令状発付後も当該医師のところに所定時間内に連行する必要が生じ得ることから，強制採尿令状の請求手続が開始されてから同令状が執行されるまでには相当程度の時間を必要とすることがあり得，それに伴って留め置き期間が長引くこともあり得ること

○　令状請求の準備行為から令状執行まで約3時間かかっているが，所要時間として，特に著しく長いとまでは見られないこと

○　留め置きの態様は，再三任意採尿を促しても応じず退出しようとする対象者に対し，警察官はその都度，前に立ち塞がったり，背中で押し返したりするなど受動的な行為を行うにとどまり，積極的に被告人の意思を制圧するような行為等は行っていないこと

○　警察官は対象者に対し，本件取調べ室内での妻子との面会，必要な物品の授受，弁護士を含む外部との携帯電話による通話を許可するなど，留め置きが対象者の所在確保のため必要最小限度のものにとどまっていること

等から，「本件における強制手続への移行段階における留め置きも，強制採尿令状の執行に向けて対象者の所在確保を主たる目的として行われたものであって，いまだ任意捜査として許容される範囲を逸脱したものとまでは見られない」と判示し，一審が違法だが証拠能力を否定する程度ではないとしたのに対し，違法ではないとしている。

また，東京高判（平25.5.9）は，被疑者（対象者）を職務質問の現場である路上に留め置いたまま，強制採尿令状を請求する旨を告げた上，強制採尿令状の請求準備を開始し，約3時間15分留め置いた後に令状を執行した事例につき，「一般に，警察官が令状請求の準備を始めてから令状の発付を受け対象者の面前に持参するまでにある程度の時間を要するのはやむを得ないところである。令状の執行を円滑に実施するためには，令状が到着するまでの間，対象者の所在確保の必要性は高い。」とした上で，「薬物事犯の任意捜査中，その嫌疑が相当高まった状況において，警察官が対象者に対し，令状

による強制捜査に移行する旨を告げた上で，令状が到着するまでの間に立ち去らないよう強く求めるなどして対象者を一定の場所に留め置くことは，その時間と態様において相当なものである限り許容される」と判示し，

○　対象者の顔貌等から覚醒剤使用が疑われたこと。

○　所持品や腕を見せるように求めても，対象者はかたくなに拒み続けたこと。

○　対象者に覚醒剤事犯の前歴があることが判明したこと。

等の事情から，対象者の覚醒剤使用の嫌疑は相当高いとして令状による強制捜査に切り替えており，留め置きの間，対象者の近くには常に警察官がいたものの，対象者に対し，約10メートル離れた自動販売機で飲料を買ったり，自分の携帯電話で弁護士や知人と複数回通話をしたりするなどの自由な行動も許していること等から，令状の到着を待つ間の多数の警察官の措置は，「令状による捜査を円滑に実施するために必要最小限のものであったと評価することができるから，任意捜査として許容される範囲を逸脱したものとはいえない」としている。この裁判例において，「令状請求に着手する旨の告知」が，留め置きの許容性の要件とされている点に留意することが必要である。

　なお，札幌高判（平26.12.18）は，前述した2つの東京高裁の裁判例の枠組みを採用しないことを明示した上で，警察官らの留め置き行為は違法であるが，その違法の程度は重大でないなどとし，尿の鑑定書等の証拠能力を肯定している。

4　通　信　傍　受

⑴　通信傍受法の制定

　犯罪捜査のために，通信のいずれの当事者も知らない間に，その会話を傍受して録音するという通信傍受は，従来検証許可状によって行われてきたが，平成11年の刑事訴訟法の改正により第222条の2で，「通信の当事者のいずれの同意も得ないで電気通信の傍受を行う強制の処分については，別に法律で定めるところによる。」と新たに規定され，これを受けて，別の法律である

第8章 検証・鑑定　*207*

犯罪捜査のための通信傍受に関する法律（以下「通信傍受法」という。）が
制定され，その具体的な要件，手続等が定められた。

(2) **定　　義**

　この通信傍受法では，まず，第2条で，

　○　「通信」とは，電話，ファクシミリ，電子メール等の電子通信であっ
　　て，伝送路（通信が伝送される経路）の全部若しくは一部が有線である
　　もの又は伝送路に交換設備があるものに限られる（通信傍受法2条1項）。
　　よって，伝送路の全部が無線であったり，交換設備がない通信はこれに
　　該当しない。

　○　「傍受」とは「現に行われている他人間の通信について，その内容を
　　知るため，当該通信の当事者のいずれの同意も得ないで，これを受ける
　　ことをいう。」とされている（通信傍受法2条2項）。したがって，傍受
　　実施開始時に既に特定の受信者のメールボックスに蓄積されている電子
　　メールや留守番電話に録音されているメッセージについては，その内容
　　を知ることは「現に行われている通信」を受ける場合に当たらないこと
　　から，捜索差押許可状又は検証許可状により行うことができる。

　○　「通信事業者等」とは，電気通信を行うための設備（電気通信設備）
　　を用いて他人の通信を媒介し，その他電気通信設備を他人の通信の用に
　　供する事業を営む者及びそれ以外の者であって自己の業務のために不特
　　定又は多数の者の通信を媒介することのできる電気通信設備を設置して
　　いる者である（通信傍受法2条3項）。

　○　「暗号化」とは，通信の内容を伝達する信号，通信日時に関する情報
　　を伝達する信号その他の信号であって，電子計算機による情報処理の用
　　に供されるもの（以下「原信号」という。）について，電子計算機及び
　　変換符号（信号の変換処理を行うために用いる符号をいう。以下同じ。）
　　を用いて変換処理を行うことにより，当該変換処理に用いた変換符号と
　　対応する変換符号（以下「対応変換符号」という。）を用いなければ復
　　元することができないようにすることをいう。また，「復号」とは，暗
　　号化により作成された信号（以下「暗号化信号」という。）について，
　　電子計算機及び対応変換符号を用いて変換処理を行うことにより，原信

号を復元することをいう（通信傍受法2条4項）。

○　「一時的保存」とは，暗号化信号について，その復号がなされるまでの間に限り，一時的に記録媒体に記録して保存することをいう（通信傍受法2条5項）。

○　「再生」とは，一時的保存をされた暗号化信号（通信の内容を伝達する信号に係るものに限る。）の復号により復元された通信について，電子計算機を用いて，音の再生，文字の表示その他の方法により，人の聴覚又は視覚により認識することができる状態にするための処理をすることをいう（通信傍受法2条6項）。

と定義している。

(3)　**傍受が許される犯罪類型**

通信傍受法では，傍受が許される犯罪類型を，数人の共謀によって実行される，

①　薬物に関する犯罪（通信傍受法別表第1　1号，2号，4号，6号，8号）

②　銃器に関する犯罪（同別表第1　5号，7号）

③　組織的な殺人（同別表第1　9号）

④　集団密航に関する犯罪（同別表第1　3号）

に限定されていたが，平成28年12月1日から刑訴法等一部改正法の一部が施行されたことに伴い，上記4類型に加え，

①　殺傷犯関係（通信傍受法別表第2　1号並びに2号イ，ロ及びハ）

②　逮捕・監禁，略取・誘拐関係（同別表第2　2号ニ及びホ）

③　窃盗・強盗関係（同別表第2　2号ヘ）

④　児童ポルノ事犯関係（同別表第2　3号）

に拡大された。

(4)　**傍受令状発付の要件**

通信傍受法第3条第1項は，「傍受令状」が発付される要件として，次の各事項を規定している。

ア　別表犯罪等の嫌疑

別表第1及び第2の犯罪（後掲参照）が犯されたと疑うに足りる十分な

理由がある場合において，当該犯罪が数人の共謀によるものであると疑う
に足りる状況があるときなど，第1項各号のいずれかの要件に該当する場
合であること。

　なお，別表第2により新たに追加された対象犯罪について通信傍受を行
うためには，上記の要件を満たすことに加えて，当該罪に当たる行為が，
あらかじめ定められた役割の分担に従って行動する人の結合体により行わ
れるものであると疑うに足りる状況があることも必要とされている。

イ　犯罪関連通信が行われる疑い

　通信傍受法第3条第1項各号に規定する犯罪（2号及び3号にあって，
その一連の犯罪をいう。）の実行，準備又は証拠隠滅等の事後措置に関す
る謀議，指示その他の相互連絡その他当該犯罪の実行に関連する事項を内
容とする通信が行われると疑うに足りる状況があること。

ウ　通信手段の特定

　傍受の実施の対象とすべき通信手段が，電話番号その他発信元又は発信
先を識別するための番号又は符号によって特定された通信の手段であって，
被疑者が通信事業者等との間の契約に基づいて使用しているもの（犯人に
よる犯罪関連通信に用いられる疑いがないと認められるものを除く。）又
は犯人による犯罪関連通信に用いられると疑うに足りること。

エ　捜査の困難性（補充性）

　他の方法によっては，犯人を特定し，又は犯行の状況若しくは内容を明
らかにすることが著しく困難であること。

別表第1（第3条，第15条関係）
1　大麻取締法（昭和23年法律第124号）第24条（栽培，輸入等）又は
　第24条の2（所持，譲渡し等）の罪
2　覚醒剤取締法（昭和26年法律第252号）第41条（輸入等）若しくは
　第41条の2（所持，譲渡し等）の罪，同法第41条の3第1項第3号
　（覚醒剤原料の輸入等）若しくは第4号（覚醒剤原料の製造）の罪若
　しくはこれらの罪に係る同条第2項（営利目的の覚醒剤原料の輸入等）
　の罪若しくはこれらの罪の未遂罪又は同法第41条の4第1項第3号
　（覚醒剤原料の所持）若しくは第4号（覚醒剤原料の譲渡し等）の罪
　若しくはこれらの罪に係る同条第2項（営利目的の覚醒剤原料の所持，
　譲渡し等）の罪若しくはこれらの罪の未遂罪

3 　出入国管理及び難民認定法（昭和26年政令第319号）第74条（集団密航者を不法入国させる行為等），第74条の２（集団密航者の輸送）又は第74条の４（集団密航者の収受等）の罪
4 　麻薬及び向精神薬取締法（昭和28年法律第14号）第64条（ジアセチルモルヒネ等の輸入等），第64条の２（ジアセチルモルヒネ等の譲渡し，所持等），第65条（ジアセチルモルヒネ等以外の麻薬の輸入等），第66条（ジアセチルモルヒネ等以外の麻薬の譲渡し，所持等），第66条の３（向精神薬の輸入等）又は第66条の４（向精神薬の譲渡し等）の罪
5 　武器等製造法（昭和28年法律第145号）第31条（銃砲の無許可製造），第31条の２（銃砲弾の無許可製造）又は第31条の３第１号（銃砲及び銃砲弾以外の武器の無許可製造）の罪
6 　あへん法（昭和29年法律第71号）第51条（けしの栽培，あへんの輸入等）又は第52条（あへん等の譲渡し，所持等）の罪
7 　銃砲刀剣類所持等取締法（昭和33年法律第６号）第31条から第31条の４まで（けん銃等の発射，輸入，所持，譲渡し等），第31条の７から第31条の９まで（けん銃実包の輸入，所持，譲渡し等），第31条の11第１項第２号（けん銃部品の輸入）若しくは第２項（未遂罪）又は第31条の16第１項第２号（けん銃部品の所持）若しくは第３号（けん銃部品の譲渡し等）若しくは第２項（未遂罪）の罪
8 　国際的な協力の下に規制薬物に係る不正行為を助長する行為等の防止を図るための麻薬及び向精神薬取締法等の特例等に関する法律（平成３年法律第94号）第５条（業として行う不法輸入等）の罪
9 　組織的な犯罪の処罰及び犯罪収益の規制等に関する法律（平成11年法律第136号）第３条第１項第７号に掲げる罪に係る同条（組織的な殺人）の罪又はその未遂罪

別表第２ （第３条，第15条関係）
1 　爆発物取締罰則（明治17年太政官布告第32号）第１条（爆発物の使用）又は第２条（使用の未遂）の罪
2 イ　刑法（明治40年法律第45号）第108条（現住建造物等放火）の罪又はその未遂罪
　ロ　刑法第199条（殺人）の罪又はその未遂罪
　ハ　刑法第204条（傷害）又は第205条（傷害致死）の罪
　ニ　刑法第220条（逮捕及び監禁）又は第221条（逮捕等致死傷）の罪
　ホ　刑法第224条から第228条まで（未成年者略取及び誘拐，営利目的等略取及び誘拐，身の代金目的略取等，所在国外移送目的略取及び誘拐，人身売買，被略取者等所在国外移送，被略取者引渡し等，未遂罪）の罪

第8章 検証・鑑定 **211**

> ヘ 刑法第235条（窃盗），第236条第1項（強盗）若しくは第240条
>   （強盗致死傷）の罪又はこれらの罪の未遂罪
> ト 刑法第246条第1項（詐欺），第246条の2（電子計算機使用詐欺）
>   若しくは第249条第1項（恐喝）の罪又はこれらの罪の未遂罪
> 3 児童買春，児童ポルノに係る行為等の規制及び処罰並びに児童の保
>   護等に関する法律（平成11年法律第52号）第7条第6項（児童ポルノ
>   等の不特定又は多数の者に対する提供等）又は第7項（不特定又は多
>   数の者に対する提供等の目的による児童ポルノの製造等）の罪

⑸ 傍受令状の請求手続

傍受令状の請求権者は，請求の要否・可否の判断について特に慎重を期すべきものであることから，検察官にあっては，検事総長が指定する検事，司法警察員にあっては，国家公安委員会又は都道府県公安委員会が指定する警視以上の警察官，厚生労働大臣が指定する麻薬取締官及び海上保安庁長官が指定する海上保安官に限定され，令状の発付権者も地方裁判所の裁判官に限定されており（通信傍受法4条1項），傍受ができる期間を延長する際も同様である（通信傍受法7条1項）。

なお，傍受令状の請求をする場合において，当該請求に係る被疑事実の全部又は一部と同一の被疑事実について，前に同一の通信手段を対象とする傍受令状の請求又はその発付があったときは，その旨を裁判官に通知しなければならない（通信傍受法4条2項）が，これは，通信傍受法第8条で，当該請求に係る被疑事実に，前に発付された傍受令状の被疑事実と同一のものが含まれるときは，同一の通信手段については，更に傍受をすることを必要とする特別の事情があると認めるときに限り，再度の傍受令状を発付することができるとされているためである。

警察官が請求する場合は，警察本部長（警視総監又は道府県警察本部長をいう。以下同じ。）に報告し，事前にその承認を受けて行わなければならない（通信傍受規則3条1項，4条1項）。

傍受令状の請求書には，

① 被疑者の氏名

② 被疑事実の要旨，罪名及び罰条

③ 傍受すべき通信

④　傍受の実施の対象とすべき通信手段

⑤　傍受の実施の方法及び場所

⑥　傍受ができる期間

⑦　請求者の官公職氏名

⑧　請求者が通信傍受法第4条第1項の規定による指定を受けた者である旨

⑨　7日を超える有効期間を必要とするときは，その旨及び事由

⑩　請求に係る被疑事実の全部又は一部と同一の被疑事実について，前に同一の通信手段を対象とする傍受令状の請求又はその発付があったときは，その旨

⑪　一時的保存を命じて行う通信傍受の実施の手続の許可の請求をするときは，その旨及びその理由並びに通信管理者等に関する事項

⑫　特定電子計算機を用いる通信傍受の実施の手続の許可の請求をするときは，その旨及びその理由並びに通信管理者等に関する事項及び傍受の実施に用いるものとして指定する特定電子計算機を特定するに足りる事項

を記載しなければならない（犯罪捜査のための通信傍受に関する規則3条1項）が，被疑者の氏名が明らかでないときは，その旨を記載すれば足りる（同条2項）。

　傍受令状の請求を理由があると認めた地方裁判所の裁判官は，傍受ができる期間として10日以内の期間を定め，通信傍受法第6条の事項を記載して傍受令状を発する（通信傍受法5条1項）が，その際，傍受の実施に関し，適当と認める条件を付することができる（同条2項）。また，地方裁判所の裁判官は，検察官又は司法警察員の請求により，10日以内の期間を定めて，傍受ができる期間を延長することができるが，傍受ができる期間は，通じて30日を超えることができない（通信傍受法7条1項）。

(6)　傍受の実施

　傍受令状は，通信管理者等に提示しなければならないが，被疑事実の要旨についてはこの限りではない（通信傍受法10条）。

　傍受の実施については，電子通信設備に傍受のための機器を接続する等，

必要な処分をすることができる（通信傍受法11条1項）。これらの処分については，検察官又は司法警察員は，検察事務官又は司法警察職員に当該処分を行わせることができる（同条2項）。また，検察官又は司法警察員は，通信事業者等に対して，傍受のための機器の接続その他の必要な協力を求めることができるが，求められた通信事業者等は正当な理由がないのにこれを拒んではならない（通信傍受法12条）。

　傍受の実施をするときは，通信管理者等を立ち会わせなければならない。通信管理者等を立ち会わせることができないときは，地方公共団体の職員を立ち会わせなければならない（通信傍受法13条1項）。立会人は，検察官又は司法警察員に対し，当該傍受の実施に関し意見を述べることができる（同条2項）が，傍受内容を聞いたり，傍受を中断する権限はない。

　検察官又は司法警察員は，傍受すべき通信に該当するかどうかを判断するため，必要最小限度の範囲に限り，当該通信の傍受をすることができる（通信傍受法14条1項）。これをスポット傍受という（通信傍受規則2条1項2号，11条）。

　また，傍受の実施中に他の重大犯罪に関する明白な通信が行われた場合は，その犯罪が傍受の対象犯罪のほか，死刑又は無期若しくは短期1年以上の懲役，禁錮に当たる罪という特に重大な犯罪の実行に関する通信である場合は，その傍受もできる（通信傍受法15条）。

　なお，傍受の実施については，当初，立会人（通信事業者の職員等）が例外なく必要とされ，しかもリアルタイムでの内容の聴取等が前提とされていて，捜査官や立会人が常に待機しなければならなかったが，令和元年6月1日から刑訴法等一部改正法の一部が施行されたことに伴い，傍受実施の適正を担保しつつ効率的な傍受を可能とする手続が導入された（通信傍受法20～29条等）。具体的には，①一時的保存を命じて行う手続と，②特定電子計算機を用いる手続である。①は，裁判官の許可を受け，通信管理者等に命じて，傍受の実施中に行われた通信を暗号化させた上で一旦保存させておき，その後，通信管理者等に命じてこれを復号させ，その立会いの下に再生し，内容の聴取等をするというもので，通信内容の事後的な聴取等が可能となった。また，②は，裁判官の許可を受け，通信管理者等に命じて，傍受の実施中に

行われた通信を暗号化させた上で捜査機関の施設等に設置された特定電子計算機に伝送させ，(a)これを受信すると同時に復号し，又は(b)これを受信すると同時に一旦保存し，その後，特定電子計算機を用いて復号・再生し，内容の聴取等をするというもので，立会い及び記録媒体の封印が不要となり，通信内容の事後的な聴取等も可能となった。

(7)　**記録の保管等**

　傍受した通信は記録媒体に記録され（通信傍受法24条1項），封印して裁判官に提出されるが（通信傍受法25条，27条），これとは別に刑事手続に利用するための傍受記録が作成される（通信傍受法29条1項〜3項）。

(8)　**通信の当事者に対する通知**

　検察官又は司法警察員は，傍受記録に記録されている通信の当事者に対し，傍受記録を作成した旨等を書面で通知しなければならない（通信傍受法30条1項）。この通知は，通信の当事者が特定できない場合又はその所在が明らかでない場合を除き，傍受の実施が終了した後，30日以内にこれを発しなければならないが，地方裁判所の裁判官は，逃亡，証拠隠滅等により，捜査が妨げられるおそれがあると認めるときは，検察官又は司法警察員の請求により，60日以内の期間を定めて，この項の規定により通知を発しなければならない期間を延長することができる（同条2項）。

　なお，検察官又は司法警察員は，この期間が経過した後に，通信の当事者が特定された場合又はその所在が明らかになった場合には，当該通信の当事者に対し，速やかに，通知を発しなければならない（同条3項）。

　上記の通知を受けた通信の当事者は，傍受記録のうち当該通信に係る部分を聴取し，若しくは閲覧し，又はその複製を作成することができる（通信傍受法31条）。

⑤　鑑　　　定

(1)　**鑑 定 嘱 託**

　検察官，検察事務官又は司法警察職員は，犯罪の捜査をするについて必要があるときは，被疑者以外の者に鑑定を嘱託することができる（223条1項）。

鑑定とは，特別の知識経験を有する者が，専らその知識経験によってのみ知り得る実験法則及びこの法則を具体的事実に適用して得た意見判断の報告をいう。具体的事実に実験法則を適用して得た意見判断の報告とは，例えば，当該人物に精神障害があるかどうか（精神鑑定），ある死体について，その死因が何であり，死後の経過時間がどのくらいであるか（死因等の鑑定），凶器に付着している血液と被害者の血液とが同一の血液型に属するか（血液型鑑定），ある筆跡が何某の筆跡と同一であるか（筆跡鑑定）等に関するものをいう。これらの報告がいずれも専らその者の学識経験に基づいてなされるところに鑑定の特色があり，その人が過去に実際に経験した事実に関して報告（供述）する証言とその点で異なる。

　このように，鑑定を求める事項は，特別の知識経験を有する者の知識経験をもって判断できるものでなければならない。捜査機関の有する一般的知識をもってでも調査できる事項であるならば，捜査機関自らが五官の作用により実験判断する検証（又は実況見分）の手続によりその事項を明確にすれば足りる。

　鑑定嘱託の手続であるが，嘱託は，起訴の前後を問わず，およそ捜査が許される全ての段階において行うことができる。捜査機関は，所要の鑑定を行い得る特別の知識経験を有する人を選定し，事件名，鑑定資料の名称・個数，鑑定事項等を記載した「鑑定嘱託書」により所要の鑑定を嘱託する（犯捜規188条）。必要に応じ，前記鑑定受託者に出頭を求めることもできる（223条1項）。しかし，鑑定嘱託は任意処分であるから，嘱託された者は出頭ないし鑑定を拒むことができ（223条2項で準用する198条1項ただし書），捜査機関はこれを強制できない。他に適当な鑑定受託者を選定し，これに嘱託するよりほかない。

　鑑定受託者は自然人でなければならないから，官公署や法人に鑑定を嘱託することはできない。しかし，法令に基づいて鑑定をその主要な責務とする行政機関（例えば，科学警察研究所，都道府県警察本部鑑識機関等），その他公私の機関については，適当な鑑定受託者の選定とその者が行う鑑定の承認とを含めた鑑定嘱託を上記各機関の長あてに行うことができる。

　なお，ここにいう鑑定受託者は，学問的研究結果として，特別の知識を有している者のみならず，自己の日常経験によって特別の知識を有している経

験者も含まれる。

鑑定を嘱託した捜査機関は，鑑定のため必要があるときは，鑑定人に書類及び証拠物を閲覧若しくは謄写させ，被疑者その他関係者の取調べに立ち会わせ，又はこれらの者に対し質問をさせることができる（犯捜規191条）。

鑑定を嘱託した場合には，鑑定受託者から，鑑定の日時・場所・経過・結果を記載した鑑定書を提出させることになる（犯捜規192条1項）。受託者が数人あるときは，共同の鑑定書でもよい（犯捜規192条2項）。

鑑定事項の如何により，鑑定の経過及び結果が簡単であるときは，鑑定書に代えて，受託者から口頭の報告を求めることができる。しかし，この場合には，その供述を録取した供述調書を作成しておかなければならない（犯捜規192条1項）。この供述調書作成については，被疑者以外の者の供述調書の場合と同じ取扱いがされる（223条2項，198条3項，4項，5項）。

また，鑑定書の記載に不明又は不備があるときは，受託者に対し，これを補充する書面の提出を求めて鑑定書に添付しなければならない（犯捜規192条3項）。

⑵　鑑定に必要な処分

鑑定の嘱託を受けた者は，裁判官の許可（鑑定処分許可状）を受けて第168条第1項に規定する処分，すなわち，人の住居若しくは人の看守する邸宅，建造物若しくは船舶内に入り，身体を検査し，死体を解剖し，墳墓を発掘し，又は物を破壊することができる（225条1項）。これがいわゆる「鑑定に必要な処分」と呼ばれるものであるが，このうち最も多く行われるのは，身体の検査，死体の解剖，物の破壊の各処分である。検証の場合にも同種の処分が許されるが（222条1項で準用する129条），検証と鑑定ではその目的が異なり，また後者が専門家の手によって行われることから，その方法，内容に差異があるのは当然である。

なお，押収物を鑑定するに当たり，被押収者がその行為を承諾し，又はその物の所有権放棄の意思表示をすれば，鑑定処分許可状によることなく，破壊等の必要な処分を行うことができる。

　ア　身体の検査

検証の一方法としての身体の検査は，外面からの検査にとどめるべきであるが，鑑定のための身体検査は専門家によって行われるものであるから，

第8章　検証・鑑定　**217**

身体内部の検査はもとより，鑑定に必要な限度で，かつ，医学的に許される程度の処分を行うことができると解されている。したがって，例えば，レントゲン照射による身体内部の検査は，人の身体に多少なりとも生理的障害を来すものであるから，検証のための身体検査としては許されないが，鑑定のための身体検査としては許される。この場合，レントゲン照射により発見された証拠物を捜査機関の支配内に移すためには，捜索差押許可状も必要である。さらに，レントゲン照射を拒否して抵抗する可能性があれば，身体検査令状の発付を受けておいた方が適当である。

　唾液の採取は，検証のためにも鑑定のためにも許される。血液，精液の採取は，検証のための身体検査としては許されないが，鑑定のための身体検査の一方法としては許される。

　なお，社会通念上容認される限度のものであるならば，鑑定の必要上，身体を傷害すること，例えば頭髪の除去等も許されると解すべきである。通常の外科手術等は許されない。

イ　死体の解剖

　検証のための死体の解剖は，特別の知識経験に基づく実験及び判断のためのものではないから，その方法，程度にも制限があり，一般人も行うことができる程度の簡単な死体の開披以上に及び得ないが，鑑定のための死体の解剖は本来の意味での解剖を意味する。それゆえ，変死体（変死者及び変死の疑いのある死体）の検視（229条）によってそれが他殺の疑いがあることが判明した場合，あるいは，検視を経ずとも最初から他殺の死体であることが判明している場合等には，犯罪の捜査をするために，捜査機関としては，死体の死因及び死後の推定経過時間等の鑑定を専門家に嘱託すべきである（225条1項，168条1項）。この死体の解剖を司法解剖という（これに対し，主として公衆衛生・感染症予防・死体処理・身元確認等の行政目的から死因を調査するために，行政検視の後に監察医によって行われる死体の解剖を「行政解剖」という。）。

ウ　物の破壊

　血液型判定のために血液が付着している衣類の当該部分を切り裂く，薬品の種類を判定するために当該薬品を用いて化学変化をさせる，爆発物に該当するかどうか判定するために爆弾様の当該物件を破壊させる等の処分

が「物の破壊」に含まれる。

上記ア～ウの各処分（身体検査を除く。）は裁判官の許可状を得ている限り，鑑定受託者が直接強制することができる。

このように，鑑定受託者は，鑑定のために，裁判官の許可を受けて上記各処分を行うことができるが，この許可の請求は，鑑定受託者が自ら行うことはできず，検察官・検察事務官・司法警察員からこれを行わなければならない（225条2項）。

このような鑑定処分の許可の請求は，鑑定処分許可請求書（刑訴規則159条）を裁判官に提出して行う（225条2項）。請求先は，請求者所属の官公署の所在地を管轄する地方裁判所又は簡易裁判所（ただし，やむを得ない事情があるときは，最寄りの下級裁判所）の裁判官である（刑訴規則299条）。

鑑定受託者は自然人であることを要するので，鑑定処分許可状の請求書には，実際に鑑定に当たる職員名を記載して請求することとなる。また，鑑定処分許可状発付後，鑑定人を変更する場合は，改めて鑑定処分許可状を請求し直す必要がある。

裁判官は，上記請求を相当と認めるときは，鑑定処分許可状を発しなければならない（225条3項）。当該鑑定の性質上，請求にかかる処分を必要とする理由が明らかに認められない場合でない限り，許可状を発すべきであると解する。鑑定処分許可状を得た捜査機関は，これを鑑定受託者に交付し，同人は上記処分を受ける者に許可状を示した上，当該処分を行わなければならないが（225条4項で準用する168条4項），死体の解剖の場合にはこれを示すことができないから示す必要はない。

なお，鑑定受託者が，鑑定処分許可状に基づき，鑑定に必要な処分を行う場合，特別な専門知識や技術を要しない事項の処分については，鑑定の補助者である捜査員に行わせることができる。

⑶　身体検査（検証）の規定の準用

鑑定受託者が捜査機関の嘱託に基づき，裁判官の許可を受けて行う「鑑定に必要な処分」においては，第225条第4項により，第168条第2項，第3項，第4項，第6項の各規定が準用されている。

これらの準用される規定のうち，第168条第2項（許可状の発付と記載要件），同条第3項（条件の附与）及び同条第4項（許可状の提示）について

は問題ない。ここで重要なのは，第168条第6項の規定の準用である。この準用により同条項が更に準用している第131条，第137条，第138条及び第140条の規定が，鑑定のための身体検査にも準用されることとなる。これらは，いずれも検証のための身体検査に関する規定であるが，その準用の結果は，次のようになる。

　ア　第131条（身体検査に関する注意，女子の身体検査と立会い）の準用

　　鑑定のための身体検査についても，これを受ける者の性別，健康状態その他の事情を考慮した上，特にその方法に注意し，その者の名誉を害さないように注意しなければならない。また，女子の身体を検査する場合には，医師又は18歳以上の女子をこれに立ち会わせなければならない。

　イ　第137条（身体検査の拒否と過料等）

　　鑑定のための身体検査を受けるべき者が正当な理由がなくこれを拒んだときは，裁判所は，決定で10万円以下の過料に処し，かつ，その拒絶により生じた費用の賠償を命ずることができる。

　ウ　第138条（身体検査の拒否と刑罰）の準用

　　正当な理由がなく身体の検査を拒んだ者は，10万円以下の罰金又は拘留（情状により併科）に処されることとなる。

　エ　例外（139条。身体検査の直接強制の不適用）

　　第225条第4項で準用される第168条第6項が，検証のための身体検査の規定のうち第139条（身体検査の直接強制）を準用していないため，鑑定のための身体検査には直接強制の方法がないことに注意しなければならない。よって，直接強制を必要とする場合，鑑定処分許可状とは別に発付を受けた身体検査令状に基づいて捜査機関がこれを行い，直接強制の場に立ち会う鑑定受託者が，鑑定に必要な処分を行うこととなる。

⑷　**鑑　定　留　置**

　鑑定人が被疑者の心神又は身体を鑑定するために必要があるときは，捜査機関から裁判官に鑑定留置請求書を提出して，鑑定留置状が発せられれば期間を定めて病院その他の相当な場所に被疑者を留置することができる（224条2項，167条2項）。留置は裁判官の処分であり，留置状の執行であるので検察官の指揮を要する（472条，473条）。

　鑑定留置請求書には，

① 被疑者の氏名，年齢，職業及び住居
② 罪名及び被疑事実の要旨
③ 請求者の官公職氏名
④ 留置場所
⑤ 留置を必要とする期間
⑥ 鑑定の目的
⑦ 鑑定人の氏名及び職業
⑧ 被疑者に弁護人があるときはその氏名

を記載する（刑訴規則158条の2）。

　この場合には勾留に関する規定が（保釈の規定を除いて）準用されるが（167条5項），鑑定留置の性質上，住居不定・罪証隠滅のおそれ・逃亡のおそれという勾留の理由（60条1項）は必要がないとされているので，鑑定留置の請求に際し，これらを疎明する資料を添える必要はない。

　鑑定留置状では，被処分者の身体検査を行うことはできない。よって，身体検査を行う必要があるときは，改めて鑑定処分許可状の発付を得なければならない。また，起訴前の勾留日数の制限を免れ，取調べに利用する目的で鑑定留置を請求することが許されないことは当然である。一方，どうしても鑑定留置中の被疑者の取調べを行う必要がある場合は，鑑定人の許可を受けた上，鑑定に支障を来さない限度において，当該被疑者を任意に取り調べることができる。

　鑑定留置は身柄が拘束されていない被疑者に対しても行うことができるが，勾留中の被疑者に対して鑑定留置状が執行されたときは，留置されている間，勾留は執行を停止されたものとされる（167条の2）。この場合，接見禁止処分がなされていても，鑑定留置状の発付と同時にその効力を失うこととなるので，再収容した被疑者について，なお接見の禁止が必要なときは，改めて接見禁止の決定を受けなければならない。

　※なお，裁判所が鑑定処分許可状の発付をしているとしても，裁判所は，当該鑑定の結果に一切拘束されることはないと解されている（最決昭33.2.11）。

第9章 証 拠 等 *221*

第9章 証 拠 等

学習の指針

　　裁判においては，事実の存否を認定するために基礎となる資料が必要である。この資料となるものが証拠である。刑事訴訟法では，「事実の認定は，証拠による。」（317条）と規定してこのことを明らかにするとともに，後に述べるとおり証拠能力があり適法な証拠調べを経た証拠によって犯罪事実等が証明されなければならないとしている。

　　この章では，証拠について，証拠能力，証明力等を中心に説明する。

　　併せて，公判手続のうち，警察官が知っておくべきものとして，警察職員の証人出廷，裁判員制度をはじめとする司法制度改革について述べることとする。

① 証拠の種別

　証拠は，種々の観点から次のように分類される。

⑴ 直接証拠と間接証拠

　証拠には，要証事実（犯罪事実）を直接証明するのに役立つ証拠と，要証事実を推認させる事実（いわゆる間接事実）を証明することによって，間接的に要証事実を証明するのに役立つ証拠がある。前者を直接証拠，後者を間接証拠という。犯行を目撃した者の供述や被疑者の自白は直接証拠である。これに対し，犯行現場付近にいた被疑者を目撃したとする供述や動機に当たる借金の存在を示す信用証書等は間接証拠である。間接証拠は情況証拠ともいう。犯行現場の遺留指紋等は，被疑者が犯行場所にいたことを証明するものであって，間接証拠ではあるが，高い証明力を有している。

　これに関し，最決平19.10.16は，「刑事裁判における有罪の認定に当たっては，合理的な疑いを差し挟む余地のない程度の立証が必要である。ここに

合理的な疑いを差し挟む余地がないというのは，反対事実が存在する疑いを全く残さない場合をいうものではなく，抽象的な可能性としては反対事実が存在するとの疑いをいれる余地があっても，健全な社会常識に照らして，その疑いに合理性がないと一般的に判断される場合には，有罪認定を可能とする趣旨である。そして，このことは，直接証拠によって事実認定をすべき場合と，情況証拠によって事実認定をすべき場合とで，何ら異なるところはないというべきである。」と判示している。

また，最判平22.4.27は，上記判例を引用した上で，情況証拠については，「直接証拠がないのであるから，情況証拠によって認められる間接事実中に，被告人が犯人でないとしたならば合理的に説明することができない（あるいは，少なくとも説明が極めて困難である）事実関係が含まれていることを要するものというべきである。」と判示している。

⑵ **供述証拠と非供述証拠**

供述証拠とは，一定の事実を体験したことなどに基づいて人がその記憶（知識）を証言するものをいい，それ以外のものが非供述証拠に当たる。

供述証拠には，証人又は鑑定人の公判における証言と，公判廷外においてこれらの者が作成した書面（供述書，鑑定書）又はこれらの者の供述を他の者が録取した書面（供述調書等）がある。後者は，伝聞証拠として証拠能力が制限されている。

⑶ **人証・証拠物（物証）・証拠書類（書証）**

人証は人の供述内容を証拠とするものである。

証拠物（物証）とは，その存在又は状態自体が証拠となるものをいう。例えば，犯罪の凶器，被害品等がこれに当たる。

証拠書類（書証）とは，その書面の内容又は意義が証拠となる全ての報告的文書をいう。捜査機関が作成した供述調書，検証調書等はもとより，私人が事件に関して作成した書類（被害届，示談書等），また，当該訴訟手続とは無関係に作成した書面（会社の商業帳簿等）もこれに当たる。

2 証 拠 調 べ

証拠調べは，公判審理において，冒頭手続（291条）が終わった後，行う

第9章 証 拠 等 *223*

こととされている（292条）。証拠調べの初めに，検察官は証拠により証明すべき事実を明らかにしなければならない（冒頭陳述，296条）。

　なお，裁判所は，公判前整理手続が行われた事件の場合を除き，検察官の冒頭陳述後に被告人側にも冒頭陳述を許すことができる（刑訴規則198条1項）。その後，証拠調べが検察官，被告人又は弁護人の請求により行われ，裁判所の職権による証拠調べは，必要と認めるときに補充的に行われる（298条）。

　裁判所は，証拠調べの請求に対して，当事者の意見を聴いて，証拠調べ又は証拠調べの請求の却下の決定を行う（刑訴規則190条）。また，証拠調べの範囲，順序，方法の予告とその変更を行う（297条）。証拠調べの方式については，証拠方法の性質によって異なり，証人等の尋問（304条），証拠書類の朗読（305条）及び証拠物の展示（306条）がある。

　証人，鑑定人，通訳人又は翻訳人は，人証として尋問の対象とされる（304条）。尋問は，裁判官がまず行い，その後にその証人等の証拠調べをした者が先に尋問（主尋問）し，後でこの反対の側が尋問（反対尋問）することが法律上は原則とされているが（同条1項，2項），実務上は，当事者主義的に行うことが相当であるとの考えから，裁判官の尋問が最後に行われるのが通常である。

　なお，被告人は全ての証人に対して尋問する機会を十分に与えられる権利を有することが憲法上保障されているが（憲法37条2項），先に述べた反対尋問の機会を与えられることがこれに当たる。

　証拠書類は，その証拠調べは，証拠調べを請求した者又は裁判官若しくは裁判所書記官がこれを朗読して行うこととされている（305条）。ただし，裁判官が相当と認めるときは，朗読に代えて要旨の告知で済ませることができる（刑訴規則203条の2）。

　書面の状態と内容の双方が証拠となるもの（例えば脅迫状）は，証拠物たる書面として，これを展示した上で朗読されるという証拠調べが行われる（307条）。また，第326条の同意を得られた書面は証拠として採用されるが，そうでないものについては，第320条の伝聞法則の原則に立ち戻って判断される。

　証拠物の証拠調べは，取調べの請求をした者又は裁判官若しくは裁判所書記官がこれを展示することによって行われる（306条）。

罪体（犯罪事実の客観的な側面，例えば殺人事件の場合，人が殺されたということ）及び情状に関する証拠の取調べが終了した後，事実関係や情状関係の全般にわたって被告人質問が行われ（311条2項），検察官の論告，弁護人の弁論，被告人の最終陳述を経て結審し，判決が宣告される。

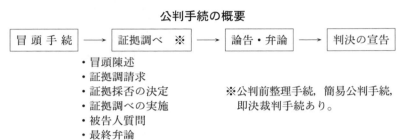

なお，裁判所は，充実した公判の審理を継続的，計画的かつ迅速に行うため必要があると認めるときは，検察官，被告人若しくは弁護人の請求により又は職権で，第1回公判期日前に，決定で，事件の争点及び証拠を整理するための公判準備として，事件を公判前整理手続に付することができる（292条ただし書，316条の2第1項。公判前整理手続については，後述する。）。

また，被告人が起訴状に記載された訴因について有罪である旨を陳述したときは，裁判所は，検察官，被告人及び弁護人の意見を聴き，有罪である旨の陳述のあった訴因に限り，簡易公判手続によって審判をする旨の決定をすることができる（291条の2。ただし，死刑又は無期若しくは短期1年以上の懲役若しくは禁錮に当たる事件を除く。）が，この際，検察官，被告人又は弁護人が証拠とすることに異議を述べた場合を除き，伝聞法則（320条1項）の適用はない（同条2項）。

検察官が公訴を提起しようとする事件（死刑又は無期若しくは短期1年以上の懲役若しくは禁錮に当たる事件を除く。）について，事実が明白であり，かつ，軽微であること，証拠調べが速やかに終わると見込まれることその他の事情を考慮し，相当と認めるときは，公訴の提起と同時に，書面により即決裁判手続の申立てを行う。裁判所が即決裁判手続によって審判をする旨の決定を行った場合（350条の22）においても，同様である（350条の27。即決裁判手続についても，後述する。）。

第9章 証 拠 等 **225**

※なお，即決裁判は，簡易・迅速という点では略式手続と同様であるが，あくまで公判手続であるから，検察官が出席し，被告人及び弁護人が出頭する公開の法廷において証拠調べを行った上で，判決を言い渡される点で，簡易裁判所が検察官の請求により，公判を開かずに書面審理により100万円以下の罰金又は科料を言い渡す略式手続とは異なる（461条乃至470条）。

③ 刑事裁判の充実・迅速化

⑴ 公判前整理手続等

公判前整理手続とは，刑事裁判における充実した公判審理を継続的，計画的かつ迅速に行うため必要があると認める事件（自白の信用性に疑いをもたれるおそれのある事件や否認事件等）につき，検察官及び被告人又は弁護人の意見を聴いて，第1回公判期日前に，当該事件を担当する裁判所が中心となり，検察官と被告人又は弁護人が公判において行う予定の主張をそれぞれ明らかにし，必要な証拠調請求をすること等を通じ，事件の争点（検察官と被告人側の争いの元になる重要な点）を明らかにするとともに，公判で事実を立証するための証拠を決定し，明確な審理計画を策定するための手続であり（316条の2第1項），期日間整理手続（316条の28）とともに平成17年11月1日より施行されている。

なお，裁判員による裁判の対象事件は，全て本手続に付される（裁判員法49条）。

ア 公判前整理手続の決定と方法

十分な争点整理を行い，明確な審理計画を立てることができるようにすることを目的として，裁判所は，第1回公判期日前に決定で，事件の争点及び証拠を整理するための公判準備として，事件を公判前整理手続に付することができる。なお，平成28年12月1日から刑訴法等一部改正法の一部が施行されたことに伴い，検察官，被告人又は弁護人は，裁判所に対し，事件を公判前整理手続等に付することを請求することができるものとされた（316条の2第1項）。

公判前整理手続において行うことができる事項としては，

○ 主張又は争点の整理に関するもの

○　証拠の整理に関するもの

　　○　証拠開示に関するもの

　　○　審理計画の策定に関するもの

に分類することができる（316条の5）。

イ　検察官による証明予定事実の明示と証拠調請求等

　検察官は，事件が公判前整理手続に付されたときは，

　　○　裁判所及び被告人又は弁護人に対して，公判期日において証拠により証明しようとする事実（証明予定事実）を書面で明らかにする（316条の13第1項）

　　○　証明予定事実を証明するために用いる証拠の取調べを請求する（316条の13第2項）

　　○　取調べを請求した証拠については，速やかに，被告人又は弁護人に対し，証拠書類，証拠物又はその証言内容が明らかとなる供述調書等を開示する（316条の14）

ととともに，

　　○　検察官請求証拠以外の証拠であって，検察官請求証拠の証明力を判断するために重要な一定類型の証拠について，被告人側から開示請求があった場合，開示の必要性及び弊害を勘案して相当と認めるときは開示しなければならない（316条の15）

とされている。

　なお，平成28年6月3日の刑訴法の改正により，証拠の一覧表の交付手続（316条の14第2項〜5項）が導入された。これにより，公判前整理手続に付された事件について，検察官請求証拠の開示の後，被告人側から請求があった場合，検察官は検察官が保管する証拠の一覧表を交付しなければならないものとされた（平成28年12月1日施行）。

　一覧表には，以下に掲げる証拠の区分に応じ，証拠ごとに定める事項を記載しなければならないものとする。

○　証拠物については，品名及び数量

○　供述調書については，当該書面の標目，作成の年月日及び供述者の氏名

○　証拠書類については，当該証拠書類の標目，作成の年月日及び作成者の氏名

　ただし，一覧表に記載すべき事項を記載することにより，関係者に対する加害行為等がなされるおそれ，捜査に支障が生じるおそれなどがあるものは，一覧表に記載しないことができる。

公判前整理手続の概要

公 訴 提 起	＊　裁判所は，充実した公判の審理を継続的，計画的かつ迅速に行うため必要があると認めるときに，検察官，被告人若しくは弁護人の請求により又は職権で，事件を本手続に付することができる（316条の２）。 ＊　裁判員制度対象事件においては必要的に実施される予定（裁判員法49条）
公判前整理手続	

検察官
○　公判における証明予定事実を明示（316条の13第１項）
○　証明予定事実を証明するための証拠（検察官請求証拠）の取調べ請求と被告人側への開示（316条の13第２項，316条の14）

検察官
○　検察官請求証拠以外の証拠の開示（316条の15 類型証拠開示）
　①　第１項各号に掲げる証拠の類型のいずれかに該当する証拠であること（類型該当性）
　②　特定の検察官請求証拠の証明力を判断するために重要であると認められる証拠であること（重要性）
　③　②の重要性の程度その他の被告人の防御の準備のために当該開示をすることの必要性の程度並びに当該開示によって生じるおそれのある弊害の内容及び程度を考慮し，開示が相当と認められること（開示の必要性と弊害との勘案）
　④　被告人又は弁護人から第２項所定の開示の請求があること（開示の請求）

被告人・弁護人
○　検察官請求証拠に関する意見の明示（316条の16）
○　公判における主張予定事実を明示（316条の17第１項）
○　主張予定事実を証明するための証拠の取調べ請求と検察官への開示（316条の17第２項，316条の18）

検察官
○　検察官による争点に関連する証拠の開示（316条の20 争点関連証拠開示）
　①　被告人又は弁護人による316条の17第１項の主張に関連すると認められる証拠であること（関連性）
　②　①の関連性の程度その他の被告人の防御の準備のために当該開示をすることの必要性の程度並びに当該開示によって生じるおそれのある弊害の内容及び程度を考慮し，開示が相当と認められること（開示の必要性と弊害との勘案）
　③　被告人又は弁護人から第２項所定の開示の請求があること

> **検察官・被告人・弁護人**
> ○　公判における証明予定事実の追加・変更（316条の21第1項，316条の22第1項）
> ○　追加・変更された証明予定事実を証明するための証拠の取調べ請求と相手当事者の開示（316条の21第2項，4項，316条の22第2項）

> **裁判所**
> ○　証拠の開示について争いがある場合，裁判所が裁定（316条の25，316条の26）

公判期日における審理　　　※　立証制限あり（316条の32）
　　　　　　　　　　　　　　　　　　事件の争点及び証拠の整理の結果確認

連　日　的　開　廷

判　　　　　決

　なお，第316条の15に規定する類型証拠の一覧は，次の表のとおりである。

　また，平成28年6月3日の刑訴法の改正により，類型証拠開示の対象に以下の証拠を追加するものとされた（316条の15第1項，2項。平成28年12月1日施行）。

○　共犯者の身柄拘束中の取調べに係る取調べ状況報告書（8号類型）

○　検察官が証拠調請求した証拠物に係る押収手続記録書面（捜索差押調書，領置調書等）（9号類型）

○　検察官が類型証拠として開示すべき証拠物に係る押収手続記録書面（捜索差押調書，領置調書等）（第2項類型）

刑事訴訟法規定の類型証拠の一覧（316条の15第1項，2項）

類　　型	内　　　　　容	該当する具体例
1号類型	証拠物	押収物，採取資料，写真，ネガ
2号類型	裁判所（官）による検証調書	──────
3号類型	捜査機関による検証調書等	実況見分調書，検視調書
4号類型	鑑定書又はこれに準ずる書面	死体検案書，診断書

5号類型	証人等の供述録取書等	供述調書，上申書
6号類型	検察官が特定の検察官請求証拠により直接証明しようとする事実の有無に関する供述を内容とする参考人の供述録取書等	供述調書，上申書
7号類型	被告人の供述録取書等	供述調書，上申書，犯行再現ビデオ
8号類型	取調べ状況記録書面	取調べ状況報告書
9号類型	検察官請求証拠である証拠物の押収手続記録書面	捜索差押調書，領置調書
第2項類型	検察官が類型証拠として開示すべき証拠物に係る押収手続記録書面	捜索差押調書，領置調書

ウ　被告人・弁護人による主張の明示と証拠調請求等

　被告人又は弁護人は，上記の検察官による証拠開示を受けた場合，

　　○　検察官請求証拠に対して同意するかどうか等の意見を明らかにする
　　　（316条の16）

　　○　公判期日においてすることを予定している事実上及び法律上の主張
　　　があるときは，裁判所及び検察官にこれを明らかにする（316条の17）

　　○　被告人側に証明予定事実があるときは，その立証のための証拠を開
　　　示する（316条の18）

こととなる。

　なお，検察官は，被告人又は弁護人が取調べを請求した証拠について，
意見を明らかにしなければならない（316条の19）。

エ　争点に関する証拠の開示

　検察官は，被告人又は弁護人が明らかにした主張（争点）に関連する証
拠について，被告人側から開示請求があった場合，開示の必要性及び弊害
を勘案して相当と認めるときは，開示をしなければならない（316条の20）。

オ　検察官・被告人側による証明予定事実及び主張の追加・変更並びに整
　理結果の確認

公判前整理手続に関する前述した手続が終了した後，検察官及び被告人又は弁護人は，必要があるときは，前述した手続と同様に，主張の追加・変更を行い，追加の証拠調請求，当該請求に係る証拠の開示等を行わなければならない。これにより，争点・証拠が更に整理される（316条の21，316条の22）。

以上のような手続を経て，公判前整理手続を終了するに当たり，裁判所は，検察官及び被告人又は弁護人との間で，事件の争点及び証拠の整理結果を確認しなければならない（316条の24）。

カ　証拠開示に関する裁定等

公判前整理手続において，当事者間で証拠開示の要否等を巡り争いが生じた場合は，裁判所が裁定し，

　　○　必要と認めるときは，当事者が取調べを請求した証拠について，当該当事者の請求により，その開示の時期・方法を指定し，又は条件を付することができる（316条の25）

　　○　当事者が開示すべき証拠を開示していないと認めるときは，相手方の請求により，その開示を命じなければならない（316条の26）

とされている。

裁判所は，その裁定のため，請求に係る証拠の提示を命ずることができ，また，検察官に対し，その保管証拠のうち裁判所の指定する範囲に属するものの標目を記載した一覧表の提示を命ずることができる（316条の27第2項）。

なお，この場合，裁判所は，提示された証拠や標目の一覧表を，何人にも閲覧又は謄写をさせることができない（同条1項，2項）。

裁判所の裁定に不服がある場合は，即時抗告することができる（316条の26，316条の27）。これに関する裁判例として，大阪高決（平18.10.6（確定））は，事情聴取結果を記載した捜査報告書が第316条の15第1項の規定する6号類型（被告人以外の者の供述調書等であって，検察官が特定の検察官請求証拠により直接証明しようとする事実の有無に関する供述を内容とするもの）に該当するか否かが問題となり，弁護人が即時抗告したものであるが，「事件当日の関係者や被告人の行動など，検察官が特定の

検察官請求証拠により直接証明しようとする事実の有無について供述するのは関係者や被告人などの原供述者であり，捜査報告書等の供述者である捜査官が供述するのは，それらの原供述を聴取したというものにすぎない。したがって，前記捜査報告書等は前記事実の有無に関する供述を内容とするものではなく，同法第316条の15第1項第6号の類型には該当しない」旨判示している（東京高決（平18.10.16）も同趣旨）。

　また，取調べメモについては争いがあったが，次の3つの判例により，最高裁の考え方が示された。

　最決（平19.12.25）は，刑訴法316条の26第1項の証拠開示命令の対象となる証拠は，検察官が現に保管している証拠に限られるか，また，取調べ警察官が犯捜規13条に基づき作成した備忘録は，刑訴法316条の26第1項の証拠開示命令の対象となり得るかという点について，「刑訴法316条の26第1項の証拠開示命令の対象となる証拠は，必ずしも検察官が現に保管している証拠に限られず，当該事件の捜査の過程で作成され，又は入手した書面等であって，公務員が職務上現に保管し，かつ，検察官において入手が容易なものを含むと解するのが相当である。」とし，さらに，「公務員がその職務の過程で作成するメモについては，専ら自己が使用するために作成したもので，他に見せたり提出することを全く想定していないものがあることは所論のとおりであり，これを証拠開示命令の対象とするのが相当でないことも所論のとおりである。しかしながら，犯罪捜査規範13条は，『警察官は，捜査を行うに当り，当該事件の公判の審理に証人として出頭する場合を考慮し，および将来の捜査に資するため，その経過その他参考となるべき事項を明細に記録しておかなければならない。』と規定しており，警察官が被疑者の取調べを行った場合には，同条に基づき備忘録を作成し，これを保管しておくべきものとしているのであるから，取調べ警察官が，同条に基づき作成した備忘録であって，取調べの経過その他参考となるべき事項が記録され，捜査機関において保管されている書面は，個人的メモの域を超え，捜査関係の公文書ということができる。これに該当する備忘録については，当該事件の公判審理において，当該取調べ状況に関する証拠調べが行われる場合には，証拠開示命令の対象となり得るものと

解するのが相当である。」と判示している。

　また，最決（平20.6.25）は，警察官が私費で購入したノートに記載した採尿手続等に関する個人メモについても，「犯罪捜査に当たった警察官が犯罪捜査規範13条に基づき作成した備忘録であって，捜査の経過その他参考となるべき事項が記録され，捜査機関において保管されている書面は，当該事件の公判審理において，当該捜査状況に関する証拠調べが行われる場合，証拠開示の対象となり得るものと解するのが相当である」と前記最高裁決定を参照して判示した上，「警察官が捜査の過程で作成し保管するメモが証拠開示命令の対象となるものであるか否かの判断は，裁判所が行うべきものであるから，裁判所は，その判断をするために必要があると認めるときは，検察官に対し，同メモの提示を命ずることができるというべきである」と判示した。

　さらに，最決（平20.9.30）は，警察官が私費で購入したノートに記載し，一時期自宅に持ち帰っていた取調べメモについて，「本件メモは，Ｂ警察官が，警察官としての職務を執行するに際して，その職務の執行のために作成したものであり，その意味で公的な性質を有するものであって，職務上保管しているものというべきである。したがって，本件メモは，本件犯行の捜査の過程で作成され，公務員が職務上現に保管し，かつ，検察官において入手が容易なものに該当する。また，Ａの供述の信用性判断については，当然，同人が従前の取調べで新規供述に係る事項についてどのように述べていたかが問題にされることになるから，Ａの新規供述に関する検察官調書あるいは予定証言の信用性を争う旨の弁護人の主張と本件メモの記載の間には，一定の関連性を認めることができ，弁護人が，その主張に関連する証拠として，本件メモの証拠開示を求める必要性もこれを肯認することができないではない。さらに，本件メモの上記のような性質やその記載内容等からすると，これを開示することによって特段の弊害が生ずるおそれがあるものとも認められない。

　そうすると，捜査機関において保管されている本件メモの証拠開示を命じた原々決定を是認した原判断は，結論において正当として是認できるものというべきである。」と判示している。

第9章 証 拠 等　**233**

　前記最決（平19.12.25）を受けて，警察庁は平成20年5月13日付けで，取調べに係る事項を記載した書面の保管に関する訓令を定め，同日付けで施行したが，その内容は，「捜査主任官（犯罪捜査規範（昭和32年国家公安委員会規則第2号）第20条に規定する捜査主任官をいう。）は，警視総監，道府県警察本部長若しくは方面本部長又は警察署長の命を受け，取調べ警察官が被疑者又は被告人の取調べについてその供述の内容，取調べの状況その他取調べに係る事項を記載した書面（当該取調べ警察官が専ら自己が使用するために作成したものであって，他人に見せ，又は提出することを想定していないものを除く。）であって，捜査指揮のため，又は公判の審理に関する用務に備えるため必要があると認めるものを，必要と認める期間，事件ごとに適切に保管しなければならない。」というものである。取調べにおいてメモを作成した場合は，上記の判例及び訓令の趣旨を十分理解し，適切な取扱いに努めなければならない。

キ　公判前整理手続終了後の証拠調請求の制限

　公判前整理手続に付された事件については，検察官及び被告人又は弁護人は，やむを得ない事由によって同手続において請求することができなかったものを除き，同手続の終了後には，証拠調請求をすることができない（316条の32第1項）。

　この「やむを得ない事由」が認められる場合とは，「証拠は存在していたが，これを知らなかったことがやむを得なかったといえる場合」，「証拠の存在は知っていたが，物理的にその取調べが不可能であった場合」等が考えられる。

　なお，裁判所が必要と認めるときに，職権で証拠調べをすることはできる（同条2項）。

ク　期日間整理手続

　裁判所は，第1回公判期日後，審理の経過に鑑み必要と認めるときは，検察官及び被告人又は弁護人の意見を聴いた上で，事件の争点及び証拠を整理するため，事件を期日間整理手続に付することができる（316条の28第1項）。

　その方法，争点整理，証拠の整理，証拠開示については，公判前整理手

続と同様であり，「公判前整理手続」の規定がそのまま準用される（同条
2項）。

(2) 即決裁判手続

即決裁判手続は，争いのない軽微明白な事件について，簡易化された公判
手続によって審理の合理化・効率化を図り，迅速に刑事裁判を実施すること
を目的として創設された。本制度は平成18年10月2日から施行されている。

ア　申立ての要件と手続

検察官は，公訴を提起しようとする事件（死刑又は無期若しくは短期1
年以上の懲役若しくは禁錮に当たる事件は，対象から除外。また，罰金以
下の刑や執行猶予相当事件であること）のうち，争いのない軽微明白な事
件であり，かつ，証拠調べが速やかに終わると見込まれるなどの事件につ
いて，被疑者の書面による同意がある場合に限り，公訴提起と同時に即決
裁判手続の申立てをすることができる（350条の16第1項，2項）。実際に
即決裁判手続が適用されたものとしては，

○　薬物事犯（覚醒剤所持・使用）

○　入管法違反事犯（不法在留，不法残留）

○　窃盗事犯（万引き）

等がある。

被疑者は，検察官から即決裁判手続に同意するかどうかの確認を求めら
れた場合において，貧困その他の事由により弁護人を選任することができ
ないときは，国選弁護人の選任を請求することができるとされている（350
条の17）。また，被疑者に弁護人がある場合には，即決裁判手続に対する
被疑者の同意に加えて，弁護人の同意（又は意見の留保）が必要となり，
検察官は彼らの意思を確認しなければならないことから，国選弁護人が選
任されたときにも，検察官はその意思の確認を行う必要がある（350条の
16第2項，4項）。

さらに，起訴後，即決裁判手続の申立てがあった場合において，被告人
に弁護人がないときは，公判を開くことができないことから，裁判長は，
できる限り速やかに，職権で弁護人を付さなければならない（350条の18,
350条の23）が，この場合は，裁判所が，当該弁護人に対し，即決裁判手

第 9 章 証 拠 等 **235**

即決裁判手続の流れ

捜 査

検察官が被疑者に本手続によることの同意の有無を確認（350条の16第 2 項， 3 項）

国選弁護人を選任

即決裁判手続の申立てができる事件の要件
① 事案が明白かつ軽微な事件
② 証拠関係に争いのないなどの理由により，相当と認められる事件
③ 死刑，無期，短期 1 年以上の懲役，禁錮に当たる事件を除く事件（以上，350条の16第 1 項）
④ 罰金以下の刑や執行猶予付の懲役刑又は禁錮刑を科すことが相当な事件（350条の28）

※ 弁護人のない被疑者が，同意するかどうかを明らかにしようとする場合に，貧困等により弁護人を選任できないときは，国選弁護人の選任を請求できる（350条の17）。

被疑者の同意 （350条の16第 2 項）

被疑者の不同意

（通常の起訴）

検察官による公訴提起及び即決裁判手続の申立て（350条の16第 1 項）

※ 被疑者に弁護人がいるときは，申立てのためには弁護人の同意（意見留保も可）が必要（350条の16第 4 項）

できる限り速やかに，公判準備（350条の18，350条の19，350条の21）

できる限り公訴が提起された日から14日以内に，公判を開廷（350条の21，刑訴規則222条の18）

※ 弁護人がなければ開廷できない（350条の23）。

・ 被告人又は弁護人が同意を撤回
・ 本手続によることが不適法又は不相当（350条の22）

有罪の陳述（350条の22）

有罪陳述せず

即決裁判手続の決定（350条の22）

即決裁判手続決定の取消し（350条の25）

※ 決定後に有罪陳述・同意を撤回した場合など

350条の24による簡易な審理方法

（通常の公判手続）
※ この場合，検察官は一旦公訴を取り消し，再捜査を行った上で再起訴することも可能（350条の26）。

原則として，即日判決（350条の27）

※ 懲役又は禁錮の言渡しをする場合には，その刑の執行を猶予する（350条の28）。

上 訴

※ 罪となるべき事実の誤認を理由とする控訴は不可，上告についても同様（403条の 2 第 1 項，413条の 2）

続に同意するかどうかの確認を求めなければならない（350条の20，即決裁判手続申立て時に意見を留保した弁護人に対しても同様である。）。

　なお，即決裁判手続の申立てがなされた後，被告人が否認に転じるなどしたために同手続によらないこととなった場合，公訴取消し後の同一事件についての再捜査の制限（340条においては，公訴取消し後の同一事件についての再起訴は，「公訴の取消後犯罪事実につきあらたに重要な証拠を発見した場合」に限られている。）の例外として，検察官が一旦公訴を取り消し，再捜査を行った上で再起訴することができる（350条の26）。ただし，再起訴できるのは，「証拠調べが行われることなく」公訴が取り消された場合に限られる。

イ　警察の対応

　上述したとおり，即決裁判手続に同意するかどうかの手続は，検察官が行うものである。警察において，検察官が確認を行う前に，被疑者に即決裁判対象事件であることを伝えたり，そのように被疑者に受け取られかねない行為は，即決裁判手続そのもの及び即決裁判対象事件に関する警察の捜査手続に疑念を抱かれかねないことから，警察官により決して行ってはならない。

　他方，即決裁判手続を申し立てるためには，検察官により，被疑者に対する同意手続等が行われることになるので，捜査もそれに対応して行わなければならないことから，検察官と緊密に連絡を行い，所要の捜査を行わなければならない。

ウ　公判期日の指定等

　裁判所は，即決裁判手続の申立て後，公訴が提起された日からできる限り14日以内に公判を開き（350条の21，刑訴規則222条の18），そこで被告人が有罪である旨の陳述をしたときは，同手続によることが不相当と認める場合等を除き，同手続によって審判する旨の決定をし（350条の22），簡易な方法による証拠調べを行った（350条の24）上，原則として，即日判決を言い渡すこととなる（350条の27）。

エ　刑の言渡し等

　即決裁判手続において，懲役又は禁錮の言渡しをする場合には，併せて

第9章 証 拠 等 **237**

その刑の執行猶予を言い渡さなければならず，実刑の言渡しをすることは
できない（350条の29）。また，当該判決の罪となるべき事実の誤認を理由
として控訴することはできない（403条の2，413条の2）。

⑶　連日的開廷の確保

裁判所は，審理に2日以上を要する事件については，可能な限り，連日開
廷し，継続して審理を行わなければならない（281条の6第1項）。また，訴
訟関係人は，期日を厳守し，審理に支障を来さないようにしなければならな
い（同条2項）。

④　合意制度及び刑事免責制度

平成28年の刑訴法改正により，合意制度及び刑事免責制度が導入された。
その概要は以下のとおりである（平成30年6月1日施行）。

⑴　合 意 制 度

現行法上，取調べ以外に，組織的な犯罪等において首謀者の関与状況等を
含めた事案の解明に資する供述を得るための有効な手法が存しないことが，
これまで取調べ及び供述調書への過度の依存を生じてきた要因の一つとなっ
ていることなどに鑑み，手続の適正を担保しつつ，そのような供述等を得る
ことを可能にする新たな証拠収集方法として，合意制度が導入された。

検察官は，特定犯罪（一定の財政経済犯罪又は薬物銃器犯罪で，死刑又は
無期の懲役若しくは禁錮に当たるものを除く。）の被疑者・被告人と協議し，
被疑者等以外の他人の刑事事件（一定の財政経済犯罪又は薬物銃器犯罪に限
る。）について，

　　○　被疑者・被告人が，共犯者等の他人の刑事事件の解明に資する供述を
　　　したり，証拠物を提出したりするなどの協力行為を行い，

　　○　検察官が，被疑者・被告人の事件において，その協力行為を被疑者・
　　　被告人に有利に考慮して，不起訴にしたり，より軽い罪名で起訴したり，
　　　一定の軽い求刑をしたりするなどの取扱いをする

ことを内容とする合意をすることができる（350条の2）。この場合，弁護人
の同意が必要である（350条の3第1項）。

警察送致事件等について，検察官が被疑者及びその弁護人と協議をしよう
とする場合には，司法警察員と事前協議をすることが検察官に義務付けられ
ている（350条の6第1項）。また，検察官は，当該協議に係る他人の刑事事
件について司法警察員が現に捜査していることその他の事情を考慮して，当
該他人の刑事事件の捜査のため必要と認める場合には，被疑者等及びその弁
護人との協議における必要な行為（被疑者に対する供述の求め等）を司法警
察員にさせることができる（同条2項）。

これに関し，司法警察員は，検察官と事前協議を行う場合及び被疑者等と
の協議における必要な行為を行う場合には，警察本部長の指揮を受けなけれ
ばならず（犯捜規182条の6），協議における必要な行為として行う供述の求
めは，取調べとは明確に区別して行わなければならない（同182条の7）。

なお，警察官は合意の主体とならないことは法文上明らかであることから，
取調べ等の際に，警察官から合意制度に言及してはならない。また，被疑者
や弁護人から言及された場合，検察官等に質問等行うよう，申し入れなけれ
ばならない。

⑵ 刑事免責制度

刑事免責制度とは，裁判所が検察官の請求に基づいて，

　ア　証人尋問によって得られた供述及びこれに基づいて得られた証拠（派
　　生証拠）は，原則として，証人の刑事事件において不利益な証拠とする
　　ことができない

　イ　証人は，その証人尋問において，第146条の規定（憲法38条1項に基
　　づく証言拒絶権）にかかわらず，自己が刑事訴追を受け又は有罪判決を
　　受けるおそれのある証言を拒絶することができない

との条件により証人尋問を行う旨の決定（免責決定）をするものである（157
条の2，157条の3）。

刑事免責制度は，合意制度と異なり，対象犯罪に制限がなく，証人の同意
も要せず，証人本人の意思にかかわらず証言を強制できる。

5 証 拠 能 力

(1) 意　　義

　裁判所が事実認定に用いることのできる証拠には，法律上一定の資格が必要である。これが証拠能力であり，事実を認定させるための証拠の実質的な価値を意味する証明力とは異なる。例えば，被告人以外の者の供述を司法警察職員が録取した書面（参考人調書）は，被告人が同意するか又は特別の要件を満たさない限り，証拠能力がないものとされている。証拠能力とそれが実際にもっている価値としての証明力とは別のものであって，証拠能力があるとされても，実質的に裁判所の心証形成に影響を与えない場合は当然存在する。これに対し，いかに内容的に価値が高く証明力に富む証拠でも，証拠能力がなければ公判廷に証拠として提出すること自体許されない。

　証拠能力の有無が特に問題とされるのは，伝聞証拠，自白，違法収集証拠の三つについてである。

(2) 伝 聞 証 拠

ア　伝聞証拠の意義

　伝聞証拠とは，要証事実を直接に知覚，記憶した者の供述を内容とする供述証拠で，その原供述の内容となる事実の証明の用に供される証拠をいう。

　すなわち，

(ア)　例えば，「AがCの財布を盗むのを見た」という甲が，目撃した事実を自ら書面に記載した場合のように，体験者甲が自ら体験事実を書面に記載する場合（供述書）

(イ)　例えば，前述の甲を取り調べた司法警察員が，「AがCの財布を盗むのを見た」旨の甲の供述内容を供述調書に録取する場合のように，体験者甲から体験事実を聞いた他人が書面に記載する場合（供述録取書）

(ウ)　例えば，前述の甲の話を聞いた乙が，公判廷で「AがCの財布を盗むのを見たと甲から聞いた」と証言する場合のように，体験者甲から

体験事実を聞いた他人が裁判所に口頭で報告する場合（伝聞供述）
のような各場合において，その体験事実を公訴事実の証明に供しようとす
る証拠を，伝聞証拠というのである。
　イ　伝聞法則
　　第320条第1項は，「第321条乃至第328条に規定する場合を除いては，公
判期日における供述に代えて書面を証拠とし，又は公判期日外における他
の者の供述を内容とする供述を証拠とすることはできない。」と規定する。
これは原則として，伝聞証拠には証拠能力を認めないことを明らかにした
ものであり，このように伝聞証拠の証拠能力を原則として否定することを
伝聞法則又は伝聞証拠排斥の原則という。
　　このように，伝聞証拠が排斥される理由は，このような証拠は，その原
供述者（前述の例でいえば甲）に対し，当事者が憲法第37条第2項で保障
されている反対尋問によってその信用性をテストすることができないから，
事実認定を誤らせる危険が大きいことにあるといわれている。
　ウ　伝聞法則の例外
　　伝聞証拠に証拠能力を認めないとする伝聞法則の原則は，これをあらゆ
る場合に徹底することは事実上不可能である。英米法においても多くの場
合に伝聞法則の例外が認められているが，それは，信用性の情況的保障と
必要性との二つの原理に基づくものである。すなわち，「信用性の情況的
保障」とは，反対尋問の機会を与えなくても当事者の利益を著しく害する
ことのない程度の供述内容の信頼性が諸般の情況から十分に認められるこ
とであり，「必要性」とは，原供述者の死亡等，伝聞証拠の使用を必要と
する特殊な事情があることであり，この二つが伝聞法則の例外を認め得る
実質的理由である。このような英米法の思想は我が国の刑事訴訟法におい
ても採用され，第321条以下で伝聞法則の例外について定めている。
　㋐　被告人以外の者の供述書・供述録取書（321条1項）
　　被告人以外の者（被告人以外の全ての者を指し，被害者，目撃者等の
第三者はもとより，共同被告人，共犯も含む。）の作成した供述書又は
その者の供述を録取した供述録取書は，次の区分に従って例外的に証拠
能力が認められる。

被告人以外の供述書・供述録取書に証拠能力が認められる場合（321条１項）

a　裁判官の面前における供述録取書（321条１項１号）

　裁判官の面前における供述録取書には，第228条又は第179条第１項による証人尋問調書，他事件の公判（公判準備）調書，受命・受託裁判官による裁判所外での証人尋問調書（163条）等があるが，これらについては，①供述者が死亡，精神若しくは身体の故障，所在不明若しくは国外にいるため公判準備若しくは公判期日において供述することができないとき（供述不能），又は，②供述者が公判準備若しくは公判期日において前の供述と異なった供述をしたとき（不一致供述）に証拠能力が認められる。この供述録取書は，公平な第三者たる裁判官の面前における宣誓後の供述であるという点から反対尋問に代え得る信用性の情況的保障があり，しかも，供述者の死亡や前の供述と異なった供述の証明力を争うなどの点で必要性があるとされている。

b　検察官の面前における供述録取書（同条同項２号）

　検察官の面前における供述録取書は，①供述者が死亡，精神若しくは身体の故障，所在不明若しくは国外にいるため公判準備若しくは公判期日において供述することができないとき（供述不能），又は，②公判準備又は公判期日において前の供述と相反するか（相反供述），実質的に異なった供述をしたとき（実質的不一致供述）のいずれかの場合で，公判準備又は公判期日における供述よりも前の供述を信用すべき特別の情況の存する場合（相対的特信情況）に限り証拠能力が認

められる。

　　c　その他の書面（同条同項3号）

　司法警察職員等の面前における供述録取書等のａ，ｂで述べた以外の書面は，①供述者が死亡，精神若しくは身体の故障，所在不明又は国外にいるため公判準備又は公判期日において供述することができず（供述不能），かつ，②その供述が犯罪事実の存否の証明に欠くことができないものである場合（不可欠性）で，しかも，③その供述が特に信用すべき情況の下になされたものであるとき（絶対的特信情況）に限り証拠能力が認められる。①と②は必要性，③が信用性の情況的保障に当たるものであるが，他のａ，ｂで述べたものと比較して，最も厳格な要件が求められている。

　特に③については，前述した検察官面前調書の特信情況のように書面供述と法廷供述とを対比して特信性を判断するという相対的なものではなく，その供述自体に特信情況がなければならないという意味で，「絶対的」なものでなければならないとされている。

　なお，その他の書面の例としては，
　○酒酔い鑑識カードのうち，被疑者との問答の記載のある部分（最判昭47.6.2）
　○国際捜査共助により作成された供述書（最決平12.10.31（アメリカ合衆国），最決平15.11.26（韓国），最判平23.10.20（中華人民共和国））
がある。

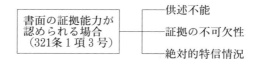

(イ)　被告人以外の者の公判準備又は公判期日における供述録取書（321条2項前段）

　公判準備における供述録取書とは，当該事件の公判準備における被告人以外の証人，鑑定人，通訳人等の尋問調書をいい，裁判所による場合

第9章 証 拠 等 **243**

であろうと裁判官による場合であるとを問わない。公判期日における供述録取書とは，公判手続更新前の公判調書，破棄差戻又は破棄移送前の公判調書等をいう。公判準備又は公判期日における証人等の尋問については，当事者も立会権，反対尋問権が保障されているので，無条件に証拠能力を有するものとされている。

(ウ)　裁判所又は裁判官の検証調書（321条2項後段）

　公判準備としての検証調書（128条以下），公判期日における検証の結果を記載した公判調書（128条以下）等がこれに当たり，これらの書面も無条件で証拠能力が認められる。すなわち，これらの書面は，検証の主体が公平な第三者たる裁判所又は裁判官であり，しかも，当事者の立会権が認められていることなどの理由で実質的に反対尋問権の保障があったとみて証拠能力が認められているのである。

(エ)　検察官，司法警察職員等の検証調書（321条3項）

　検察官，検察事務官又は司法警察職員の検証の結果を記載した書面は，その供述者（作成者）が公判期日において証人として尋問を受け，それが真正に作成されたものであることを証言したときに限り証拠能力が認められる。捜査機関の行う検証は，当事者の一方が行うものであり，かつ，被告人の立会権もないから，裁判所又は裁判官の検証調書と異なり無条件で証拠能力を認めることとはされていない。

　ところで，捜査機関の実況見分調書がここでいう検証に含まれるかについては前述したとおり，判例は第321条第3項所定の書面には捜査機関が任意処分として行う検証の結果を記載したいわゆる実況見分調書も包含するとしている（最判昭35.9.8）。また，このほかにも，酒酔い鑑識カードのうち被疑者の氏名，年齢欄，化学判定欄，被疑者の外部的状態に関する記載欄も第321条第3項の書面に当たるとされている（最判昭47.6.2）。

　なお，前述した最決（平17.9.27）は，再現見分調書，つまり，被害者が被害状況を自ら再現した実況見分調書及び被告人が犯行状況を自ら再現した写真撮影報告書について，「本件両書証は，捜査官が，被害者や被疑者の供述内容を明確にすることを主たる目的にして，これらの者

に被害・犯行状況について再現させた結果を記録したものと認められ，立証趣旨が「被害再現状況」，「犯行再現状況」とされていても，実質においては，再現されたとおりの犯罪事実の存在が要証事実になるものと解される。このような内容の実況見分調書や写真撮影報告書等の証拠能力については，刑訴法326条の同意が得られない場合には，同法321条3項所定の要件を満たす必要があることはもとより，再現者の供述の録取部分及び写真については，再現者が被告人以外の者である場合には同法321条1項2号ないし3号所定の，被告人である場合には同法322条1項所定の要件を満たす必要があるというべきである。もっとも，写真については，撮影，現像等の記録の過程が機械的操作によってなされることから前記各要件のうち再現者の署名押印は不要と解される」と判示している。つまり，被害者の供述ととらえられる部分については第321条第1項第3号に定める署名押印を欠くため証拠能力を有せず，実況見分調書中の被害者の被害状況を撮影した写真についても，第321条第1項第3号の要件を満たしていないことから証拠能力を有しないとしている（なお，犯行再現写真報告書の写真については，被告人が任意に犯行再現を行ったものと認め，証拠能力を有するとしている。）。

(オ)　鑑定の経過及び結果を記載した書面（321条4項）

　鑑定の経過及び結果を記載した書面で鑑定人が作成したものは，捜査機関の検証調書と同様に，当該鑑定人が公判期日において証人として尋問を受け，それが真正に作成されたものであることを証言したときは証拠能力が認められる。裁判所又は裁判官から鑑定を命ぜられた鑑定人の作成した鑑定書（165条）はともかく，捜査機関から鑑定を嘱託された鑑定受託者が作成した鑑定書（223条）については，訴訟の一方当事者の補助者ともいうべき鑑定受託者が宣誓しないで作成するのであり，信用性の情況的保障が必ずしも十分でないということから，これを同一に扱うことはできないとする説もあるが，判例は，捜査機関の嘱託を受けた鑑定受託者が作成した書面についても本項を準用することを認めている（最判昭28.10.15）。また，医師が刑事手続と無関係に作成した診断書についても，本項が準用されている（最判昭32.7.25）。

第9章 証 拠 等 **245**

　なお，最決平20.8.27は，火災原因の調査等に関して学識経験を有する私人作成の燃焼実験報告書抄本について，第321条第3項の準用を肯定した原判決の判断を否定し，同条第4項に準ずるものとして証拠能力を肯定している。

㈮　ビデオリンク方式による記録媒体（321条の2）

　被告人の公判準備若しくは公判期日における手続以外の刑事手続又は他の事件の刑事事件において，第157条の6第1項又は第2項の規定するビデオリンク方式によりなされた証人の尋問及び供述並びにその状況を記録した記録媒体がその一部とされた調書は，証拠能力が認められる（321条の2第1項前段）。これは，裁判官の面前で宣誓をした上での証人の供述をテレビモニターにより記録した内容が含まれていることから信用性が高く，また，性犯罪の被害者が度重なる公判での証人尋問を受ける二次的被害や強い精神的圧迫を回避する必要性があることから設けられた規定であるが，平成30年6月1日から刑訴法等の一部改正法の一部が施行されたことに伴い，性犯罪の被害者だけでなく，精神の平穏を著しく害するおそれのある又は加害行為を受けるおそれのある証人にもこの規定が適用されることとなり，また，改正前は証人が裁判官等の在籍する場所と同一構内に出頭し，裁判官等の在籍する場所との間をビデオリンクでつなぐ方法のみ認められていたところ，改正後は，一定の場合において，証人が裁判官等の在籍する場所と同一構内以外に出頭して，裁判官等の在籍する場所との間をビデオリンクでつなぐ方式で，証人尋問を行うこともできるとされた（157条の6第2項）。この場合，裁判所は，その調書を取り調べた後，訴訟関係人に対し，その供述者を証人として尋問する機会を与えなければならない（同条1項後段）。

　同条第1項の規定により取り調べられた調書に記録された証人の供述は，第295条第1項前段（重複尋問等の制限），及び第321条第1項第1号及び第2号（他の裁判官面前調書や検察官面前調書と異なるいわゆる相反供述等の証拠能力）の適用については，被告事件の公判期日においてなされたものとみなされる（同条3項）。

㈯　被告人の供述書・供述録取書（322条）

被告人が作成した供述書又は被告人の供述を録取した書面で被告人の署名若しくは押印のあるものは，その供述が被告人に不利益な事実の承認を内容とするものであるとき，又は特に信用すべき情況下になされたものであるときに限り，これを証拠とすることができる。その供述が自白その他被告人に不利益な事実の承認を内容とする場合には，任意性がある場合に限り，証拠能力が認められる（同条1項）。被告人が作成した供述書とは，上申書，始末書，答申書等であり，被告人の供述を録取した書面とは，被疑者として捜査機関の面前でした供述調書等であるが，被告人自身が原供述者であるから，被告人の反対尋問権という問題は生じない。したがって，その供述が自白その他不利益事実の承認であるときに，任意性がある場合に限って証拠能力を認めたのである。また，被告人に不利益でない供述についても，検察官の反対尋問の利益を保障する意味で，特信情況が存する場合に限り証拠能力が認められる。

また，被告人の公判準備又は公判期日における供述を録取した書面は，その供述が任意にされたものであると認めるときに限り，証拠能力が認められる（同条2項）。

(ク)　特に信用すべき書面（323条）

第321条及び第322条に掲げる書面以外の書面で，

○　戸籍謄本，公正証書謄本その他公務員（外国の公務員を含む。）がその職務上証明することができる事実についてその公務員の作成した書面（323条1号）

○　商業帳簿，航海日誌その他業務の通常の過程において作成された書面（同条2号）

○　前2号に掲げるもののほか，特に信用すべき情況の下に作成された書面（同条3号）

については証拠能力が認められる。

これらの書面は，性質上高度の信用性が担保されている（信用性の情況的保障がある。）ことなどから無条件で証拠能力が認められている。

なお，同条第3号の特に信用すべき情況下になされた書面とは，同条第1号及び第2号の書面，すなわち戸籍謄本，商業帳簿等に準ずる書面

第9章 証 拠 等 **247**

を意味するのであるから，これらの書面と同程度にその作成及び内容の
正確性について信頼できる書面をいい，被告人以外の者がその心覚えの
ため取引を書き留めた手帳は，第323条第3号の書面としては認められ
ず，第321条第1項第3号の書面として証拠能力が判断される（最判昭
31.3.27）。

㈔ 伝聞供述（324条）

公判期日外における他の者の供述を内容とする供述（伝聞供述）には，
原則として証拠能力が認められないことについては前述のとおりである
が，

① 被告人以外の者の公判準備又は公判期日における供述で被告人の
供述をその内容とするものについては，第322条の規定が準用され，
原供述たる被告人に不利益な事実の承認を内容とするものであると
きにはその供述の任意性を要件とし，そうでない場合にはその供述
が特に信用すべき情況の下になされたものであることを要件として，
証拠能力が認められる（324条1項）

② また，被告人以外の者の公判準備又は公判期日における供述で，
被告人以外の者の供述をその内容とするものについては，第321条
第1項第3号の規定が準用され，原供述者が死亡等のため公判準備
又は公判期日において供述できず，かつ，その原供述が犯罪事実の
存否の証明に欠くことができないときで，しかも，その原供述が特
に信用すべき情況の下になされたものであるという要件を満たして
初めて証拠能力が認められる（同条2項）

こととなる。

㈙ 任意性の調査（325条）

裁判所は，第321条から第324条の規定により証拠とすることができる
書面又は供述であっても，あらかじめ，その書面に記載された供述又は
公判準備若しくは公判期日における供述の内容となった他の者の供述が
任意にされたものかどうかを調査した後でなければ，これを証拠とする
ことができない。

これは，一応証拠能力の認められる証拠であっても，任意性の程度が

低いため証明力が乏しいか若しくは任意性がないため証拠能力あるいは証明力を欠く書面又は供述を証拠として取り調べて不当な心証を形成することをできる限り防止しようとする趣旨であるとされている（最決昭54.10.16）。

調査方法は，必ずしも証人の取調べによる必要はなく，裁判所が適当と認める方法によって行うことができ，訴訟進行の全ての状況，すなわち該書類の形式・内容はもちろん，被告人の弁解及び態度，検察官の釈明，該書類作成に関与した証人の証言等あらゆる面から見て裁判所として最も合理的な判断を下すべきであるとされている。

任意性の有無が争われたときの立証責任は，当然訴追側にある。

㈲　同意のあった書面・供述（326条）

検察官及び被告人が証拠とすることに同意した書面又は供述は，その書面が作成され，又は供述のされたときの情況を考慮し相当と認めるときに限り，第321条から第325条の規定にかかわらず，証拠能力が認められる。

なお，「相当と認めるときに限り」というのは，証拠とすることに同意があった書面又は供述が任意性を欠き又は証明力が著しく低い等の事由があれば証拠能力を取得しないとするものであるとされている（最決昭29.7.14）。

㈱　合意による書面（327条）

検察官及び被告人又は弁護人が合意の上，文書の内容又は公判期日に出頭すれば供述することが予想されるその供述の内容を書面に記載して提出したときは，その文書又はその者を取り調べないでも，その書面の証拠能力が認められる。このように合意書面に証拠能力が認められるのは，専ら訴訟経済を図る意図によるものといわれている。

㈾　証明力を争うための証拠（328条）

第321条から第324条の規定により証拠とすることができない書面又は供述であっても，公判準備又は公判期日における被告人，証人その他の者の供述の証明力を争うためには，これを証拠とすることができる。すなわち，伝聞証拠について，これを事実の認定に用いるのではなくて，

公判準備又は公判期日における被告人や証人等の供述の証明力を争う目的で用いる場合には，伝聞法則が適用されず，これを証拠として使用することが許されるのである。したがって，ここでいう「証拠とすることができる」というのは，「方法としてこれを使用することができる」との意味であるとされている（東京高判昭25.4.28）。

(3) 自　　　白

　ア　自白の意義

　「自白」とは，被告人（被疑者）が，自己の犯罪事実の全部又はその主要部分について認める供述をいう。公判廷での供述（裁判上の自白）と公判廷外での司法警察職員等に対する供述（裁判外の自白）の双方を含むが，犯罪の嫌疑を受ける前に被疑者自身が作成した手帳，日記等は含まれない。公判の冒頭手続において，被告人に公訴事実に対する認否をさせることが行われているが，その際，被告人が「起訴状のとおり相違ない」と陳述すれば，抽象的であれ公訴事実の全部を認めるものであるので反対の趣旨の見られない限り自白に当たる。

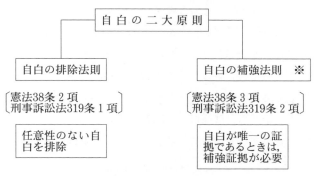

※自白の補強法則については「6　証　明　力」に記述。

　イ　自白の証拠能力

　憲法第38条第2項は，「強制，拷問若しくは脅迫による自白又は不当に長く抑留若しくは拘禁された後の自白は，これを証拠とすることができない。」と規定し，刑事訴訟法も第319条第1項において，「強制，拷問又は脅迫による自白，不当に長く抑留又は拘禁された後の自白その他任意にされたものでない疑のある自白は，これを証拠とすることができない。」と

規定している。

　任意性の欠如による証拠能力の否定は絶対的であって，被告人の同意があっても証拠とすることはできず，供述の証明力を争う証拠（328条）にも用いることはできない。

(4) **違法収集証拠**

　違法収集証拠については第319条第1項の自白の任意性に関するものを除き，刑事訴訟法上の明文の規定はないが，判例においては，「証拠物の押収等の手続に，憲法35条及びこれを受けた刑訴法第218条第1項等の所期する令状主義の精神を没却するような重大な違法があり，これを証拠として許容することが，将来における違法な捜査の抑制の見地からして相当でないと認められる場合においては，その証拠能力は否定されるものと解すべきである」とされている（最判昭53.9.7）。

　この後，最高裁は平成21年までに6件（最判昭61.4.25，最決昭63.9.16，最決平6.9.16，最決平7.5.30，最決平15.5.26，最決平21.9.28），上記の違法収集証拠の排除法則の理論を適用して，証拠収集手続を違法と宣言しつつも，それにより得られた証拠を排除しないとしている。他方，最判（平15.2.14）は，逮捕時に逮捕状の提示がなく，逮捕状の緊急執行もされていないという手続的な違法があり，かつ，警察官がその手続的な違法を糊塗するため逮捕状に虚偽事項を記入し，内容虚偽の捜査報告書を作成し，さらに公判廷において事実と反する証言をした事実について，逮捕手続に重大な違法があるとして，逮捕当日に採取された被疑者の尿に関する鑑定書の証拠能力を否定し，最高裁として初めて違法収集証拠の証拠能力を否定している。

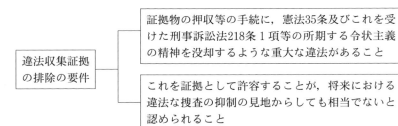

　違法収集証拠に基づいて発見又は獲得された第二次証拠に証拠能力を認めるか否かについては議論がある。これを全て認めると，違法収集証拠の証

第9章 証 拠 等 *251*

能力を否定した趣旨が没却されることとなるし，他方全く認めないと，かえって真実発見を妨げることとなる。第二次証拠に証拠能力が認められるか否かは，先行手続の法規からの逸脱の程度，令状主義の諸規定を逸脱する意図の有無，後行手続における矯正の有無等を考慮して判断することとなろう。

なお，最判（昭58.7.12）は，逮捕中の被疑者に対する勾留質問調書は，その逮捕が違法な別件逮捕中の自白を資料として発付された逮捕状によるものであっても，ほかに特段の事情のない限り，証拠能力を否定されるものではない旨判示している。

6 証 明 力

⑴ 意 義

証拠によって裁判官にその事実の存在について心証を形成させる力をその証拠の証明力という。証拠能力のように形式的に存否が決せられるものではなく，実質的な価値の高低であり，裁判官の自由な判断に委ねられている（318条。これを自由心証主義という。）。

⑵ 自白の証明力の制限

ア 自白に補強証拠を必要とする理由

憲法第38条第3項は，「何人も，自己に不利益な唯一の証拠が本人の自白である場合には，有罪とされ，又は刑罰を科せられない。」とし，これを受けて第319条第2項は「被告人は，公判廷における自白であると否とを問わず，その自白が自己に不利益な唯一の証拠である場合には，有罪とされない。」と規定している。すなわち，たとえ証拠能力のある自白であっても，それが不利益な唯一の証拠であるときは，その自白の証明力が否定され，それによって有罪とすることができないのである。

その理由は，被告人の自白だけでは，客観的には架空な空中楼閣的な事実が犯罪としてでっち上げられる危険，例えば客観的にはどこにも殺人がなかったのに被告人の自白だけで殺人犯人が作られる類のことを防止するためであるとされている。

イ 補強証拠の範囲

補強証拠が必要な範囲は犯罪の客観的側面でよいとされ，犯罪の主観的側面（故意・過失の存在，知情性，目的等）や被告人と犯人との結び付きについては不要であるとされている（最判昭24.7.19，昭26.1.31）。

　また，判例は，自白を補強すべき証拠は必ずしも自白にかかる犯罪組成事実の全部にわたって，漏れなくこれを裏付けするものでなければならないというわけではなく，自白にかかる事実の真実性を保障し得るものであれば足りるとしている（最判昭23.10.30）。

補強証拠の範囲

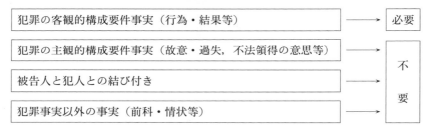

ウ　補強証拠となり得る証拠

　補強証拠たり得る証拠は，証拠能力があり，犯罪事実に関連を有するものである限り，何ら制限はない。人証，証拠物，証拠書類であれ，また直接証拠，間接証拠であれ，その種類を問わないが，自白から実質的に独立した証拠でなければ補強証拠となり得ない（最判昭25.7.12）。

　したがって，被告人の供述は，原則として補強証拠になり得ないが，脅迫状，帳簿等，自白としての実質を備えていないものは補強証拠としての適格を有すると解される。判例は，犯罪の嫌疑を受ける前に捜査とは無関係に被告人が備忘のため取引関係を記入した未収金控帳は，第323条第2号の書面として証拠能力を有し，被告人の自白に対する補強証拠になると判示している（最決昭32.11.2）。

　共犯者あるいは共同被告人の供述が補強証拠になり得るかについては，最高裁判所の判決は繰り返して共同被告人の供述は補強証拠となり得る旨を判示している。共犯者ではない単なる共同被告人や何らかの関係で共同被告人とはなっていない共犯者の供述についても，その供述に証拠能力がある限り補強証拠となり得ると解されている。次に，共同被告人なり共犯

者なりの供述があればそれだけで補強証拠なく他の被告人を有罪とし得るかという点について，判例は，共犯者又は共同被告人の犯罪事実に関する供述は，憲法第38条第2項のごとき証拠能力を有しないものでない限り，独立，完全な証明力を有するものであるとして補強証拠は不要であるとしている（最判昭33.5.28）。

(3) **自白の信用性**

自白の信用性に疑いがある場合は，その信用性について検討しなければならない。

これに関し，最判平12.2.7は，「その信用性の判断は，自白を裏付ける客観的証拠があるかどうか，自白と客観的証拠との間に整合性があるかどうかを精査し，さらには，自白がどのような経過でされたか，その過程に捜査官による誤導の介在やその他虚偽供述が混入する事情がないかどうか，自白の内容自体に不自然，不合理とすべき点はないかどうかなどを吟味し，これらを総合考慮して行うべきである。」とした上で，少年による強制性交・殺人事件の被害者側から被疑少年の両親に対して起こされた，「草加事件」民事裁判において，「少年らの自白にはいわゆる秘密の暴露があるわけではなく，自白を裏付ける客観的証拠もほとんど見られず，かえって自白が真実を述べたものであればあってしかるべきと思われる証拠が発見されていない上，一部とはいえ捜査官の誤導による可能性の高い明らかな虚偽の部分が含まれ，しかも犯行事実の中核的な部分について変遷が見られるという幾多の問題点があるのに，漫然とその信用性を肯定した原審の判断過程には経験則に反する違法があるといわざるを得ず，その違法は原判決の結論に影響を及ぼすことが明らかである。」と判示し，被疑少年の両親敗訴の原審を破棄している。

自白の信用性が問題となり，それが否定される場合を類型化すると，
① 自白と他の証拠との矛盾・齟齬がある場合
② 自白内容が不自然又は不合理である場合

③　自白内容の変遷に合理的な理由が認められない場合

④　その自白が誘導的取調べ等により得られたと認められる場合

⑤　自白に何ら秘密の暴露がない場合

等がある。

①　自白と他の証拠との矛盾・齟齬がある場合

　　客観的な他の証拠と自白との間に矛盾・齟齬があると，自白の信用性が大きく低下し，又は否定される。例えば，会合に出席したとの自白があるにもかかわらず，それに出席できないという客観的なアリバイが存在する場合等である。

②　自白内容が不自然又は不合理である場合

　　自白の内容が，常識から考えて明らかに不自然又は不合理である場合も，自白の信用性が大きく低下し，又は否定される。例えば，便宜供与の内容に見合わない高額の賄賂金について自供した場合等である。

③　自白内容の変遷に合理的な理由が認められない場合

　　捜査段階での被疑者の取調べにおいては，被疑者の記憶の欠落・錯覚等の理由で自白内容が変遷することは十分あり得ることであるが，それでは説明できない程度の不自然な変遷がある場合も，自白の信用性が大きく低下し，又は否定される。例えば，供述が合理的な理由もなく毎日のように変遷するような，変遷の回数が著しく多い場合や，事案の枢要な部分で，通常記憶違いがあり得ないような部分が頻繁に変遷するような場合である。

④　その自白が誘導的取調べ等により得られたと認められる場合

　　捜査官が被疑者を理詰めで取り調べ，言いたくない事実等を明らかにすることは当然の職務であるが，その態様が，捜査側手持ちの情報を過度に信用して，一定の方向に被疑者の供述を誘導し，存在しない事実等を構築するとみられる場合も，信用性が否定されることがある。

⑤　自白に何ら秘密の暴露がない場合

　　あらかじめ捜査官の知り得なかった事項で捜査の結果客観的事実であると確認されたというもの，いわゆる「秘密の暴露」に相当するもの

第 9 章　証　拠　等　**255**

（最判昭57.1.28）は，供述の信用性を大いに高めるものとされる。他
方で，これが全くない，例えば，被疑者が犯行に凶器を用いたと供述し
ているにもかかわらず，その後，凶器を投棄した場所についての供述が
得られないときや，凶器が発見されず供述が裏付けられないときには，
自白の信用性を疑わせる要素の一つとなり，客観的証拠との整合性や自
白の変遷経緯などと併せて，自白の信用性を否定される場合がある。

⑦　科学的捜査と証拠

⑴　科学的捜査の意義

　近年，犯罪は悪質化，巧妙化，スピード化，広域化等してきているととも
に，社会環境や住民意識の変化により，聞き込み捜査等の一般捜査に困難が
生じているほか，黙秘被疑者の増加等により供述証拠を得難くなってきてい
る。また，裁判員制度の導入を始めとした刑事司法制度改革（後述）の実施
に伴い，一般国民にも分かりやすい立証が求められている現状に鑑みると，
従来以上に客観的証拠を重視した捜査を推進する必要がある。

　このような状況にあって，科学技術の発展によりもたらされた知識や技能
を利用した科学的捜査により収集された証拠の多くは客観的なものであり，
証明力が高く，それが証拠として認められると決定的なものとなる。よって，
捜査においては一つでも多くこのような証拠を収集できるよう努めていると
ころであり，公判においても有効な立証手段として証拠請求されることが多
い。それゆえ，被告人側としては，この証拠能力及び証明力について争うこ
とが多く，判例等はこれらについての信頼性と正確性等について判示してき
たところである。以下，代表的な科学的捜査を行う際の留意点と，それによ
り得られた証拠の証拠能力及び証明力について述べる。

　なお，鑑識資料については，事件現場から採取する際，それが適法・妥当
に採取されたものであることを確実にする措置，すなわち立証三原則（立会
人，写真撮影及び記録）に基づいた立証措置が重要であり，また，採取され
た鑑識資料は，破損，変質，混入，紛失等を避けるため，適正に保管・管理

されなければならないことはいうまでもない。

(2) 声紋鑑定

声紋鑑定は，人の音声を分析装置にかけて，その周波数成分を紋様化し，画像として示すもの（声紋）により，犯人の同一性を判断するものである。

声紋鑑定の証拠能力，証明力について，東京地判（平2.7.26）は，証拠能力に関して，「声紋による個人識別の方法は，未だ識別の対象となった資料の数が限られているため，その正確性は完全に確立されたとまでは言えないが，その根拠には右のとおり科学的な合理性があり，使用される各種機器の性能，声紋の分析技術がともに向上していることにも鑑みれば，一概に証拠能力を否定するのは相当でなく，必要な技術と経験を有する適格者によって実施され，使用した機器の性能，作動が正確であって，その検査結果が信頼性あるものと認められる場合には，その分析の経過及び結果についての正確な報告には，証拠能力を認めることができるものと考えるべきである」とし，証明力に関しては，「声紋の個人識別に関する異なった角度からの研究，経験に基づき，鑑定の方法としてもそれぞれ独自の研究成果に基づく異なった方法により，使用機器も異なった種類のものが使用された各鑑識において，同趣旨の結果が導き出されていること，鑑定対象とされたサンプル数は，合計十数箇所に及び，各鑑定作業中にはそれぞれこれら以外の多数の箇所についても検討の対象とされ，結論を導くのに参照されていることなどに照らすと，このような各鑑定が，相互に証明力を補強し合い，全体として，相当高度の証明力を持つに至っているものと言うべきである」と判示しているが，実務において声紋鑑定を実施する場合も，当該裁判例の示した要件に留意して行うべきであろう。

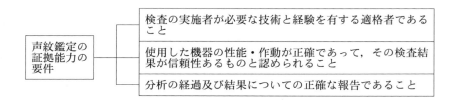

第9章 証 拠 等 **257**

(3) **筆跡鑑定**

筆跡鑑定は，筆者不明の筆跡（被疑者資料）と筆者既知の筆跡（対照資料）とを比較対照することによって，筆者の同一性を判断するものである。

最決（昭41.2.21）は，伝統的筆跡鑑定方法について，「多分に鑑定人の経験と感に頼るところがあり，ことの性質上，その証明力には自ら限界があるとしても，そのことから直ちに，この鑑定方法が非科学的で，不合理であるということはできないのであって，筆跡鑑定におけるこれまでの経験の集積と，その経験によって裏付けられた判断は，鑑定人の単なる主観にすぎないもの，といえないことはもちろんである」と判示し，限界があるものの，筆跡鑑定が証明力を有することを認めている。他方，筆跡鑑定の証明力が否定された裁判例も散見されるが（東京地判平3.6.27，岡山地判昭62.9.14等），これらをみると，

○ 鑑定資料とする文字が少ない

○ 鑑定資料と対照文書が同じ条件（紙面，文字の大きき）の下に書かれていない

○ 作為筆跡については同一性識別はできない

等の理由が述べられている。

実務においては，上記の判例等で指摘された点に留意して行うとともに，筆跡鑑定の証明力がまだ十分には認められていないことを十分認識し，筆跡鑑定を用いる場合も，可能な限り他の証拠の収集に努めるべきである。

(4) **DNA型鑑定**

DNA型鑑定は，人の細胞内に存在するDNA（デオキシリボ核酸）の塩基配列の多型性に着目し，これを鑑定対象として分析することによって個人を高い精度で識別する鑑定方法である。DNAの塩基配列は，同一人の場合，全ての細胞につき同じで終生不変と考えられており，個人識別の精度は極めて高い。

警察では，平成元年から犯罪捜査に活用しているが，平成15年から，フラグメントアナライザーと呼ばれる自動分析装置を使用した短鎖DNA型（STR型）鑑定法を全国に導入したことにより，従来の方法による場合と比べて，より古い，より微量の資料からの鑑定が可能となったほか，検査が自動化さ

れたため,鑑定に要する時間が短縮されている。

　また,警察庁においては,平成16年12月から,犯行現場その他の場所に被疑者が遺留したと認められる血痕等の資料(遺留資料)のDNA型情報を登録し,検索する遺留資料DNA型情報検索システムの運用を開始した。このシステムにより,ある事件の犯行現場に遺留された資料のDNA型情報とシステムに登録されているDNA型情報とを照合することで,これらの事件が同一の被疑者によって引き起こされたかどうかを検証することができ,被疑者についてDNA型鑑定を行った場合には,被疑者のDNA型情報とシステムに登録されているDNA型情報とを照合することで,余罪を効率的に捜査することができるようになった。

　さらに,遺留資料のDNA型情報に加え,犯罪捜査上の必要があって適法に得た被疑者の資料及び身元が明らかでない変死者等の死体から採取された資料のDNA型情報についても,平成17年9月1日のDNA型記録取扱規則(平成17年国家公安委員会規則15号)の施行に伴い,DNA型記録検索システムとしてデータベースの運用が開始された。これにより,被疑者の割り出し,余罪捜査に従来以上の効果を発揮している。

　また,警察庁は,業務効率を向上させるため,全国の警察署長等から嘱託を受けて被疑者資料に係るDNA型鑑定を行い,その被疑者DNA型記録を作成してDNA型データベースに登録している。

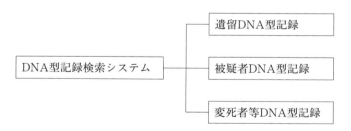

　DNA型鑑定の証拠能力について,最高裁はMCT118型鑑定に関し,「その科学的原理が理論的正確性を有し,具体的な実施の方法も,その技術を習得した者により,科学的に信頼される方法で行われたと認められる」場合には,「その後の科学技術の発展により新たに解明された事項等も加味して慎重に検討されるべきであるが,なお,これを証拠として用いることが許されると

した原判断は相当である」（最決平12.7.17）としている（なお，本事案（いわゆる「足利事件」）については再審請求審である宇都宮地判平22.3.26において，証拠能力が否定され，無罪が言い渡されている。）。STR型鑑定について判断した最高裁判例はないものの，多くの下級審裁判例でその証拠能力及び証明力が認められている。

　　※上述したDNA型鑑定が生物の核内に存在するDNAを用いて鑑定を行っているのに対し，細胞質にあるミトコンドリアという器官内にあるDNAを用いて鑑定を行うことがあり，これはミトコンドリアDNA型鑑定と呼ばれている。この方法は，一細胞内に多数のミトコンドリアDNAが存在することから，非常に微量な資料から，また，核DNAがほとんど残っていない毛髪や白骨といった資料からの鑑定が可能である一方，ミトコンドリアDNAは母親からしか遺伝しないことから，基本的に母方の血縁者は同一となり区別できないことなど，識別力の点で限界がある。

⑸　毛髪鑑定

　毛髪鑑定は，これまで人の毛髪を形態学的検査，血液型検査及び元素分析検査によって個人識別を行ってきたが，現在では，元素分析検査に替わってDNA型鑑定が用いられている。

　また，麻薬密輸入の共謀共同正犯の成否が争われた事実について，その情況的事実の一つとされる被告人の国内におけるコカインの使用事実に関し，毛髪鑑定の結果により認定した裁判例（千葉地判平6.5.11）や，尿鑑定に加えて毛髪内の薬物を鑑定した結果を事実認定の用に供した裁判例（東京地判平4.11.30）がある。

⑹　警察犬による臭気選別

　犬の嗅覚は人に比べてはるかに鋭敏であることから，適性のある警察犬を訓練して犯人の追跡，禁制品の発見などの捜査に活用されているほか，現場に遺留品等があった場合，その臭気（原臭）を保存しておいて，後日，容疑者が判明したときなどの臭気の異同識別に利用される。

　臭気選別の方法は，例えば物から人を識別する方法として，遺留品又は足跡保存臭を「原臭」としてその容疑者との結び付きを明らかにするものがある。これは，容疑者の臭気と数人の第三者臭気（誘惑臭）を白布に移行して選別台の上に並べ，警察犬に遺留品等の原臭をかがせて同一臭気の白布を選

別させるもので，結果の正確性については，原臭の採取及び保存方法，警察犬の能力差や体調の変化，臭気選別の実施条件又は方法などによって左右されやすいとして争われることがある。

　判例は，「選別につき専門的な知識と経験を有する指導手が，臭気選別能力が優れ，選別時において体調等も良好でその能力がよく保持されている警察犬を使用して実施したものであるとともに，臭気の採取，保管の過程や臭気選別の方法に不適切な点のないことが認められるから，本件各臭気選別の結果を有罪認定の用に供しうるとした原判断は正当である（右の各臭気選別の経過及び結果を記載した本件各報告書は，右選別に立ち会った司法警察員らが臭気選別の経過と結果を正確に記載したものであることが，右司法警察員らの証言によって明らかであるから，刑訴法321条3項により証拠能力が付与されるものと解するのが相当である。）」と判示している（最決昭62.3.3）が，下級審裁判例においては，低い証明力しか認めなかったものもある（広島高判昭56.7.10，山形地鶴岡支判昭58.1.12）。これらの判例等から，臭気選別を実施する際には，

- ○　臭気選別に使用される犬は臭気選別能力に優れていること
- ○　警察犬の取扱い等につき専門的な知識，技能，経験を有する訓練士が指導手となること
- ○　選別時，体調等も良好で，その能力がよく保持されている犬を使用すること
- ○　臭気の採取，保管が適切で，他の臭気が混在していないこと
- ○　臭気選別の方法が適切であること

等に留意すべきである。

　なお，立ち会った司法警察職員が臭気選別の経過及び結果を記載した報告書は第321条第3項により，指導手が判断結果を報告した書面は第321条第4項により証拠能力が認められる。

⑺　ポリグラフ検査

　ポリグラフ検査は，被検査者への質問に対する呼吸波，皮膚電気活動，脈波等の生理反応の変化をポリグラフ装置を用いて測定・記録し，被検査者が検査に係る事件に関する事実を認識しているか否かを検査するものである。

第 9 章 証 拠 等 **261**

　判例は，最決（昭43.2.8）において，検査者が必要な技術と経験を有する適格者で，各検査に使用された器具の性能及び操作技術から見て，その検査結果が信頼できるものである場合には，第326条第1項の同意のあったポリグラフ検査結果回答書に証拠能力を肯定しているが，最判（昭57.1.28）においては，ポリグラフ検査結果回答書は，被告人の自白の信用性を支えるべき客観的な証拠としての評価が分かれ得るものであって証拠価値の判断が難しく，それ自体によって自白の信用性を高度に保障するものとはいえないとしている。

　なお，ポリグラフ検査は相手方の同意を前提として実施されるべき性質の検査であるので，ポリグラフ検査を目的として令状請求を行うことは適切でない。

⑧　警察職員の証人出廷

　警察は，捜査の端緒から公判請求に至るまで，様々な形で当該事件に関与し，その詳細な状況について，いわば最もよく知り得る立場にある。そのため，警察職員は，

　　○　被告人の自白の任意性，信用性を立証する場合
　　○　検証調書・実況見分調書が真正に作成されたことを立証する場合（321条3項）
　　○　鑑定書が真正に作成されたことを立証する場合（321条4項）
　　○　目撃した犯罪事実等を立証する場合
　　○　証拠物の押収手続が適正になされたことを立証する場合

等において，証人出廷を求められることになるが，最近の裁判実務の動向，とりわけ，裁判員制度導入の影響等から，警察職員の証人出廷が増加することが見込まれている。

　よって，公判に証人として出廷することが予想される警察職員は，常日ごろから，分かりやすい捜査書類の作成に努めるとともに，検察官，公判対応責任者等の助言，支援を受け，適切な公判対応の準備に努める必要がある。また，公判に証人として出廷した場合，弁護人の反対尋問は，証人の証言の

信用性を弱める目的で行われることが通例であるから，裁判官（員）に対し，

- ○　分かりやすく，説得力のある話し方をする（質問に対して結論を端的，明瞭に答える）
- ○　「自らが直接体験した事実」と「その事実に基づいて推測した事実」を区別して話す（自分の経験，体験と無関係な推論等は話さない）
- ○　冷静に，信念を持って話す
- ○　誤りに気付いたら，ためらうことなく取り消す

等について留意して，応答することが重要である。

⑨　司法制度改革

　刑事司法制度を含む司法制度改革は，平成13年6月12日に司法制度改革審議会により取りまとめられた，「司法制度改革審議会意見書—21世紀の日本を支える司法制度—」により事実上，方向付けがなされた。

　その後，同年11月に制定された司法制度改革推進法に基づき，司法制度改革推進本部が設置され，平成14年3月，同本部が作成した司法制度改革推進計画が閣議決定された。同計画では，「Ⅱ　国民の期待に応える司法制度の構築」「第2　刑事司法制度の改革」において，「刑事司法は，公共の福祉の維持と個人の基本的人権の保障を全うしつつ，的確に犯罪を認知・検挙し，公正な手続を通じて，事案の真相を明らかにし，適正かつ迅速に刑罰権の実現を図ることにより，社会の秩序を維持し，国民の安全な生活を確保することを目的とする。」とされている。また，「刑事司法が，その目的を十分かつ適切に果たすことによって，国民の期待に応えていくため，刑事司法制度の改革について」，次の五つの措置を講ずるとされた。

- ①　刑事裁判の迅速・充実化
- ②　被疑者・被告人の公的弁護制度の整備
- ③　検察審査会の一定の議決に対するいわゆる法的拘束力の付与
- ④　新たな時代に向けた捜査・公判手続の整備
- ⑤　犯罪者の改善更生及び被害者等の保護

　さらに，同計画では，「Ⅳ　司法制度の国民的基盤の確立」「第1　国民的

基盤の確立（国民の司法参加）」において，「刑事訴訟手続への新たな参加制度の導入」が盛り込まれた。

この後，司法制度改革推進本部の設置期限である平成16年11月30日までに，上述した司法制度改革審議会意見書及び司法制度改革推進計画に基づく法整備がなされたが，刑事司法制度改革に関連する主なものは，

○　裁判の迅速化に関する法律（平成15年法律107号）

○　刑事訴訟法等の一部を改正する法律（平成16年法律62号。以下「改正刑事訴訟法」という。）

○　裁判員の参加する刑事裁判に関する法律（平成16年法律63号。以下「裁判員法」という。）

がある。

これにより導入された主な制度は次のとおりである。

刑事司法制度改革の概要

```
犯罪の発生
捜　査
```

- 被疑者国選弁護制度（平成18年10月2日から施行）……第6章参照
- 取調べ書面記録制度（平成16年4月1日から施行）……第4章参照

```
起訴・不起訴
```

- 検察審査会の機能強化（平成21年5月21日から施行）……第10章参照

```
裁判
判決
```

- 公判の連日的開廷（平成17年11月1日から施行）……本章参照
- 公判前整理手続・期日間整理手続制度（平成17年11月1日から施行）……本章参照
- 即決裁判手続制度（平成18年10月2日から施行）……本章参照
- 裁判員制度の導入（平成21年5月21日から施行）……本章参照

⑩　裁判員制度

　裁判員制度は，「国民の司法参加」を図ることを主たる目的としている。すなわち，本制度により，国民に裁判に加わってもらい，国民の司法に対する理解を増進させるとともに，その意見等が裁判手続に反映されることにより，長期的に見て司法に対する国民の信頼を高めることを目的としている（裁判員法1条）。

　また，本制度は，我が国司法制度の課題の一つである，審理の長期化を改善する推進力となることも期待されている。つまり，裁判員制度においては，職業裁判官ではない一般国民が裁判に参加することから，審理に必要以上に時間をかけるわけにはいかず，必然的に公判前整理手続等の新たな制度を活用して争点を整理し，争点の解明に必要な証拠調べを効率的に行うため，明確な審理計画を立て，連日的開廷による集中審理を行うこととなる。

　このように裁判員制度の導入に当たっては，公判前整理手続や連日的開廷等が不可欠であることから，改正刑事訴訟法により裁判の充実・迅速化を図るための各種制度が施行され，運用の定着が図られた後，最後に裁判員制度が導入されている（平成21年5月21日から施行）。

　また，一般国民に対しては，証拠書類の詳細な読み込みを期待することはできないことから，本制度が導入されてから，公判廷で見て聞いて心証を形成できるような審理（直接主義・口頭主義の実質化）に変わってきている。

　裁判員制度の合憲性につき，最大判平23.11.16は，「国民の司法参加と適正な刑事裁判を実現するための諸原則とは，十分調和させることが可能であり，憲法上国民の司法参加がおよそ禁じられていると解すべき理由はなく，国民の司法参加に係る制度の合憲性は，具体的に設けられた制度が，適正な刑事裁判を実現するための諸原則に抵触するか否かによって決せられる」として，その内容を立法政策に委ねていると解した上で，「裁判員制度の仕組みを考慮すれば，公平な「裁判所」における法と証拠に基づく適正な裁判が行われること（憲法31条，32条，37条1項）は制度的に十分保障されている上，裁判官は刑事裁判の基本的な担い手とされているものと認められ，憲法

が定める刑事裁判の諸原則を確保する上での支障はない」と判示し，合憲としている。

制度の概要は，次のとおりである。

(1) 対象事件

裁判員による裁判は，死刑又は無期の懲役若しくは禁錮に当たる罪の事件又は法定合議事件（死刑又は無期若しくは短期1年以上の懲役若しくは禁錮に当たる罪（刑法236条，238条又は239条の罪及びその未遂罪，暴力行為等処罰に関する法律1条の2第1項若しくは2項又は1条の3第1項の罪並びに盗犯等の防止及び処分に関する法律2条又は3条の罪を除く。）に係る事件）であって，故意の犯罪行為により被害者を死亡させたものが対象となる（裁判員法2条1項）。主な罪種としては，殺人，傷害致死，現住建造物等放火，強盗致死傷がある。

ただし，裁判員やその親族等に対して危害が加えられるおそれがあるような事件については，対象事件から除外されることがある（裁判員法3条1項）。

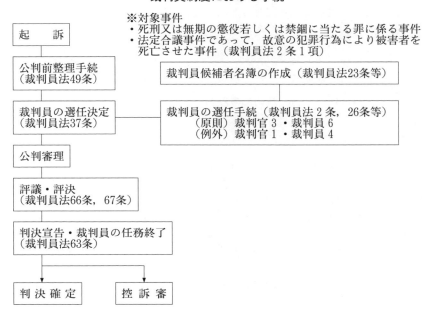

(2) 合議体の構成

裁判員による裁判は，原則として，裁判官3人，裁判員6人の合議体で構成される（裁判員法2条2項）。

なお，

ア　公判前整理手続の結果，公訴事実に争いがないこと

イ　当事者に異議がないこと

ウ　裁判所が適当と認めること

がある場合は，例外的に，裁判官1人，裁判員4人の合議体で構成することができる（裁判員法2条3項）。

(3) 裁判官・裁判員の権限と評決

裁判員は，事実の認定，法令の適用及び刑の量刑について裁判官と共に判断する権限を有する（裁判員法6条1項）。法令の解釈，訴訟手続等に関する判断は，裁判官の過半数の意見による（裁判員法6条2項）。

公判審理が終了後，裁判官が加わって評議が行われる（裁判員法66条）。そして，評決は多数決によるが，有罪評決の場合，裁判員と裁判官のそれぞれ1人以上が賛成しなければならない（裁判員法67条）。

(4) 判　　決

判決の宣告は，裁判員が立会い，裁判官が行う（裁判員法63条）。判決の宣告終了と同時に裁判員の任務は終了する。判決書は裁判官が作成する。

なお，裁判員は第一審の裁判にのみ関与し，控訴審は職業裁判官だけで行われる。

※裁判所に同一被告人に対する複数の事件が係属した場合，裁判員の負担を軽減して適正な結論が得られるようにするため，一部の事件を区分し，順次，区分した事件ごとに審理を担当する裁判員を選任して審理し，事実認定に関して有罪・無罪を判断する部分判決をした上で，これを踏まえて新たに選任された裁判員の加わった合議体が，残りの事件について審理するとともに，併合した事件の全体について，刑の言渡しを含めた終局の判決を行う部分判決制度もある（裁判員法71条乃至99条）。

第10章　犯罪被害者等と警察　**267**

第10章　犯罪被害者等と警察

学習の指針

　犯罪被害者等とは犯罪等により害を被った者及びその家族又は遺族をいう（犯罪被害者等基本法2条2項）。犯罪被害者等基本法第1条は，「この法律は，犯罪被害者等のための施策に関し，基本理念を定め，並びに国，地方公共団体及び国民の責務を明らかにするとともに，犯罪被害者等のための施策の基本となる事項を定めること等により，犯罪被害者等のための施策を総合的かつ計画的に推進し，もって犯罪被害者等の権利利益の保護を図ることを目的とする。」と定めており，警察も自らの責務として犯罪被害者等を支援する各種施策を推進すべきであることはいうまでもない。本章では，警察における犯罪被害者等への支援施策を概観するとともに，平成19年に成立した犯罪被害者等の権利利益の保護を図るための刑事訴訟法等の一部を改正する法律の内容について述べる。

1　警察における犯罪被害者等支援施策

　殺人等の事件が発生すれば，多くの場合，最初に犯罪被害者等に接することとなるのは警察である。被害届の受理，参考人としての取調べ等，捜査への協力を得なければならないが，それとは別に，犯罪によって様々な面において傷ついた犯罪被害者等に対し，十分な配慮をしなければならない。犯捜規第10条の2第1項は，「捜査を行うに当たつては，被害者又はその親族（以下この節において「被害者等」という。）の心情を理解し，その人格を尊重しなければならない。」と規定しているが，具体的には，以下のような施策が行われている。

(1)　犯罪被害者等への情報提供

　犯捜規第10条の3は，「捜査を行うに当たつては，被害者等に対し，刑事手続の概要を説明するとともに，当該事件の捜査の経過その他被害者等の救

済又は不安の解消に資すると認められる事項を通知しなければならない。ただし、捜査その他の警察の事務若しくは公判に支障を及ぼし、又は関係者の名誉その他の権利を不当に侵害するおそれのある場合は、この限りでない。」と定めていることから、警察では、犯罪被害者等に、パンフレット「被害者の手引」により刑事手続の流れなど一般的な事項について、また「被害者連絡制度」により捜査の状況などについて、情報を提供している（ただし、捜査により明らかになった被疑者の氏名及び住所その他の事件の内容を通知することについては、本条ただし書の趣旨も踏まえ、その妥当性について十分検討しなければならない。）。さらに、犯罪被害者等の希望に応じて、地域警察官が被害者訪問・連絡活動を実施している。

(2) **相談・カウンセリング体制の整備**

犯罪被害者等からの様々な相談に応じるために被害相談電話等、各種被害相談窓口を設置するとともに、心の傷の回復を支援するためにカウンセリング技術を有する警察職員を配置したり、部外の精神科医、臨床心理士等に委嘱したりすることにより、カウンセリングを実施している。なお、これらの活動については、民間犯罪被害者等支援団体と連携して行われている。

都道府県公安委員会は、犯罪被害者等給付金の支給等による犯罪被害者等の支援に関する法律（以下「犯給法」という。）第23条に基づき、犯罪被害等（犯罪被害及び犯罪行為により不慮の死を遂げた者の遺族が受けた心身の被害（同法2条4項））を早期に軽減するとともに、犯罪被害者等が再び平穏な生活を営むことができるように支援する事業を適正かつ確実に行うことができると認められる非営利法人を、犯罪被害者等早期援助団体として指定することができることとされている。

犯罪被害者等早期援助団体が行う事業は、

○ 犯罪被害等に関する相談への対応

○ 警察や裁判所、検察庁、自治体等への付き添いなどの役務の提供、物品供与又は貸与その他の方法による犯罪被害者等の援助

○ 犯罪被害者等給付金の裁定の申請補助

○ 犯罪被害者等の支援に関する広報啓発活動

である。

第10章 犯罪被害者等と警察 **269**

　犯罪被害等を受けた直後の被害者等は，混乱やショック状態にあって，自ら必要性を判断して援助を要請することが困難な場合等があることから，犯罪被害者等早期援助団体から被害者に対して能動的にアプローチして援助を行うことができるよう，警察本部長等は，犯罪被害者等早期援助団体の求めに応じ，犯罪被害者等早期援助団体に対し，被害者の同意を得て，当該被害者の氏名及び住所その他当該犯罪被害の概要に関する情報を提供することができることとされている。

⑶　捜査過程における犯罪被害者等の負担の軽減

　犯捜規第10条の2第2項は，「捜査を行うに当たつては，被害者等の取調べにふさわしい場所の利用その他の被害者等にできる限り不安又は迷惑を覚えさせないようにするための措置を講じなければならない。」と定めている。警察においては，犯罪被害者等用の事情聴取室（相談室）の設置，指定被害者支援要員制度の運用等により，捜査の過程において，犯罪被害者等に精神的負担等の二次的被害を与えないよう配意している。

　また，警察においては，

- ○　性犯罪被害者の緊急避妊等の費用
- ○　身体犯被害者の診断書料
- ○　司法解剖後の遺体搬送費，遺体修復費
- ○　カウンセリング費用
- ○　被害直後における一時避難場所の確保に係る経費

等に係る公費負担制度が整備されている。

⑷　犯罪被害者等の安全の確保

　犯捜規第11条第1項は，「警察官は，犯罪の手口，動機及び組織的背景，被疑者と被害者等との関係，被疑者の言動その他の状況から被害者等に後難が及ぶおそれがあると認められるときは，被疑者その他の関係者に，当該被害者等の氏名又はこれらを推知させるような事項を告げないようにするほか，必要に応じ，当該被害者等の保護のための措置を講じなければならない。」と定めていることから，犯人から再び危害を加えられること等を防止するため，パトロールを強化すること等により，犯罪被害者等の安全の確保に努めている。

⑸　犯罪被害者等給付金制度等

　殺人等の故意の犯罪行為により不慮の死を遂げた者の遺族又は重傷病を負い若しくは障害が残った者の犯罪被害等を早期に軽減するとともに，これらの者が再び平穏な生活を営むことができるよう支援するため，社会の連帯共助の精神に基づき，国が犯罪被害等を受けた者に対して犯罪被害者等給付金を支給し，及び当該犯罪行為の発生後速やかに，かつ，継続的に犯罪被害等を受けた者を援助するための措置を講じることとされている。この目的は，犯罪被害等を受けた者の権利利益の保護が図られる社会の実現に寄与することである（犯給法１条）。

　なお，平成28年６月７日，国外犯罪被害弔慰金等の支給に関する法律（平成28年法律第73号）が公布され，同年11月30日から施行された。この法律により，従来，犯罪被害者等給付金制度の対象外であった，国外犯罪行為により不慮の死を遂げた日本国民の遺族又は重度の障害が残った日本国民に対する国外犯罪被害弔慰金等（国外犯罪被害弔慰金又は国外犯罪被害障害見舞金）の支給が可能となった。

② 犯罪被害者等の権利利益の保護を図るための刑事訴訟法等の改正

　平成17年12月に閣議決定された「犯罪被害者等基本計画」において，犯罪被害者等が刑事裁判に直接関与することのできる制度，損害賠償請求に関し刑事手続の成果を利用する制度等について検討し，施策を実施すべきことが掲げられたことから，犯罪被害者等の権利利益の保護を図るための刑事訴訟法等の改正が行われ，平成19年６月に公布された（平成19年法律第95号）。これにより，以下のような制度が導入され，犯罪被害者等の権利が拡大された。

⑴　被害者参加制度

　ア　対象者

　　殺人，傷害等の故意の犯罪行為により人を死傷させた罪，業務上過失致

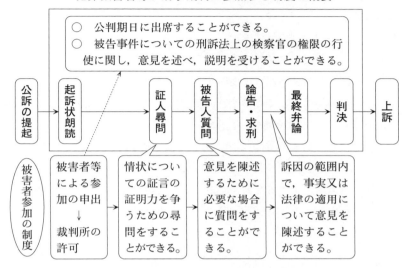

死傷等の罪に係る事件等の被害者等（被害者又は被害者が死亡した場合若しくはその心身に重大な故障がある場合におけるその配偶者，直系の親族若しくは兄弟姉妹をいう。以下同じ。（290条の2第1項括弧書））若しくは当該被害者の法定代理人（316条の33第1項）である。

イ 参加申出の手続

　裁判所は，被害者等若しくは当該被害者の法定代理人又はこれらの者の委託を受けた弁護士から，被告事件の刑事手続への参加の申出があるときは，被告人又は弁護人の意見を聴き，犯罪の性質，被告人との関係その他の事情を考慮し，相当と認めるときは，決定で，当該被害者等又は当該被害者の法定代理人の被告事件の手続への参加を許すものとする（316条の33第1項）。この申出は，あらかじめ，検察官にしなければならず，この場合において，検察官は，意見を付して，これを裁判所に通知するものとする（同条2項）。

　なお，裁判所は，被害者参加人が対象資格に該当せず又は該当しなくなったことが明らかになったとき，又は，訴因変更により事件が対象事件に該当しなくなったときは，決定で，参加決定を取り消さなければならない（同条3項前段）。これは，犯罪の性質，被告人との関係その他の事情を考

慮して被告事件への参加を認めることが相当でないと認めるに至ったときも同様である（同項後段）。

ウ　被害者参加制度の具体的内容

被害者参加制度の具体的内容は，次に掲げるとおりである。

(ア)　原則として公判期日に出席すること（316条の34）

(イ)　被告事件についての検察官の権限行使に関し，意見を述べ，説明を受けること（316条の35）

(ウ)　情状に関する事項についての証言の証明力を争うために必要な事項について，証人を尋問すること（316条の36）

(エ)　意見の陳述をするために必要があると認められる場合に，被告人に質問をすること（316条の37）

(オ)　証拠調べが終わった後に，訴因の範囲内で，事実又は法律の適用について，意見を陳述すること（316条の38）

(カ)　一定の場合に，被害者参加人に付添人を付き添わせること，また，被告人又は傍聴人と被害者参加人との間に遮へいの措置を採ることができること（316条の39）

(2)　**損害賠償請求に関し刑事手続の成果を利用する制度**

殺人，傷害等の故意の犯罪行為により人を死傷させた罪に係る事件等の被害者又はその一般承継人は，当該事件が帰属する刑事裁判所に対し，被告人に訴因を原因とする不法行為に基づく損害賠償を命ずる旨の申立てをすることができ，これを受けての損害賠償の請求についての審理は有罪の言渡しがあった後，最初の期日に刑事事件の訴訟記録を取り調べた上，原則として4回以内の期日において決定により終結し，これに対して異議が申し立てられた場合には，通常の民事裁判所で審理が行われる（犯罪被害者等の権利利益の保護を図るための刑事手続に付随する措置に関する法律23条乃至40条）。

(3)　**犯罪被害者等に関する情報（被害者特定情報）等の保護**

裁判所は，性犯罪等の被害者の氏名，住所等について，公開の法廷でこれを明らかにしない旨の決定をすることができ，この場合において，起訴状の朗読等の訴訟手続は，被害者の氏名，住所等を明らかにしない方法により行われる（290条の2，291条，305条）。

第10章 犯罪被害者等と警察 273

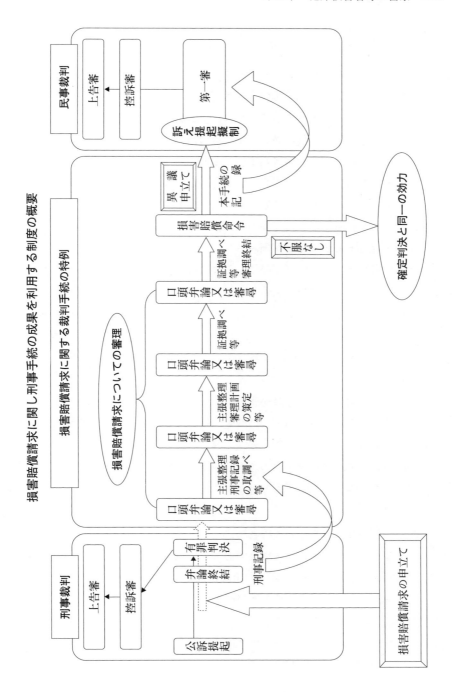

また，平成28年12月1日から刑訴法等一部改正法の一部が施行されたことに伴い，被害者以外の証人等についても，加害行為等を防止するとともに，その負担を軽減するため，証人等に対する加害行為等のおそれがある場合には，裁判所は，証人等の氏名等の証人等特定事項を公開の法廷で明らかにしない旨の決定をすることができるとされた（290条の3第1項）。

さらに，同改正法の施行に伴い，証人等の氏名等の開示について，証人等の身体又は財産に対する加害行為等のおそれがあるときは，防御に実質的な不利益を生じるおそれがある場合を除き，検察官が，弁護人に当該氏名等を開示した上で，これを被告人に知らせてはならない旨の条件を付することができ，特に必要があるときは，弁護人にも開示せず，代替的な呼称等を知らせることができるとする制度が創設された（299条の4～299条の7）。

また，検察官は，証拠開示の際に，被害者の氏名，住所等が明らかにされることにより，被害者等の名誉若しくは社会生活の平穏が著しく害されるおそれがあると認めるとき，又は被害者等の身体若しくは財産に害が加えられるおそれがあると認められる場合等には，弁護人に対し，被害者の氏名，住所等がみだりに他人に知られないようにすることを求めることができる（299条の3）。

(4) 公判記録の閲覧及び謄写の範囲の拡大

刑事事件の被害者等については，閲覧・謄写を求める理由が正当でないと認められる場合と，犯罪の性質，審理の状況その他の事情を考慮して相当でないと認められる場合を除き，当該事件の訴訟記録の閲覧・謄写が認められる（犯罪被害者等の権利利益の保護を図るための刑事手続に付随する措置に関する法律3条）。

また，いわゆる同種余罪の被害者等についても，損害賠償請求権の行使のために必要があると認められる場合であって，相当と認められるときは，訴訟記録の閲覧・謄写が認められる（同法4条）。

(5) 民事訴訟におけるビデオリンク等の措置

民事訴訟において，裁判長又は裁判所は，証人尋問及び当事者尋問の際に，付添い，遮へい及びビデオリンクの各措置をとることができる（民事訴訟法203条の2，203条の3，204条）。

第10章　犯罪被害者等と警察　**275**

⑹　**国選被害者参加弁護士制度**

　刑事手続に参加を許可された犯罪被害者等（以下「被害者参加人」という。）が，資力に乏しい，つまり，その資力（現金，預金その他政令で定めるこれらに準ずる資産の合計額をいう。）から療養費等の額（手続への参加を許された刑事被告事件に係る犯罪行為により生じた負傷又は疾病の療養に要する費用その他の当該犯罪行為を原因として請求の日から6か月以内に支出することとなると認められる費用の額）を控除した額が基準額（犯罪被害者等の権利利益の保護を図るための刑事手続に付随する措置に関する法律施行令（平成20年9月5日政令278号）8条により，200万円と規定されている。）に満たない場合は，当該被告事件の係属する裁判所に対し，被害者参加弁護士を選定するよう求めることができる（犯罪被害者等の権利利益の保護を図るための刑事手続に付随する措置に関する法律11条1項）。この請求は，日本司法支援センター（法テラス）を経由しなければならず，被害者参加人は資力等の申告書を提出しなければならない（同条2項）。なお，国選被害者参加弁護士の報酬及び費用については，国が負担する（総合法律支援法39条の3）。

　被害者参加人が公判期日又は公判準備に出席した場合には，国（法務大臣）は，当該被害者参加人に対し，旅費，日当及び宿泊料を支給する（犯罪被害者等の権利利益の保護を図るための刑事手続に付随する措置に関する法律5条）。なお，この事務についても，日本司法支援センター（法テラス）に委任されている（同法8条1項）。

⑺　**そ　の　他**

　以上の制度以外の被害者等の権利利益の保護を図る施策としては，

　ア　検察審査会制度（検察審査会法30条）

　イ　法廷傍聴に関する裁判長の配慮（犯罪被害者等の権利利益の保護を図るための刑事手続に付随する措置に関する法律2条）

　ウ　民事上の和解を記載した刑事事件の公判調書への執行力の付与（犯罪被害者等の権利利益の保護を図るための刑事手続に付随する措置に関する法律19条乃至22条）

がある。

※検察審査会制度は，検察官の行った不起訴処分に不服のある，告訴若しくは告発をした者，又は犯罪の被害者・遺族が，その処分の当否の審査を申し立てることができるというものである（検察審査会法30条）。検察審査会は地方裁判所及び主要な地方裁判所支部の所在地に置かれ，衆議院議員の選挙権者の中からくじで選ばれた11名の検察審査員をもって組織され（同法4条），「検察官の公訴を提起しない処分の当否の審査（同法2条1項1号）」及び「検察事務の改善に関する建議又は勧告（同法2条1項2号）」を行うこととされている。平成19年6月の改正により，検察審査会が最初の審査で「起訴相当」の議決をした場合において，検察官が再び不起訴処分にしたとき，あるいは一定期間内に公訴を提起しないときは，検察審査会は，改めて審査し，再び「起訴相当」と認めれば，起訴議決することができるとされた（同法41条の6）。なお，この議決があると，裁判所の指定により検察官の職務を行う弁護士が議決に基づき公訴を提起することとなる（同法41条の10）。

なお，この制度のほかに，付審判請求手続がある。これは，刑法193条から196条まで又は破壊活動防止法45条若しくは無差別大量殺人行為を行った団体の規制に関する法律42条若しくは43条の罪について告訴又は告発をした者が，検察官の公訴を提起しない処分に不服があるときに，その検察官所属の検察庁の所在地を管轄する地方裁判所に事件を裁判所の審判に付すよう請求することができる（262条1項）。裁判所はこの請求に理由があるときは，事件を管轄地方裁判所の審判に付することとし（266条2号），これによって，その事件について公訴の提起があったものとみなされ，公訴提起の効力が生じる（267条）。なお，当該事件においては，裁判所の指定する弁護士が公判維持のための検察官の職務を行うとされている（268条）。

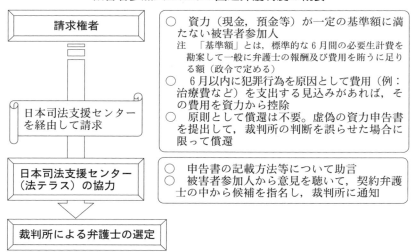

被害者参加人のための国選弁護制度の概要

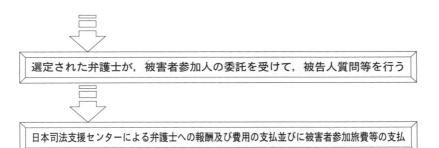

③ 令和5年刑事訴訟法等の改正

⑴ **被害者等の聴取結果を記録した録音・録画記録媒体に係る証拠能力の特則の新設**

　刑法第176条，177条又は179条の罪の被害者等の供述及びその状況を録音・録画した記録媒体（その供述がされた聴取の開始から終了に至るまでの間における供述及びその状況を記録したものに限る。）は，その供述が，供述者の年齢，心身の状態その他の特性に応じ，供述者が十分な供述をするために必要な措置及び供述の内容に不当な影響を与えないようにするために必要な措置が特に採られた情況の下にされたものであると認める場合であって、聴取に至るまでの情況その他の事情を考慮し相当と認めるときは，証拠とすることができる。この場合において，裁判所は，その記録媒体を取り調べた後，訴訟関係人に対し，その供述者を証人として尋問する機会を与えなければならない（321条の3第1項）。

⑵ **犯罪被害者等の情報保護**

　逮捕状請求時において，特定の事件あるいは一定のおそれのある事件について，警察等が必要と認めるときは，被害者等の個人特定事項（氏名・住所等）の記載がない逮捕状の抄本その他の逮捕状に代わるものの交付を請求することができる（271条の2等）。

参考文献一覧

【教科書・体系書】

○池田修・前田雅英著『刑事訴訟法講義　第6版』東京大学出版会（2018）

○安冨潔著『刑事訴訟法講義　第5版』慶應義塾大学出版会（2021）

○幕田英雄著『実例中心　捜査法解説　第4版』東京法令出版（2019）

○田村正博編著『現場警察官権限解説（上）（下）第3版』立花書房（2014）

○田口守一著『刑事訴訟法　第7版』弘文堂（2017）

○捜査実務研究会編著『4訂版　捜索・押収必携』東京法令出版（2015）

○佐藤英彦著『治安復活の迪　私の警察論』立花書房（2004）

【判例集】

○実務判例研究会編著『判例から学ぶ捜査手続の実務　捜索・差押え、違法収集証拠排除法則編』東京法令出版（2004）

○実務判例研究会編著『判例から学ぶ捜査手続の実務Ⅱ　任意活動・任意捜査、逮捕・押収、自首、接見交通、訴因の特定編』東京法令出版（2005）

○実務判例研究会編著『判例から学ぶ捜査手続の実務Ⅲ　取調べ、近時の重要論点（被害・犯行再現状況書証の証拠能力、接見交通、防犯ビデオ等）編』東京法令出版（2006）

○実務判例研究会編著『判例から学ぶ捜査手続の実務Ⅳ　現行犯（準現行犯）逮捕・最新重要判例・国家賠償請求事件編』東京法令出版（2011）

○細谷芳明著『判例から学ぶ捜査手続の実務特別編①　強制採尿を前提としてなされる「留置き」の適否をめぐる裁判例と捜査実務（現場）への提言』

○細谷芳明著『判例から学ぶ捜査手続の実務特別編②　違法収集証拠排除法則の一考察～平成15年最高裁判決以後の証拠排除裁判例の類型別考察と捜査実務（現場）への教訓～』

○佐々木史郎ほか編『別冊判例タイムズNo.9　警察関係基本判例解説100』判例タイムズ社（1985）

○河上和雄ほか編『別冊判例タイムズNo.10　警察実務判例解説（捜索・差押え篇）』判例タイムズ社（1988）

○河上和雄ほか編『別冊判例タイムズNo.11　警察実務判例解説（任意同行・逮捕篇）』判例タイムズ社（1990）

○河上和雄ほか編『別冊判例タイムズNo.12　警察実務判例解説（取調べ・証拠篇）』判例タイムズ社（1992）

○『刑事訴訟法判例百選　第10版』有斐閣（2017）

【注釈書】

○『注釈刑事訴訟法〈新版〉』立花書房（1996〜2000）

○『大コンメンタール刑事訴訟法』青林書院（1994〜2000）

○松尾浩也監修／松本時夫ほか編『条解　刑事訴訟法　第4版』弘文堂（2009）

○小野清一郎ほか著『刑事訴訟法（上）（下）〔新版〕〈ポケット註釈全書〉』有斐閣（1992）

○古谷洋一編著『注釈警察官職務執行法　四訂版』立花書房（2014）

○露木康浩著『警察官のための刑事司法制度改革解説　改訂第2版』立花書房（2009）

○死因・身元調査法制研究会著『注解　警察等が取り扱う死体の死因又は身元の調査等に関する法律』立花書房（2013）

判 例 索 引

最　　　判（昭23.10.30）…………252

最　　　判（昭24. 7.19）…………252

東 京 高 判（昭25. 4.28）…………249

最　　　判（昭25. 6.20）………… 99

最　　　判（昭25. 7.12）…………252

最　　　判（昭25.12. 5）…………118

最　　　判（昭26. 1.31）…………252

名古屋高判（昭26. 3. 3）…………182

福 岡 高 判（昭27. 1.19）………… 92

最　　　判（昭27. 2.21）…………156

最　　　判（昭27. 3.27）…………126

最　　　決（昭28. 5.29）………… 17

最　　　判（昭28.10.15）…………244

最　　　決（昭29. 7.14）…………248

最　　　決（昭30.11.22）…………156

最　大　判（昭30.12.14）………… 94

最　　　判（昭30.12.16）…………106

最　　　判（昭31. 3.27）…………247

大 阪 高 判（昭31. 6.19）…………161

最　　　判（昭31. 8. 3）…………150

最　　　決（昭31.10.25）…………102

最　大　判（昭32. 2.20）………… 54

最　　　判（昭32. 5.28）………… 95

大 阪 高 判（昭32. 7.22）………… 91

最　　　判（昭32. 7.25）…………244

最　　　決（昭32. 9.26）………… 17

最　　　決（昭32.11. 2）…………252

最　　　決（昭33. 2.11）…………220

東 京 地 決（昭33. 5. 8）…………158

最　　　判（昭33. 5.28）…………253

最　　　決（昭33. 7.29）… 156・158

長 野 地 判（昭33. 7.31）…………189
（諏訪支部）

秋 田 地 決（昭34. 8.12）…………162

東 京 高 判（昭35. 2.11）………… 19

最　　　判（昭35. 9. 8）……69・243

最　　　判（昭36. 6. 7）…………182

東 京 高 判（昭37. 2.20）…………109

札 幌 高 判（昭37. 9.11）… 102・180
（函館支部）

最　　　判（昭39. 1.24）…………189

大 阪 高 判（昭39. 5.21）…………180

最　　　決（昭39.11.10）………… 22

最　　　決（昭40. 7.20）…………120

東 京 地 決（昭40. 7.23）…………161

最　　　決（昭40. 9.16）…………180

大 阪 高 判（昭40.11. 8）…………102

最　　　決（昭41. 2.21）…………257

東 京 高 判（昭41. 6.28）…………102

最　　　決（昭41. 7.26）…………143

最　　　決（昭42. 9.13）…………107

東 京 地 判（昭42.11. 9）…………103

最　　　決（昭43. 2. 8）…………261

仙 台 高 判（昭44. 4. 1）…………105

最　　　決（昭44. 6.11）…………120

東 京 地 判（昭44.12.16）…………162

最　大　判（昭44.12.24）…… 75・78

京 都 地 決（昭46. 4.30）…………169

神 戸 地 決（昭46. 9.25）············ 95

東 京 地 決（昭47. 4. 4）············111

最　　　判（昭47. 5.30）············150

最　　　判（昭47. 6. 2）··· 242・243

大 阪 高 判（昭47. 7.17）············113

浦 和 地 決（昭48. 4.21）············112

東 京 地 決（昭48. 4.21）············187

東 京 地 判（昭50. 3. 7）············113

最　　　判（昭50. 4. 3）············109

東 京 地 判（昭50. 5.29）············159

東 京 地 判（昭50.11. 7）············157

大 阪 高 判（昭50.11.19）············ 98

最　　　決（昭51. 3.16）···40・41・45

京 都 地 決（昭52. 5.24）············ 98

東 京 高 判（昭53. 3.29）············113

最　　　判（昭53. 6.20）············ 41

最　　　判（昭53. 9. 7）······42・250

最　　　決（昭53. 9.22）············ 40

東 京 高 判（昭53.11.25）············105

東 京 高 判（昭54. 6.27）············ 73

東 京 高 判（昭54. 8.14）············131

最　　　決（昭54.10.16）············248

最　　　決（昭55. 4.28）············143

最　　　決（昭55. 9.22）············ 43

東 京 高 判（昭55.10. 7）············110

最　　　決（昭55.10.23）············201

広 島 高 判（昭56. 7.10）············260

最　　　判（昭57. 1.28）··· 255・261

山 形 地 判
（鶴岡支部）（昭58. 1.12）············260

広 島 高 判（昭58. 2. 1）············ 99

大 阪 地 決（昭58. 6.28）············117

最　　　判（昭58. 7.12）············251

東 京 地 決（昭59. 6.22）············199

最　　　決（昭59.12.21）············ 80

東 京 高 判（昭60. 4.30）··· 103・105

東 京 高 判（昭60. 6.26）············ 65

大 阪 高 判（昭60.12.18）············103

最　　　判（昭61. 2.14）············ 77

最　　　判（昭61. 4.25）············250

大 阪 地 判（昭61. 5. 8）············ 73

最　　　決（昭62. 3. 3）············260

岡 山 地 判（昭62. 9.14）············257

最　　　決（昭63. 2.29）············150

東 京 高 判（昭63. 4. 1）············ 75

最　　　決（昭63. 9.16）······41・250

名古屋高判（平元. 1.18）············107

東 京 地 判（平元. 3. 1）············168

東 京 地 判（平元. 3.15）············ 75

最　　　判（平元.10.26）············ 66

最　　　決（平 2. 4.20）············186

東 京 地 判（平 2. 7.26）············256

東 京 地 判（平 3. 6.27）············257

東 京 地 判（平 4. 7. 9）············ 73

東 京 地 判（平 4. 7.24）············168

東 京 地 判（平 4.11.30）············259

最　　　決（平 5.10.19）············119

大 阪 高 判（平 6. 4.20）············166

東 京 高 判（平 6. 5.11）············169

千 葉 地 判（平 6. 5.11）············259

最　　　決（平 6. 9. 8）············169

最　　　決（平 6. 9.16）··· 202・250

最　　　決（平 7. 5.30）············250

最　　　決（平 8. 1.29）··· 108・183

最　　　決（平10. 5. 1）············172

最　　　判（平10. 9. 7）············ 86

最　　　判（平11. 3.24）············ 50

最 大 判（平11. 3.24）············142

最 判（平12. 2. 7）…………253
最 判（平12. 6.13）…………143
東京高判（平12. 6.22）…………167
最 決（平12. 7.12）………… 81
最 決（平12. 7.17）…………259
最 決（平12.10.31）…………242
東京地判（平13. 2. 6）………… 78
最 決（平14.10. 4）… 159・166
最 判（平15. 2.14）……91・250
東京地判（平15. 4.16）………… 92
最 決（平15. 5.26）…………250
最 決（平15. 6.12）…………167
最 決（平15. 6.30）…………186
最 決（平15.11.26）…………242
大阪地判（平16. 4. 9）………… 67
大阪高判（平16. 4.22）………… 22
最 決（平16. 7.12）………… 82
名古屋高決（平17. 3.30）………… 79
最 決（平17. 7.19）…………203
東京地判（平17. 9.15）………… 24
最 決（平17. 9.27）……71・243
大阪高決（平18.10. 6）…………230
東京高決（平18.10.16）…………231
最 決（平19. 2. 8）…………169
最 決（平19.10.16）…………221
最 決（平19.12.25）…………231
宇都宮地判（平20. 2.28）………… 51
鹿児島地判（平20. 3.24）…………146
最 決（平20. 4.15）…… 72・76
最 決（平20. 6.25）…………232
最 決（平20. 8.27）…………245
最 決（平20. 9.30）…………232
東京高判（平21. 1.29）………… 79
東京高判（平21. 7. 1）…………204

最 決（平21. 9.28）… 193・250
最 決（平21.10.20）…………151
宇都宮地判（平22. 3.26）…………259
最 判（平22. 4.27）…………222
最 判（平23.10.20）…………242
最 大 判（平23.11.16）…………264
福岡高判（平24. 5.16）… 167・202
東京高判（平25. 5. 9）…………205
最 決（平26. 3. 5）…………167
札幌高判（平26.12.18）…………206
名古屋高判（平27.12.17）…………167
東京高判（平28. 8.23）………… 74
最 大 判（平29. 3.15）……45・194
東京高判（平30. 3. 2）………… 42
さいたま地判（平30. 5.10）………… 76
最 決（令 2.12. 7）………… 25
最 決（令 3. 2. 1）…………174

用 語 索 引

【い】

一罪一逮捕の原則 ……………………110
一般司法警察職員 ………………………4
一般的指揮 ………………………………6
一般的指示 ………………………………6
違法収集証拠 …………………………250
引致 ……………………………………116
引致場所 …………………………88・128

【え】

Ｎシステム………………………………78

【お】

押収品目録交付書 ……………73・185
押収物の保管 …………………………185
おとり捜査………………………………81

【か】

外国人の取調べ…………………………63
海上保安官 ……………………………11
科学的捜査 ……………………………255
仮還付 …………………………………189
簡易公判手続 …………………………224
簡易送致 ………………………………134
間接強制 ………………………………197
間接事実 ………………………………221
間接証拠 ………………………………221
鑑定 ……………………………………214

【き】

鑑定受託者 ……………………………215
鑑定書 …………………………………244
鑑定嘱託 ………………………………214
鑑定嘱託書 ……………………………215
鑑定処分許可状…………31・203・216
鑑定処分許可請求書 …………………218
鑑定に必要な処分 ……………………216
鑑定の拒否 ……………………………219
鑑定留置 ………………………………219
鑑定留置状 ……………………………219
鑑定留置請求書 ………………………219
監督対象行為……………………………58
還付………………………………184・186
還付通知書 ……………………………190

【き】

期日間整理手続………………225・233
供述拒否権………………………………64
供述拒否権の告知 ……………52・126
供述書・供述録取書（被告
　　人の）………………………………245
供述書・供述録取書（被告
　　人以外の者の）……………………240
供述証拠 ………………………………222
供述調書 ………………………………216
供述録取書（検察官の面前
　　における）…………………………241
供述録取書（裁判官の面前
　　における）…………………………241

供述録取書（被告人以外の
　者の公判準備又は公判期
　日における）‥‥‥‥‥‥242
行政解剖 ‥‥‥‥‥‥‥‥‥217
強制採血 ‥‥‥‥‥‥‥‥‥203
強制採尿 ‥‥‥‥‥‥‥‥‥200
強制採尿令状 ‥‥‥‥‥‥‥201
強制採毛 ‥‥‥‥‥‥‥‥‥204
漁業監督官‥‥‥‥‥‥‥‥‥13
記録の保管（通信傍受）‥‥‥‥214
記録命令付差押え ‥‥‥‥‥175
緊急性‥‥‥‥‥‥‥‥‥‥‥95
緊急逮捕‥‥‥‥‥‥‥‥‥‥93
緊急逮捕後の令状請求‥‥‥‥‥97
緊急逮捕状‥‥‥‥‥‥‥‥‥98
緊急逮捕できる犯罪‥‥‥‥‥‥94
緊急逮捕の合憲性‥‥‥‥‥‥‥94
緊急逮捕の実行‥‥‥‥‥‥‥‥97
緊急逮捕の方法‥‥‥‥‥‥‥‥97
緊急逮捕の要件‥‥‥‥‥‥‥‥94

【く】

具体的指揮 ‥‥‥‥‥‥‥‥‥6

【け】

警察職員の証人出廷 ‥‥‥‥‥261
刑事施設の職員‥‥‥‥‥‥‥‥11
刑事免責制度 ‥‥‥‥‥‥‥238
軽微事件 ‥‥‥‥‥‥‥86・108
現行犯逮捕 ‥‥‥‥‥‥‥‥100
現行犯逮捕の実行 ‥‥‥‥‥108
現行犯逮捕の要件の認定資
　料 ‥‥‥‥‥‥‥‥‥‥‥104
現行犯逮捕の方法 ‥‥‥‥‥109
現行犯逮捕の要件 ‥‥‥‥‥101

検察官 ‥‥‥‥‥‥‥‥‥‥‥5
検察事務官 ‥‥‥‥‥‥‥‥‥9
検視‥‥‥‥‥‥‥‥‥‥‥‥25
検視調書‥‥‥‥‥‥‥‥‥‥32
検視に伴う処分‥‥‥‥‥‥‥29
検視の代行‥‥‥‥‥‥‥‥‥28
検証 ‥‥‥‥‥‥‥‥‥‥‥191
検証（令状によらない）‥‥‥‥192
検証（令状による）‥‥‥‥‥191
検証許可状‥‥‥‥‥‥69・192・207
検証許可状請求書 ‥‥‥‥‥192
検証調書‥‥‥‥‥‥‥‥‥‥32
検証調書（検察官，司法警
　察職員等の）‥‥‥‥‥‥‥243
検証調書（裁判所又は裁判
　官の）‥‥‥‥‥‥‥‥‥‥243

【こ】

合意制度 ‥‥‥‥‥‥‥‥‥237
合意による書面 ‥‥‥‥‥‥248
皇宮護衛官‥‥‥‥‥‥‥‥‥11
公訴権 ‥‥‥‥‥‥‥‥‥‥‥7
公訴時効 ‥‥‥‥‥‥‥‥‥148
公訴時効の開始 ‥‥‥‥‥‥150
公訴時効の停止 ‥‥‥‥‥‥150
公訴提起‥‥‥‥‥‥‥‥‥‥16
交通切符 ‥‥‥‥‥‥‥‥‥‥7
公判期日 ‥‥‥‥‥‥‥‥‥236
公判審理 ‥‥‥‥‥‥‥‥‥222
公判前整理手続‥‥‥‥‥225・264
公判調書‥‥‥‥‥‥‥‥‥‥243
鉱務監督官‥‥‥‥‥‥‥‥‥13
勾留 ‥‥‥‥‥‥‥‥‥‥‥135
勾留期間 ‥‥‥‥‥‥‥‥‥139
勾留質問 ‥‥‥‥‥‥‥‥‥136

用語索引　**287**

勾留状 …………………………135

勾留状の執行 …………………140

勾留請求 ………………………135

勾留の要件 ……………………137

勾留の要件（軽微犯罪）………139

勾留の要件（少年）……………139

五官の作用………25・68・191・215

国際捜査共助により作成さ

　れた供述書 …………………242

国税庁監察官……………………13

国選弁護制度 …………………121

国選弁護人選任請求書 ………124

国選弁護人の選任 ……………121

告訴 ……………………………16

告訴権者…………………………16

告訴人 …………………………16

告訴の取消し…………………19・20

告訴不可分の原則 ……………20

告発………………………………23

【さ】

再現見分調書 …………………243

再告訴……………………………21

最終陳述 ………………………224

罪証隠滅のおそれ …………85・138

再逮捕 …………………………110

裁判員制度 ……………………264

酒酔い鑑識カード……………242・243

差し押さえるべき物 …………155

参考人供述調書…………………64

参考人調書 ……………………239

三次元顔画像識別システム……80

【し】

死因又は身元を明らかにす

　るための措置…………………33

自衛隊警務官……………………11

事件単位の原則 ………………135

自首……………………………24

自首調書…………………………24

私人による現行犯逮捕 ………110

私人による現行犯人の引渡

　し………………………………38

自然死……………………………28

私選弁護人 ……………………123

死体の解剖（鑑定のための）……217

実況見分…………………………68

実況見分調書…………32・70・71・72

　　　　　　　　　　　・243

自動車検問………………………43

自白 ……………………………249

自白の証拠能力 ………………249

自白の証明力 …………………251

司法解剖 ………………………217

司法警察員 ……………………4

司法警察職員 …………………4

司法巡査 ………………………4

指紋採取 ………………………198

釈放……………………………127

写真撮影（車両に対する）……77

写真撮影（捜索・差押えの

　際の）…………………………168

写真撮影（犯罪捜査目的）……74

写真撮影（防犯カメラ）……79

臭気選別 ………………………259

住所不定 ………………………138

自由心証主義 …………………251

首服‥‥‥‥‥‥‥‥‥‥‥25
充分な理由‥‥‥‥‥‥‥‥95
主尋問‥‥‥‥‥‥‥‥‥223
準現行犯逮捕の要件‥‥‥‥‥‥‥104
準抗告‥‥‥‥‥‥‥‥‥141
情況証拠‥‥‥‥‥‥‥‥221
証拠開示‥‥‥‥‥‥‥‥226・229
証拠書類‥‥‥‥‥‥‥‥223
証拠調べ‥‥‥‥‥‥‥‥222
証拠調請求‥‥‥‥‥‥‥225
証拠能力‥‥‥‥‥‥‥‥239・251
証拠物‥‥‥‥‥‥‥‥‥223
証人尋問‥‥‥‥‥‥‥‥‥65
証明予定事実‥‥‥‥‥‥‥226
証明力‥‥‥‥‥‥‥70・239・251
証明力を争うための証拠‥‥‥‥‥248
職務質問‥‥‥‥‥‥‥‥‥39
職務質問と所持品検査‥‥‥‥‥‥41
職務質問と有形力の行使‥‥‥‥‥40
書証‥‥‥‥‥‥‥‥‥‥222
署名押印‥‥‥‥‥‥‥‥56・64
所有権放棄‥‥‥‥‥‥‥190
所有権放棄書‥‥‥‥‥‥74・190
資力申告書‥‥‥‥‥‥‥123
親告罪‥‥‥‥‥‥‥‥‥‥21
人証‥‥‥‥‥‥‥‥‥‥222
身体検査‥‥‥‥‥‥‥‥‥70
身体検査（鑑定のための）‥‥‥‥217
身体検査（女子の）‥‥‥‥‥‥71
身体検査（令状によらない）‥‥‥198
身体検査（令状による）‥‥‥‥194
身体検査の拒否‥‥‥‥‥‥197
身体検査令状‥‥‥‥194・196・199
・203
身体検査令状請求書‥‥‥‥‥194

身体捜検‥‥‥‥‥‥‥‥195
身体捜索‥‥‥‥‥‥‥‥195
身体捜索（女子の）‥‥‥‥‥164
身体捜索（全裸にして行う）‥‥‥195
尋問‥‥‥‥‥‥‥‥‥‥223
尋問調書‥‥‥‥‥‥‥‥242

【す】

速やかに‥‥‥‥‥‥‥116・132

【せ】

請求‥‥‥‥‥‥‥‥‥‥‥24
声紋鑑定‥‥‥‥‥‥‥‥256
接見禁止‥‥‥‥‥‥‥147・220
接見交通（弁護人等以外の
者）‥‥‥‥‥‥‥‥‥147
接見交通権（弁護人）‥‥‥‥‥141
接見交通権の制限‥‥‥‥‥‥141
接見指定‥‥‥‥‥‥‥‥142
絶対的特信情況‥‥‥‥‥‥242

【そ】

捜索（胃腸内に飲み込まれ
た）‥‥‥‥‥‥‥‥‥197
捜索（承諾による場合）‥‥‥‥184
捜索（その場に居合わせた
者に対するもの）‥‥‥‥‥168
捜索（体腔内の）‥‥‥‥‥196
捜索（被疑者を逮捕するた
めの）‥‥‥‥‥‥‥‥179
捜索・差押え（公務所以外
の人の住居等における場
合）‥‥‥‥‥‥‥‥‥164

用語索引 **289**

捜索・差押え（公務所及び
　人の住居等以外の場所に
　おける場合）……………………164

捜索・差押え（公務所内に
　おける場合）……………………161

捜索・差押え（逮捕の現場
　での）……………………………181

捜索・差押え（令状記載物
　以外の証拠物を発見した
　場合）……………………………170

捜索・差押え（令状提示前
　になし得る措置）………………159

捜索・差押え（令状によら
　ない）……………………………178

捜索・差押え中の出入禁止 ………166

捜索許可状 ………………………196

捜索差押許可状………………201・207

捜索差押許可状請求書の記
　載要件 …………………………155

捜索差押許可状請求の要件 ………153

捜索差押許可状の請求 ……………153

捜索差押許可状の提示 ……………159

捜索差押調書 ………………………155

捜索すべき場所 ……………………156

捜査の端緒………………………14

捜査の目的 …………………………2

相対的特信情況 ……………………241

送致 …………………………………129

送致（少年事件）…………………133

送致義務 ……………………………129

送致後の補充捜査 …………………130

相当な理由………………85・137・138

送付 …………………………………132

即時抗告 ……………………………230

即決裁判手続……………………224・234

疎明資料（緊急逮捕状請求
　の）………………………………99

【た】

逮捕………………………………84

逮捕権者（緊急逮捕の）……………98

逮捕権者（現行犯逮捕の） …………108

逮捕権者（通常逮捕の）……………90

逮捕状請求書 ………………87・111

逮捕状の緊急執行……………………91

逮捕状の発付……………………90

逮捕前置主義 ………………………135

逮捕の必要性 ………85・97・103

逮捕の理由……………………………85

たぐり捜査 …………………………103

直ちに ……………………98・116

立会い（実況見分における）………70

立会い（捜索・差押えの際
　の）………………………………161

【ち】

懲戒又は罷免の訴追…………………10

直接強制 ……………………………198

直接証拠 ……………………………221

【つ】

通常逮捕………………………………84

通常逮捕状の請求……………………87

通常逮捕の実行………………………90

通常逮捕の方法………………………91

通常逮捕の要件………………………85

通信傍受 ……………………………206

通信履歴の電磁的記録の保
全要請 ……………………177

【て】

ＤＮＡ型鑑定 …………………257
電気通信回線で接続してい
る記録媒体からの複写の
導入 …………………………172
電磁的記録に係る記録媒体
についての差押状の執行
を受ける者等に対する協
力要請 ………………………178
電磁的記録に係る記録媒体
の差押えの執行方法 …………176
電磁的記録物 …………………171
伝聞供述 ………………………247
伝聞証拠………………222・239
伝聞法則 ……………223・224・240

【と】

同意のあった書面・供述 …………248
逃亡のおそれ ……………85・138
特に信用すべき書面 …………246
特別司法警察職員 ………………4
留め置き ………………………204
取調べ(参考人の) ………………64
取調べ(被疑者の) ………………47
取調受忍義務 ……………50・113
取調べ状況報告書………………57
取調べ適正化……………………57
取調べの録音・録画制度……………60
取調べメモ ……………………231

【に】

任意性の調査 …………………247
任意提出書 ………………73・190
任意同行(警職法上の)……………41
任意同行(刑訴法上の)……………48
任意同行と実質的逮捕……………49

【は】

犯行再現写真報告書 ……………244
犯行の現行性・時間的接着
性 …………………………101
犯罪と犯人の客観的明白性 ………102
犯罪被害者等 …………………267
犯罪被害者等給付金制度 …………270
反対尋問……………………223・240

【ひ】

被害者…………………………17
被害者参加制度 ………………270
被害届…………………………44
被疑者供述調書 …………54・56・126
被疑者捜索調書 …………………181
被疑者調書……………………24
被疑者取調べ適正化のため
の監督に関する規則………………57
非供述証拠 ……………………222
被告人質問 ……………………224
微罪処分………………………7・134
秘聴……………………………81
筆跡鑑定 ………………………257
必要な処分(捜索・差押え) ………165
ビデオリンク方式 ………………245
秘密(業務上の) ……………68・170

用語索引 *291*

秘密(公務上の)…………68・162・170
秘密録音………………………………81
被留置者との間の電話連絡 ………146

【ふ】

不起訴処分………………………………16
不自然死………………………………28
不逮捕特権……………………………84
物証 …………………………………222

【へ】

弁解の録取 …………………………126
弁解録取書………………………124・126
弁護人選任権者 ……………………120
弁護人選任権の告知 ………………118
弁護人選任通知簿 …………………119
変死者……………………………………25
変死体……………………………………25
変死の疑のある死体……………………25

【ほ】

傍受令状 ……………………………208
傍受令状の請求手続 ………………211
法定代理人………………………………17
冒頭陳述 ……………………………223
冒頭手続 ……………………………222
補強証拠 ……………………………251
補強証拠となり得る証拠 …………252
補強証拠の範囲 ……………………251
ポリグラフ検査 ……………………260

【ま】

麻薬取締官………………………………11

【み】

身柄送致 ……………………………130

【も】

毛髪鑑定 ……………………………259

【や】

夜間の制限 …………………………158

【よ】

要証事実 ……………………………221
余罪関係報告書………………………57
余罪取調べ …………………………113

【り】

リモートアクセス …………………174
留置主任官………………………142・147
留置場所 ……………………………128
留置要否の判断基準 ………………128
領事関係に関するウィーン
　条約 ………………………………127
領事機関への通報……………………28
領事通報 ……………………………127
領置………………………………………72
領置調書…………………………………72

【る】

類型証拠 ……………………………228

【れ】

令状主義 …………………………84・152
連日的開廷…………………………237・264

【ろ】

労働基準監督官……………………11

論告 ……………………………224

著者紹介

津田隆好（つだ　たかよし）

　平成3年警察庁入庁。岩手県警察捜査第二課長，警視庁捜査第二課管理官，千葉県警察捜査第二課長，警察大学校特別捜査幹部研修所主任教授，警察庁刑事局犯罪鑑識官付理事官，佐賀県警察本部警務部長，警察庁長官官房総務課取調べ監督指導室長，京都府警察本部警務部長，警察庁生活安全局生活経済対策管理官，警察大学校刑事教養部長，鳥取県警察本部長，警察政策研究センター所長等を経て，現在は大阪府警察本部副本部長。

　また，令和4年度は，上智大学法科大学院「環境刑法」，早稲田大学法科大学院「犯罪学」，東京都立大学法学部「刑事学」の講義を担当した。

　著書として『警察官のための刑法講義』（東京法令出版）がある。

　本書の内容等について，ご意見・ご要望がございましたら，編集室までお寄せください。FAX・メールいずれでも受け付けております。

〒112-0002　東京都文京区小石川5-17-3
TEL 03(5803)3304　FAX 03(5803)2560
e-mail police-law@tokyo-horei.co.jp

　なお，本書の印税の一部は，犯罪被害者支援団体等への寄付金とさせていただいております。

警察官のための刑事訴訟法講義【第四版】

平成20年6月5日	初　版　発　行	平成29年3月25日	第 三 版 発 行
平成22年6月25日	補 訂 版 発 行	平成31年4月10日	第 四 版 発 行
平成24年12月5日	第 二 版 発 行	令和6年3月15日	第四版6刷発行
平成27年4月1日	第二版補訂版発行		

著　者　津　田　隆　好

発行者　星　沢　卓　也

発行所　東京法令出版株式会社

112-0002	東京都文京区小石川5丁目17番3号	03(5803)3304
534-0024	大阪市都島区東野田町1丁目17番12号	06(6355)5226
062-0902	札幌市豊平区豊平2条5丁目1番27号	011(822)8811
980-0012	仙台市青葉区錦町1丁目1番10号	022(216)5871
460-0003	名古屋市中区錦1丁目6番34号	052(218)5552
730-0005	広島市中区西白島町11番9号	082(212)0888
810-0011	福岡市中央区高砂2丁目13番22号	092(533)1588
380-8688	長野市南千歳町1005番地	

〔営業〕TEL 026(224)5411　FAX 026(224)5419
〔編集〕TEL 026(224)5412　FAX 026(224)5439
https://www.tokyo-horei.co.jp/

© TAKAYOSHI TSUDA　Printed in Japan, 2008
　本書の全部又は一部の複写，複製及び磁気又は光記録媒体への入力等は，著作権法上での例外を除き禁じられています。これらの許諾については，当社までご照会ください。
　落丁本・乱丁本はお取替えいたします。
ISBN978-4-8090-1395-9